로페 데 베가의 삶과 문학

국립중앙도서관 출판시도서목록(CIP)

로페 데 베가의 삶과 문학 / 지은이: 윤용욱. -- 서울 : 한국외국어
대학교출판부, 2009
p. ; cm

참고문헌 수록
ISBN 978-89-7464-534-2 93870 : ₩13000

에스파냐 희곡[--戱曲]

872-KDC4
862.3-DDC21 CIP2009001073

로페 데 베가의 삶과 문학

윤 용 욱

한국외국어대학교 출판부

책머리에

스페인이 배출한 불세출의 극작가 로페 데 베가는 『돈키호테』의 세르반테스와 함께 천년 역사의 스페인 문학사 전체를 떠받치고 있는 커다란 두 개의 기둥을 형성하고 있습니다. 또한 서양 연극사 전체를 통해서 보더라도 로페 데 베가는 영국의 셰익스피어와 쌍벽을 이루는 대단히 중요한 극작가로 평가되기도 합니다. 이렇게 중요한 인물임에도 불구하고 로페 데 베가의 연극과 그의 작품세계를 본격적으로 다룬 책이 아직 우리나라에서는 한 권도 출판된 바가 없는 게 현실입니다. 이에, 로페 데 베가와 그의 연극을 전공한 자로서 막중한 책임감을 느끼며 이 작가의 삶과 문학세계를 구체적으로 조명하는 책을 우리나라에 처음으로 내놓게 되었습니다.

본 저서는 크게 4장으로 나뉘어져 있는데, 1장에서는 로페 데 베가의 생애를 시기별로 구체적으로 기술하였고, 2장에서는 로페 데 베가의 문학작품들 중 연극이 아닌 여타 장르의 작품들을 전반적으로 소개하였으며, 3장에서는 로페 데 베가가 추구하였던 '국민연극'의 형성 배경과 그의 극적 쇄신운동이 이루어낸 업적들을 이론적 측면에서 살펴보았고, 마지막으로 4장에서는 그의 연극세계를 일정한 주제별로 분류하고 이에 해당하는 구체적인 극작품들을 선별하여 세부적으로 분석하여 보았습니다. 이 분석을 위하여, 그동안 저자가 학계에 발표한 로페 데 베가의 극작품들에 대한 논문들을 토대로 본 저서의 내용과 흐름에 맞게 이를 다시 수정 · 보완하고 다듬고 재편집하였음을 미리 밝혀두는 바입니다.

태양과 정열의 나라 스페인과 무한한 잠재력과 신비로움으로 가득한 라틴아메리카 대륙에 대해 요즘 적지 않은 사람들이 관심과 호기심을 나타내고 있습니다. 하지만 오늘날의 스페인과 라틴아메리카 대륙을 제대로 알기 위해서는 그들에 대한 단순한 호기심을 뛰어넘어 그들의 문화가 가지고 있는 전통과 뿌리를 우선적으로 이해해야 할 것입니다. 물론 이는 지극히 원론적인 이야기이지만 그럼에도 불구하고 매우 중요한 것 같습니다. 이미 우리에게도 익히 알려진 콜롬비아 출신의 세계적인 소설가 가브리엘 가르시아 마르케스라든지, 칠레 출신의 유명한 시인 파블로 네루다 등은 그들이 젊었을 때 크게 유행했던 프랑스풍의 문학적 흐름을 추구하는 것을 지양하고, 스페인의 고전문학에서 그들의 문학적 뿌리와 정체성을 발견하였던 것입니다. 라틴아메리카가 배출한 그 밖의 대문호들도 스페인의 고전문학에서 그들의 문학적 소재와 발상을 모색하였음을 알 수 있습니다. 이는 오늘날 지구상에 퍼져있는 스페인계 세계의 정체성을 의미하는 'hispanidad'의 근본이 바로 스페인과 스페인인(人)들이 향유하고 있는 오랜 역사와 문화, 특히 오늘날까지도 전 세계인의 관심과 사랑을 받고 있는 그들의 문학적 전통에 있음을 입증해주고 있는 것입니다. 이러한 'hispanidad'의 근본의 한 가운데에 바로 '황금세기'라 불리는 16~17세기의 스페인과 당시의 스페인이 구가하였던 절정의 문화와 예술이 자리 잡고 있습니다. 즉, 오늘날의 'hispanidad'은 스페인의 이 '황금세기'에서부터 본격적으로 그 모습이 형성되었다 해도 과언이 아닌 것입니다. 그리고 우리는 로페 데 베가의 '국민연극'으로 상징되어지는 극적 쇄신과 연극의 대중화에서 바로 이 '황금세기'에서 성취되어진 문학·예술적 결과물들의 핵심을 발견할 수 있습니다. 요컨대, 로페 데 베가의 연극을 온전히 이해하는 것이야말로 오늘날의 스페인과 라틴아메리카 세계를 향해 내딛는 진정한 첫걸음이 될 수 있는 것입니다. 아무쪼록 독자여러분들께서 로페 데 베가의 문학과 연극세계를 이해하는 데 이 책이 조금이나마 도움이 되길 바랍니다.

끝으로, 연일 계속되는 출판계의 극심한 불황 속에서도 상업적으로 그리 매력적이지 못한 이 책의 출판을 흔쾌히 허락해주신 한국외국어대학교 출판부 관계자분들께 진심으로 감사의 마음을 전하고 싶습니다.

2009년 1월
양주골 자택에서
저자 윤용욱

차례

1

로페 데 베가와 그의 생애

로페 데 베가의 삶과 문학

1

로페 데 베가와 그의 생애

스페인의 대문호 펠릭스 로페 데 베가 카르피오(Félix Lope de Vega Carpio)는 세계 문학사에 길이 남을 스페인이 배출한 가장 대표적인 문인들 중의 한 명으로서, 이러한 그를 통해서 우리는 문학적 범주에서뿐만 아니라 인간사 전체를 통해서도 엄청난 창작적 능력과 넘치는 삶의 에너지를 지닌 가장 풍부하고도 다양한 측면을 갖춘 한 인물을 만날 수 있을 것이다.

『돈키호테 *Don Quijote*』로 우리에게 잘 알려진 동시대 스페인 문학계의 또 다른 거장 미겔 데 세르반테스 사아베드라(Miguel de Cervantes Saavedra)와 함께 로페는 스페인 문학 전체를 떠받치는 두 개의 커다란 기둥을 이룬다고 볼 수 있는데, 이 두 문필가만으로도 스페인 문학 전체가 점하는 탁월한 위치가 충분히 설명되어질 수 있는 것이다. 또한 로페의 문학이야말로 스페인 문학의 황금시대가 전개되어졌던 르네상스와 바로크라는 두 시대의 미학적 조류가 형성되고 종합되는 연결고리였다고 할 수 있는데, 세르반테스가 소설의 근대적 모델을 제시하며 세계 문학사에서 전무후무한 업적을 이루어냈다고 한다면, 로페는 이와 동일한 성과를 연극의 분야에서 달성해낸 인물이었던 것이다. 즉, 로페는 이전에 존재하던 모순적이고 산재된 극적 경향들과 산발적인 극적 시도들을 한데 어우르면서 단번에 스페인의 위대한 '국민연극'을 창조하는 엄청난 위업을 달성한 것이다. 세르반테스와 로페 사이에는 하나의 커다란 차이가 있다. 세르반테스가 『돈키호테』라는 단일 작품을 통해 르네상스와 바로크라는 서로 다른 두 시대가 교차하던 절박했던 시기의 스페인인(人)들이 겪었던 삶과 이데올로기적 갈등을 절묘하게 응축하여 묘사하였고, 이를 통하여 가장 스페인적인 요소들을 표현하면서 동시에 인간사의 모든 시대와 모든 장소에 공히 적용될 수 있는 인간 정신의 영속적인 카테고리를 설정하였던 반면, 이와 동일한 가치를 추구하는 데 있어서 로페는 세르반테스와 달리 다방면에서 골고루 그의 천재적 기질을 나타냈던 것이다. 즉, 그는 어느 한 작품이나 장르에 국한되어 인간의 보편적 가치를 창출하는 대신, 소설, 연극, 시, 산문 등등에 걸쳐 스페인의 전통에 기초한 스페인 민족 특유의 목소리를 나타내는 데 그 어느 작가보다도 탁월한 업적을 남겼던 것이다. 로페는 자신의 수많은 희곡과 시 작품들 안에 스페인의 모든 유형의 인간상들과 그들이 살아가는 인생들을 용해시켜 이를 연극무대를 통하여 보여주었다. 당시 스페인인들의 관심을 끌만한 어떤 역사적 혹은 동시대적 주제나 사건, 이데올로기, 또는 인물들 중에서 상상을 초월할 만큼 방대한 로페의 작품 망에 걸리지 않는 것이 없을 정도였다. 그는 결코 당시의 가치관과 대립하며 불안감을 조성하지 않았다. 오히려 그는 당시의 스페인인들이 느꼈던 바를 절묘하게 표현하여 이를 연극이라는 예술작품으로 승화시킴으로써, 여러 가지 정치적, 경제적, 사회적 어려움들로 인해 절체절명의 위기에 처했던 당시 스페인의 위태롭고 처절했던 모습과 이를 타파하기 위한 영웅적 몸부림들을 가장 적절하고 명확하게 묘사하였던 것이다.

1. 파란만장했던 로페의 생애

로페는 1562년 11월 25일 마드리드에서 태어났다. 그가 태어나기 일 년 전 마드리드는 국왕 펠리페(Félipe) 2세에 의해 스페인 제국의 수도가 되었다. 그의 아버지 펠릭스 데 베가 카르피오(Félix de Vega Carpio)는 산탄데르(Santander) 지방의 산악지역에 위치한 카리에도(Carriedo)라는 골짜기 마을 출신으로, 그는 자수(刺繡)를 업으로 살아가던 사람이었고, 결혼을 한 후에는 바야돌릿(Valladolid)에 정착하여 두 아들을 낳았다. 그러나 그의 성향은 다소 변덕이 심하고 일관성이 없었으며, 특히 여자문제에 대해서는 더욱 그러하였다. 여성편력으로 점철된 로페의 삶은 이러한 그의 아버지로부터 물려받은 성향에 기인한 듯하다. 그의 아버지 펠릭스 데 베가는 결국 아내가 아닌 다른 여자와 사랑에 빠지고 되었고, 이 때문에 그는 가족을 버리고 그 여자와 함께 마드리드로 도망을 치고 만다. 그러나 그의 아내 프란시스카 페르난데스 플로레스(Francisca Fernández Flores)는 자신과 자식들을 버린 남편을 좇아 마드리드로 가서 결국 자기 남편을 불륜을 저지른 여자로부터 떼어내기에 이른다. 그리고 이들 둘은 다시 화해를 하게 되는데, 이를 계기로 로페가 태어나게 된 것이다. 로페가 태어나자 그의 가족은 당시 수공업과 상업으로 활기를 띠고 있던 마드리드의 중심부인 마요르 가(街)에 정착하게 된다. 로페의 유년 시절에 대해서는 별로 알려진 바도 없고 증거가 되는 확실한 문헌도 많지 않다. 그가 16세 되던 해에 그의 아버지는 갑작스레 세상을 떠났고, 그의 어머니도 11년 후 세상을 떠났다. 그는 유년 시절에 당시 『시종 마르코스 데 오브레곤의 생애 *Vida del Escudero Marcos de Obregón*』라는 유명한 악자소설로 명성을 날리던 작가 비센테 에스피넬(Vicente Espinel)이 운영하던 학교에서 수학한 것으로 알려졌으나, 거기서 구체적으로 무엇을 공부하고 배웠는지는 알 수가 없다. 하지만 로페의 제자이자 그의 열성적인 전기 작가인 페레스 데 몬탈반(Pérez de Montalbán)에 따르면, 로페는 학교에서 천재소년으로 두각을 나타냈다고 하는데, 예를 들어, 다섯 살 때 이미 로망스어나 라틴어로 글을 읽곤 했으며 심지어 운문들도 잘 지어내곤 하였는데, 아직 쓰는 법을 몰랐던 당시 다섯 살의 로페는 자기보다 나이가 많은 형들에게 점심을 나누어주면서 자기가 지은 운문들을 글로 옮겨달라고 부탁할 정도였다고 한다. 그 후 로페는 예수회가 운영하는 학교에 입학하여 문법과 수사학을 공부하였으며, 나중에 왕립학교에서는 수학과 천문학을 배운 것으로 추정된다. 그 후 로페는 아빌라(Ávila)의 주교인 헤로니모 만리케(Jerónimo Manrique)를 알게 되어 그를 모시게 되는데, 로페는 만리케 주교에게 자신이 지은 첫 시들을 헌정함으로써 그의 신임을 얻게 된다. 그리고 만리케 주교의 비호 덕으로 알칼라 데 에나레스(Alcalá de Henares) 대학에서 수학하게 되는데, 이 대학에서 구체적으로 얼마동안 어떤 공부를 하였는지에 대해서는 학자들 사이에서 의견이 분분하나, 아마도 1577년부터 1582년 사이에 이 대학에 학생으로 몸담았던 것만은 확실한 듯하다. 그러나 그는 애정문제로 인해 알칼라 대학에서의 공부를 끝까지 마치지는 못하였다. 또한 역사가들에 의하면, 그 이듬해에 로페가 살라망카(Salamanca) 대학에서 수학했을 가능성도 있는데, 이번에는 산타 크루스(Santa Cruz) 후작의 원정대에 병사로 참전하기 위해 공부를 중단하게 된다. 산타 크루스 후작은 스페인이 포르투갈을 병합한 후 스페인 국왕인 펠리페 2세에 복종하기를 거부하는 포르투갈의 테르세이라(Terceira) 섬을 정복한 인물이다.

두 달간의 원정대 생활에서 돌아온 로페는 엘레나 오소리오(Elena Osorio)라는 여인을 알게 되었고 그녀와 사랑에 빠지게 되는데, 이 사건은 지독한 여성편력으로 점철된 그의 파란만장했던 인생의 본격적인 시작을 알리는 신호탄이었다. 엘레나는 헤로니모 벨라스케스(Jerónimo Velázquez)라는 한 연극배우의 딸이었는데, 자신의 인생에서 겪은 사건들을 후에 반드시 문학작품의 소재로 사용하기를 원칙처럼 여겼던 로페는 이 엘레나라는 여인을 나중에 자신의 문학작품에서 '필리스(Filis)"라는 이름의 여인으로 자주 등장시키곤 하였다. 그리고 수년 후 로페는 엘레나에 대한 감정을 더욱 이상화하여 악자소설적 요소가 가미된 『라 도로테아 *La Dorotea*』라는 소설작품을 완성시켰는데, 이 작품에서 여주인공 도로테아는 엘레나를, 그리고 그녀와 사랑에 빠진 가난한 시인 페르난도(Fernando)는 로페 자신을 의미하고 있다. 아무튼 로페가 열정적으로 사랑하게 된 엘레나는 이미 결혼한 유부녀였는데, 그녀의 남편은 밖으로 나돌기만 할 뿐 거의 그녀를 돌보지 않았기 때문에 그녀의 가족은 처음부터 그녀가 재산이 많은 다른 남자들과 관계를 맺는 것을 막지 않아 왔고, 로페의 경우는 그녀의 아버지 벨라스케스에게 로페가 계속해서 무대에 올릴 연극작품을 공급해 주었으므로 그와 엘레나 간의 관계 역시 그녀의 가족으로부터 묵인될 수 있었던 것이다. 따라서 로페는 그녀와 사귀면서도 그녀를 사이에 두고 다른 부유한 남자들과의 경쟁을 해야만 했는데, 그들 중 프란시스코 페레놋 데 그란벨라(Francisco Perrenot de Granvela)라는 인물이 두드러진다. 그는 당시 같은 이름의 유명한 정치가이자 추기경의 조카였는데, 로페는 엘레나에게 그녀를 위해 자신이 베푼 호의에 대한 답례로 프란시스코가 그녀에게 이미 선물한 여러 물건들 중의 하나를 도로 건네받는 모욕을 겪기까지도 했다. 결국 풋내기 시인이었던 로페로부터 더 이상 얻을 게 없다는 판단을 한 엘레나의 가족은 그녀가 로페와의 관계를 정리할 것을 강요하였고, 이를 계기로 마침내 둘의 관계는 파경을 맞게 되었다. 이에 극도의 앙심을 품게 된 로페는 베라스케스 가문 전체를 중상 모략하는 글을 마드리드에 퍼뜨리게 되는데, 이에 대해 벨라스케스 가문은 로페를 당국에 고소하기에 이르렀고, 요란스러운 기소 끝에 로페는 결국 유죄판결을 받아 감옥에 가고 만다. 그러나 그에 대한 처벌은 단순한 감옥행으로 끝나지 않고 4년간의 마드리드 추방령과 2년간의 카스티야 추방령까지도 추가로 받게 되는데, 이 형벌에도 불구하고 로페는 감옥에서까지 그들을 중상 모략하는 글을 멈추지 않았고, 결국 그에게 내린 유배의 형벌은 8년간의 마드리드 추방령과 2년간의 카스티야 추방령으로 더욱 늘어나고 만다. 로페가 이를 어길 시에는 가차 없는 사형이 내려질 판이었다.

그러나 이러한 형벌과 엘레나 오소리오와의 사랑으로 인한 고통스러운 시간들만으로는 로페를 자숙시키기에는 역부족이었다. 그는 얼마 안 있어 이사벨 데 우르비나(Isabel de Urbina)라는 명망 있는 가문의 한 여인을 납치하는데, 그녀는 다름 아닌 마드리드의 시의원이자 국왕 펠리페 2세의 칙사인 한 고귀한 기사의 딸이었던 것이다. 그녀를 납치함으로써 결과적으로 로페는 실로 엄청난 사고를 저지르게 된 것인데, 그럼에도 오히려 피해자인 이사벨의 가족은 그녀의 유괴사실이 외부로 알려지는 것을 꺼려한 나머지, 로페가 그녀를 가족에게 도로 돌려보내자 기다렸다는 듯이 로페와 이사벨 간의 결혼을 서두르게 된다. 어린 나이에 졸지에 명망 있는 가문의 사위가 되게 생긴 로페는 그러나 아직 집행 중에 있는 추방령 때문에 마드리드에서 거행된 결혼식에는 실제 참석을 하지 못하였고, 이 때문에 그에게 권리를 위임받은 대리인의 중재를 통해서 비로소 혼인이 정식으로 성사될 수 있었다. 그러나 그로부터 불과 2주 후 로페는 '무적함대'에 자원입대를 하며 아내 이사벨의 곁을 떠나게 되는데, 이 또한 자신을 버리고 떠난 무정한 남편을 기다리는 이사벨과의 로맨틱한 상황이 연출되는 것을 즐기려는 로페의 끊임없는 문학적 바람기를 보여주는 대목이라 할 수 있을 것이다. 이를 계기로 이사벨은 로페의 시에서 '벨리사(Belisa)'라는 여인으로 종종 등장하곤 한다.

르네상스 풍의 로페의 대표적 초기 시작품인 『앙헬리카의 아름다움 *La hermosura de Angélica*』의 일부가 아마도 그가 자원입대하여 '산 후안(San Juan)'호에 승선하여 치룬 전투 중에 쓰인 것으로 추정되는데, 이 시작품은 이탈리아의 유명한 르네상스 시인인 루도비코 아리오스토(Ludovico Ariosto)의 작품 『미치광이 오를란도 Orlando Furioso』의 영향을 받은 것이다. 이 원정대는 실패로 끝났고, 전투 중 로페는 자신의 형제 후안을 잃는 슬픔을 겪기도 한다. 원정대에서 돌아온 로페는 아내 이사벨과 재회하여 스페인의 남동부에 위치한 지중해 연안의 발렌시아(Valencia) 지방에 정착하여 자신에게 내려진 추방령을 계속해서 이행하게 된다. 그가 아내와의 정착지로 굳이 발렌시아를 선택한 이유는 발렌시아 지방이 갖는 외형적인 매력뿐만 아니라 아마도 당시 카스티야 외의 지역들 중에서 발렌시아 지방이 연극관련 활동이 가장 활발한 곳이기 때문이었을 것이다. 실제로 당시 발렌시아에서는 연극관련 학파가 번창했었고, 무엇보다도 출판 분야의 발전이 매우 두드러졌다. 더욱이 결혼한 지 얼마 되지 않았던 당시 로페 부부로서는 지중해 연안의 아름답고 평화로운 발렌시아 지방이야 말로 신혼기를 보내기에 안성맞춤이었을 것이다. 이곳에서 로페 부부는 2년 정도 머물렀는데, 이 기간 중 특히 로페는 많은 로만세(romance)[1]들을 발표하였고, 로만세 작가로서의 명성을 얻기도 하였다. 또한 로페는 발렌시아의 여러 극작가들과 빈번한 접촉을 하였는데, 그들로부터 로페는 극창작상의 많은 자극을 받고 다양한 아이디어를 얻어내기도 하였다. 로페와 빈번한 접촉을 했던 당시 발렌시아의 대표적인 극작가들로는 가스파르 메르카데르(Gaspar de Mercader), 기옌 데 카스트로(Guillén de Castro), 가스파르 데 아길라르(Gaspar de Aguilar) 등을 들 수 있다. 그리고 로페도 역시 당시 발렌시아의 극작가들이 보여주었던 의욕적이지만 산발적이었던 여러 극적 시도들을 바람직한 방향으로 이끌어주는 역할을 하기도 하였다. 발렌시아에서 생활하던 이 시기에 로페는 상당히 많은 양의 극작품을 쓴 것으로 보이는데, 로페는 이 극작품들의 대부분을 마드리드로 보내 극장에서 실제 상연이 이루어지도록 하였다. 후에 우리가 알고 있는 위대한 극작가로서 로페가 쌓은 경력과 드높은 위상, 그리고 천부적인 극적 재능의 출발점이 바로 로페가 발렌시아에 머물렀던 이 당시의 극작 활동이었던 것이다. 즉, 이때부터 로페의 문학적 명성은 스페인 전역으로 퍼져나가기 시작했으며,[2] 로페와 그의 추종자들이 후에 전개하였던 '국민연극'(Teatro nacional) 운동과, 이 '국민연극'의 근간이 되는 '코메디아(Comedia)'의 개념도

---

1 로만세란 8음절로 된 일종의 정형시로, 짝수음절은 동류 음으로 운을 맞추지만 홀수음절은 자유롭다.

2 우리가 익히 알고 있는 로페의 별명인 "재능의 불사조(Fénix de los ingenios)"는 이때에 붙여진 것이다.

바로 이 당시 로페가 수많은 극작품을 쓰면서 서서히 그의 머릿속에서 체계적으로 형성되어 나갔던 것이다.

1590년 마침내 카스티야 지방으로부터 2년간의 추방령이 끝나고, 로페는 톨레도(Toledo)로 이주하여 알바(Alba) 공작의 비서로 자리를 잡는다. 그의 고향 마드리드로 돌아갈 수 없었던 이유는 카스티야 지방에 대한 2년간의 추방령은 종료되었지만 마드리드에 대한 8년간의 추방령은 아직 끝나지 않았기 때문이다. 비서로 로페는 대략 5년간 일을 하였고, 이 기간의 대부분은 살라망카 근처에 있는 알바 공작의 궁에서 보냈는데, 거기서 로페가 전에 잠시 몸담았던 살라망카 대학에서 다시 수학했을 것으로 추정된다. 그런데 이 시기에 로페가 경험하였던 안정된 생활과 평화로움은 1594년 그의 아내 이사벨이 두 번째 딸을 출산하다가 사망하게 되면서 무참히 깨지고 만다. 이렇게 태어난 둘째 딸도 얼마 지나지 않아 죽자, 로페는 이듬해인 1595년 비서직을 그만두고 꿈에도 그리던 고향 마드리드로 돌아온다. 카스티야 지방으로부터의 추방령은 종결됐지만 마드리드로부터의 추방령은 아직 끝나지 않았으므로 로페는 원래 마드리드로 돌아올 수 없었지만, 그를 고소한 헤로니모 벨라스케스가 이미 위대한 작가로 스페인 전체에 명성을 떨치고 있는 로페에 대해 사면 신청을 했기 때문에 비로소 로페가 마드리드로 돌아올 수 있었던 것이다. 아마 벨라스케스는 로페를 사면시켜 줌으로써 유명한 극작가인 그의 희곡들을 자신의 극장에서 마음대로 상연할 수 있을 거라고 생각했던 모양이다.

1596년 마드리드로 돌아온 지 얼마 되지도 않아 로페는 안토니아 트리요(Antonia Trillo)라는 한 아름다운 미망인과의 불륜으로 다시 한 번 기소를 당하였고, 1598년에는 마드리드의 한 부유한 정육점의 딸인 후아나 데 구아르도(Juana de Guardo)라는 여성과 재혼을 하게 된다.

당시 로페 주위에는 그의 높은 문학적 명성만큼이나 그를 시기하는 경쟁자들도 많았는데, 그들은 로페의 이러한 재혼에 대해 사랑이 아니라 신부 측의 부유한 재산 때문에 성사된 것이라고 비판하곤 하였다. 그러나 어이없게도 후아나가 그와 결혼하면서 가져온 지참금은 탐욕스런 그녀의 아버지, 즉 로페 장인의 끝없는 욕심 때문에 로페는 그 지참금을 사실상 만져보지도 못하고 만다.

국왕 펠리페 2세의 명령으로 한동안 극장들이 강제로 문을 닫게 되자, 로페는 생활고에 허덕이게 된다. 그리고 앞서 언급했듯이 그의 두 번째 아내의 결혼 지참금이 궁핍을 해결해주지 못하자 로페는 다시 직장을 구하게 되는데, 이번에는 사리아(sarriá) 후작의 비서로 일하게 된 것이다.

그러는 사이 로페는 다시 부인이 아닌 다른 여자와 사랑에 빠지고 마는데, 그녀는 미카엘라 데 루한(Micaela de Luján)이라는 기혼녀로, 배움은 적으나 매우 아름다운 외모를 지닌 직업 배우였다. 그녀의 남편은 디에고 디아스(Diego Díaz)라는 희극배우였는데, 그는 그녀가 그로부터 아들 둘을 낳자 곧 그들을 버리고 페루로 떠나고 만다. 로페가 이 여성과 언제부터 사귀게 되었는지는 정확히 알 수 없으나, 최소한 후아나와의 재혼 전부터 사귀었던 것만은 분명해 보인다. 아무튼 미카엘라는 이후 '카밀라 루신다(Camila Lucinda)'라는 이름으로 종종 로페의 문학작품에 등장하곤 한다. 로페는 미카엘라와 상당 기간을 함께 지낸다. 그녀를 위해 마드리드에서 집을 한 채 마련한 다음 그 집에서 수년간을 그녀와 부부처럼 함께 살았던 것이다. 그리고 미카엘라는 로페와 함께 살며 아들 둘 딸 셋 도합 다섯이나 되는 그의 자식들을 낳는다. 한편, 로페의 아내 후아나는 그가 이렇게 부부로서 지켜야 할 최소한의 신의마저 깨뜨리는 극단적인 행동을 하는 동안에 자신과 로페 사이에서 태어난 세 명의 자식들과 함께 톨레도에 남겨진 채 그의 파렴치한 외도를 묵묵히 감내해야만 했다.

미카엘라와의 염문은 여러 사람들의 입에 오르내렸으며, 이내 수많은 사람들이 이들의 불륜을 알게 되기에 이른다. 이러한 유명세는 그러나 아이러니하게도 로페 자신이 주된 원인이었다. 왜냐하면, 사랑하는 여인이 생기면 늘 그러했듯이, 로페는 미카엘라에 대한 자신의 불같은 애정을 숨김없이 자신의 시들을 통하여 나타내었고 이를 위해 직접적인 표현도 마다하지 않았으므로, 시 속에 등장하는 '카밀라 루신다' 라는 여인이 실제로는 미카엘라를 의미한다는 것은 누가 보아도 쉽게 알 수 있었기 때문이다. 게다가 로페는 미카엘라가 글 쓰는 것에 별다른 재주가 없었음에도 불구하고 그녀가 대단한 문학적 재능을 소유한 것처럼 꾸미기도 하였다. 즉, 그녀 대신 자신이 시를 짓고 그녀는 서명만 하도록 한 다음 천연스럽게 자신이 지은 책들인 『앙헬리카의 아름다움』, 『서정시집 *Rimas*』, 『조국의 순례자 *El peregrino en su patria*』의 앞에 출판하게 하였다. 심지어 그녀가 쓴 것처럼 꾸미기 위해 자신의 책들에 대한 찬사의 글을 실음으로써, 결과적으로 로페 자신이 자신의 작품을 칭찬하는 꼴이 되어버렸다.

그러나 1608년경부터 미카엘라를 향한 로페의 열정도 조금씩 식어갔고, 따라서 로페의 작품과 인생에서 '카밀라 루신다' 라는 이름도 서서히 자취를 감추기 시작했다. 가끔씩 임시로 머물기 위해 톨레도와 세비야(Sevilla)를 잠시 들르곤 하던 로페는 결국 1610년 미카엘라와 헤어지고, 톨레도의 가족과 자신의 두 번째 부인인 후아나를 마드리드로 완전히 데려와 정착을 하게 된다. 프랑코스(Francos) 가(街)의 새로운 집에서 원래의 가족들과 새로운 생활을 시작한 로페는 죽을 때까지 이 프랑코스 거리에 위치한 자신의 집을 떠나지 않았으며, 이 시기야말로 로페가 그의 인생에서 가장 평화롭게 창작활동에만 몰두하였던 시기였던 것이다. 따라서 로페는 자신의 문학에서 가장 중요한 위치를 차지하는 작품들을 대부분 이 기간 동안에 완성하게 된다. 유난히 꽃을 좋아했던 로페는 프랑코스 가의 집에서 작은 정원을 가꾸기도 하고, 집안에는 자신이 고른 책들과 그밖에 예술에 관한 다양한 책들을 모아 작은 서재를 만들기도 하였다. 이렇게 찾아온 성숙된 평온함은 드디어 부침으로 일관된 로페의 인생을 안정시켜주는 듯하였다.

1613년에는 아내 후아나와 그녀와 사이의 일곱 살 난 아들 카를로스 펠릭스(Carlos Félix)가 연이어 세상을 떠난다. 후아나의 직접적인 사인은 출산이었는데, 이때 낳은 딸의 이름이 펠리시아나(Feliciana)이다. 특히 후아나는 오랜 지병을 앓기까지 했는데, 로페가 지극정성으로 이러한 그녀를 간호하던 터였다. 아내가 죽자 로페는 미카엘라와 사이에서 낳은 어린 두 자식—마르셀라(Marcela)와 로페 펠릭스(Lope Félix)—을 집으로 데려온다. 이미 오십의 나이에 접어든 로페가 겪은 이와 같이 연이은 불행한 가정사와 당시의 경제적으로 궁핍했던 삶은 그로 하여금 매우 심각한 정신적 위기를 야기하였으며, 이를 계기로 로페는 사제의 길로 들어설 것을 결심하게 된다.

한편 로페는 1605년부터 세사(Sessa) 공작과 매우 긴밀한 우정을 유지하여 왔는데, 세사 공작은 로페보다 20년이나 나이가 어린, 그리고 지능에 약간의 문제가 있을 만큼 정신적으로 비정상적인 면을 지닌 귀족이었다. 그러나 그는 문예에 대한 관심만은 대단해서 로페가 그토록 찾던 문학적 후견인이 기꺼이 되어 주기도 하였다. 따라서 로페는 자신이 그동안 겪었던 애정문제들보다는 다소 표면적이지만 아무튼 자신만큼이나 여러 여자들과의 요란한 추문(醜聞)을 끊임없이 뿌리고 다니는 그를 위해 때로는 그의 비서로, 때로는 그의 심복으로, 또는 그의 대변인으로 오랜 기간 동안 그와 함께 하였다. 로페는 세사 공작과 수많은 서신을 주고받았는데, 그 서신들에서 로페는 자신이 겪은 여러 사건들뿐만 아니라 그가 느꼈던 정신적인 불안감까지 꾸밈없이 솔직하게 서술하였고, 세사 공작은 로페의 이와 같은 서신들을 아주 소중하게 보관하였다.

사제가 되기로 한 로페의 결심과 이전에 로페가 저지른 여러 도덕적 과오들은 그다지 서로 어울리는 것으로 보이지는 않겠지만,[3] 그렇다고 그의 결심이 순수하지 않은 어떤 다른 의도가 있다거나 아니면 그의 위선적 측면을 드러내는 것이라고까지는 할 수 없는 것 같다. 로페의 본성 안에는 주체할 수 없는 본능적 욕망과 강렬한 종교적 열망이 아슬아슬하게 동거를 하고 있었던 것이다. 그는 일생동안 수많은 좌절과 불행을 끊임없이 겪어야 했지만, 그럴 때마다 초인적인 의지로 이를 슬기롭고 유쾌하게 극복하였다. 로페가 이렇게 자신에게 닥친 위기를 훌륭하게 극복할 수 있었던 것은 바로 자신의 본성 안에서 종교적 열정의 맞은편에 내재하고 있는 본능적 욕망을 어느 정도 밖으로 분출할 수 있었기 때문이다. 만일 당시 로페가 종교적 열정에만 사로잡힌 나머지 자신의 내면에 잠재해 있던 엄청난 에너지의 본능적 욕망을 억제하기만 하였다면 그는 자신이 겪어야했던 좌절과 고통들에서 결코 벗어날 수 없었을 것이다. 다시 말해, 억제할 수 없는 본능적 욕망을 충족시키면서 슬픔과 좌절로 인한 고통으로부터 로페는 위안을 받을 수 있었던 것이고, 동시에 이를 통해 슬픔과 좌절을 딛고 앞으로 나아가기 위한 재충전을 할 수 있었던 것이다. 그러나 이는 어디까지나 로

3 로페는 사제서품을 받기 위한 절차를 밟을 때에도 조차 여러 여성들과의 순간적인 추문을 일으키곤 하였다.

페라는 개인에 초점을 맞춘 지극히 개인적인 시각에 의한 견해이고, 이유야 어찌 됐든 단순한 수도자가 아니라 예수의 대리자로서 사제라는 성직을 수행하는 문제에 대해서는 누구보다도 당사자인 로페 자신이 좀 더 신중했어야 했다. 더군다나 사제가 된 후에도 달라지지 않은 그의 행동을 감안할 때, 이러한 지적은 더욱 설득력을 얻을 수 있다. 아무튼 여러 차례의 불륜과 두 번의 결혼 경력, 그리고 여러 자식까지 둔, 더군다나 불륜으로 인한 자식을 다섯이나 낳았던 쉰 살이 넘은 로페가 정식 사제가 될 수 있었다는 사실만으로 우리는 당시 가톨릭교회의 타락상이 여전하였음을 어렵지 않게 짐작할 수 있는 것이다.

아무튼 로페는 1614년 5월 결국 사제서품을 받았고, 사제로서 그의 첫 미사를 맨발의 카르멘(Carmen)회 소속 수도원에서 집전하였는데, 그 수도원에는 얼마 전 사망한 그의 아내 후아나의 시신이 안장되어 있었다. 그러는 와중에도 로페는 세사 공작에게 편지 쓰는 것을 그만두지 않았다. 그러나 로페는 전처럼 세사 공작의 애정문제에 직접적으로 관여할 수는 없었다. 그저 제 삼자로서 충고나 할 뿐이었는데, 그 이유는 신임 사제인 로페의 고해성사를 들어주던 다른 신부가 자초지종을 알고는 로페에게 또다시 세사 공작의 애정문제에 직접 관여하면 고해성사를 거부하겠다고 충고하였기 때문이다. 이로써 로페는 세사 공작에게 어떻게 편지를 써야 할지를 놓고 또 다른 고민에 빠지고 말았다. 이뿐만이 아니다. 로페가 천성적으로 지녔던 지독한 여성 편력적 성향은 사제라는 그의 성스러운 위치로도 어찌할 수가 없었다. 사제서품을 받고 얼마 안 있어 헤로니마 데 부르고스(Jerónima de Burgos)라는 여배우와 염문을 뿌리더니, 1616년쯤에는 마르타 데 네바레스 산토이요(Marta de Nevares Santoyo)라는 스물여섯 살 난 한 미모의 기혼녀를 알게 되어 그녀와 그만 사랑에 빠지고 만 것이다. 이

번 경우도 역시 이미 결혼하여 남편이 있는 여자를 사랑하게 된 불륜이었고, 거기에다 사제의 신분으로 저지른 행위였음을 감안한다면, 이는 단순한 불륜을 넘어 신성모독에까지 해당할 수 있는 불경스러운 일이었다. 그리고 로페 개인으로서도 이 젊은 기혼녀와의 사랑은 그가 평생 동안 경험했던 여러 여성들과의 로맨스들 중 그의 몸과 마음 그리고 삶 전체를 근본적으로 뒤흔들었던 가장 열정적인 것이었다. 로페의 작품에서 '아마릴리스(Amarilis)' 또는 '마르시아 레오나르다(Marcia Leonarda)'라는 이름으로 등장하는 여인이 바로 로페가 사랑하던 마르타였던 것이다. 마드리드 태생인 그녀는 알칼라 데 에나레스에서 교육을 받았고, 13세 때에 그녀의 부모는 그녀의 뜻과 무관하게 장사를 하는 한 남자와 결혼을 시켰는데, 그녀의 남편이 된 그 남자는 로케 에르난데스(Roque Hernándeaz)라는 다소 거칠고 배운 게 없는 자로, 그녀가 원하던 유형에는 전혀 부합되지 않던 인물이었다. 로페는 이렇게 불행한 결혼생활을 하던 마르타를 만났고, 그녀에게 반한 로페는 자신의 작품에서 그녀를 정신적으로나 육체적으로 세련된 기호와 탁월한 감각을 지닌 완벽한 여성의 전형으로 묘사하였다. 만일 로페와 마르타가 사제나 기혼녀가 아닌, 좀 더 자유로울 수 있는 신분과 처지에서 만났다면, 마르타는 분명 로페의 이상적인 아내가 되었을 것이다. 로페에게 마르타는 젊음을 되찾아 주는 삶의 신선한 활력소가 되어 주었으며, 실제로 그녀 덕에 로페는 창작활동에 더욱 박차를 가할 수 있었다. 그리고 마르타에게 로페가 주는 의미도 역시 매우 각별하였는데, 그를 알기 전까지만 해도 자신의 존재가 지닌 세속적이고 비천한 면들 속에서 헤어나지 못했던 그녀였지만, 로페라는 시인과 함께 있다는 사실만으로도 그녀의 마음속은 이미 인생의 가장 찬란한 순간들 속에서 피어나는 아름다운 이상들로 가득 찰 수 있었던 것이다.

그러나 로페는 마르타와의 사랑이 신의 가르침에 정면으로 위배된다는 사실을 누구보다도 잘 알고 있었으며, 이 때문에 그녀에 대한 열정과 후회 사이에서 로페는 자신의 인생 중 그 어느 때 보다도 심한 방황을 할 수밖에 없었고, 이런 의미에서 마르타는 로페의 평온과 행복을 송두리째 뒤흔들어 놓았던 여인인 셈이다. 그리고 로페는 자신이 느끼는 이러한 번뇌와 정신적 고통을 주체할 길이 없어 결국 자신의 작품들 안에서나마 이를 풀어놓을 수밖에 없었는데, 이로 인해 로페는 본의 아니게 사람들이 자신의 불륜 사실을 눈치 챌 수 있는 빌미를 제공해준 셈이 되어버렸던 것이다. 로페의 주위에서 그를 시기하고 미워하던 적들이 이를 그냥 지나쳤을 리가 없다. 그들은 로페가 시작한 새로운 불륜 사실에 대해 엄청난 비난과 조소를 퍼부었으며, 더군다나 이번 경우는 로페가 사제의 신분으로 저지른 일이었기에 그를 향한 비난과 조소에 대해 더더욱 많은 동기부여가 되었던 것이다.

마르타는 로페와의 사이에서 딸 하나를 낳았고, 그 딸 이름을 안토니아 클라라(Antonia Clara)라고 하였다. 그런데 이미 로페와 마르타의 불륜은 마드리드 전체에서 유명한 사건이 되어 버렸고, 마르타의 남편도 결국은 그녀와 로페의 불륜을 눈치 채지 않을 수가 없었다. 곧 이어 요란스런 분쟁과 소송, 그리고 불쾌한 감정들에 대한 분출과 이혼 요구가 오고 갔고, 이 모든 상황이 사람들의 입에 쉴 새 없이 오르내렸으며, 이는 마르타의 남편이 급작스럽게 사망할 때까지 끊이지 않고 계속되었다. 이 모든 일들은 마치 마드리드라는 거대한 극장에서 마드리드 시민이라는 관객들을 대상으로 상연된 로페 연출, 제작, 주연의 한 편의 황당하고 우스꽝스러운 연극과도 같았다. 이 사건을 통해 로페는 사람들로부터 수많은 비난과 조소를 받아야 했으며, 그로서는 혹독한 시련 그 자체였던 것이다. 그러나 이것만으로 마르타로 인한 로페의 참담한 상황이 완전히 종료된 것은 아니었다. 후유증은 로페의 집안에서도 나타났다. 본 남편이 죽자 마르타가 갓 태어난 딸 안토니아 클라라를 데리고 아예 로페의 집으로 들어와서 눌러앉아 버리고 만 것이다. 그러자 로페의 집에는 그가 사랑에 빠졌던 각기 다른 세 명의 여성 -본 부인인 후아나 구아르도, 기혼녀였던 여배우 출신의 미카엘라 데 루한, 그리고 마르타 데 네바레스- 으로부터 낳은 배다른 형제들이 한데 뒤섞여 살게 된 것인데, 이는 실로 로페 자신이 연극의 한 줄거리로 삼아 극장에서 실제 상연을 해도 될 만큼 그야말로 황당하고 기가 막힌 상황 그 자체였던 것이다. 오십이 훌쩍 넘은 한 사제가 젊어서 사제가 되기 전에 결혼했던 여자로부터 얻은 자식과, 그 부인이 죽자 그 전부터 몰래 사귀어 오던 기혼녀와 바람이 나서 얻은 자식과, 사제가 된 후 그러고도 정신을 못 차리고 자기 딸 뻘밖에 안 되는 젊은 기혼녀와 불륜을 저질러 얻은 자식이 모두 한 집에서 함께 산다고 가정해 본다면, 정말 어처구니없는 장면이 아닐 수 없을 것이다. 로페가 창조해낸 그 어느 연극에서 이보다 더 황당하고 기가 막힌 장면이 있었을까? 이런 의미에서 볼 때 로페 자신의 삶이야말로 한 편의 재미있는 연극에 다름 아니었던 것이다. 한 편 미카엘라의 어린 딸 마르셀라는 자신의 아버지의 집에서 전개되고 있는 이 점입가경의 어처구니없는 상황에 상당한 충격을 받은 듯하였다. 태어나 처음 보는 배다른 형제자매들이 사실은 아버지 로페와 그의 정식부인 사이의 자식들이고 자신은 아버지가 자신의 어머니와 바람이 나서 생긴 서녀(庶女)였으며, 그도 모자라 연로한 아버지가 기껏해야 자신의 큰언니 뻘밖에 안 되는 어린 여자와 또다시 불륜을 저질러 갓 태어난 핏덩이와 그 어미를 다시 집으로 들였으니, 그녀가 받았을 충격은 어렵지 않게 짐작되어진다. 그래서 로페는 얼마 지나지 않아 마르셀라를 맨발의 삼위일

체 수녀회 소속 수도원으로 피신시킨다. 그리고 로페는 자신과 관련된 세상 사람들의 갖은 생각들과 하느님의 가르침에 대해 피하지 않고 공개적으로 맞서며, 다른 한 편으로는 억누를 수 없는 창작의 욕구를 따라 수많은 극작품들을 만들어 낸다. 이 대목에서 한 편으로는 사면초가의 위기에 몰려서도 결코 흔들리지 않는 로페의 정신적인 강인함이 엿보여지나, 다른 한 편으로는 사제로서 자신이 그동안 자의적으로 저지질러 온 여러 윤리적 과오들에도 전혀 뉘우침이 없는, 여성편력적 성향으로 점철된 남성우월주의자들 특유의 파렴치함이 느껴지기도 한다. 따라서 그 이후에 본격적으로 로페에게 닥친 연속된 불행들에 대해 많은 사람들은 그의 도덕적 죄과에 대한 하늘의 심판이라고 규정하며 로페를 비판하고 있다. 왜냐하면 로페의 인생에서 가장 처절하다고 할 수 있는 불행한 사건들이 우연이라고 하기엔 너무하다 싶을 만큼 마르타와의 불륜 바로 이후부터 로페가 숨을 거둘 무렵 사이의 시기에 유난히 집중되어서 일어났기 때문이다. 우선 로페의 마지막 여인인 마르타가 1632년에 세상을 떠나는데, 그녀는 세상을 떠나는 순간까지도 끊임없이 로페의 마음을 슬픔과 안타까움으로 뒤흔들어 놓았다. 즉, 그녀는 이전부터 안질환을 앓아 왔는데, 결국 이로 인해 장님이 되었고, 1628년경부터는 정신이상 증세까지 찾아와 급기야는 실성하고 만다. 죽기 전에 그녀는 잠시 정신을 되찾긴 했으나, 눈까지 실명하고 정신이상이 된 마르타를 바라보는 로페의 마음이 여러 갈래로 찢어지듯 아팠음은 자명한 일이었을 것이다. 로페의 집에서 마지막으로 숨을 거둘 때 마르타는 아직 사십대였으나, 로페는 이미 칠순의 노인이었다. 이때부터 로페의 외로움과 슬픔은 본격적으로 커지기 시작한다. 그에게는 그동안 쌓아 온 명성과 대중적 인기가 있었으나, 그 명성과 인기는 당시 로페의 열악한 경제 사정조차도 해결해주지 못하였고, 그가 겪고 있는 불행과 슬픔에 대한 위로도 되어주질 못했다. 1633년에는 두 번째 아내 후아나가 죽을 때 낳은 딸 펠리시아나가 결혼을 하였고, 한편 미카엘라 사이에서 태어난 아들 로페 펠릭스는 진주를 찾는 탐험대에 참여하여 베네수엘라의 마르가리타(Margarita) 섬에 갔다가 익사하는 사고를 당하고 만다. 그는 로페의 사랑을 유난히 독차지하였지만, 종종 무분별한 행동을 보임으로써 아버지 로페에게 많은 걱정을 끼쳤던 아들이었다. 로페는 그 때문에 마음고생이 심했지만, 자신처럼 시에 대한 남다른 애정을 보이기도 하던 그를 보면 마치 자기 자신의 이미지를 보는 것 같아 그를 특별히 사랑하지 않을 수 없었다. 그는 한때 터키와 네덜란드 군에 맞서는 원정대에 병사로 참여하기도 했지만, 신대륙의 무진장한 부와 자원의 유혹에 이끌려 무기를 버리고 신대륙으로 건너갔다가 이와 같은 참사를 당한 것이었다. 로페는 마르타의 죽음에 이어 사랑하는 아들마저 먼 타국에서 사고로 죽자 그야말로 엄청난 충격을 받았는데, 그의 불행은 여기서 끝이 아니었다. 마르타와의 사이에서 태어난 딸 안토니아 클라라가 어느새 17세의 처녀로 성장하였는데, 그만 올리바레스(Olivares) 공작의 비호를 받는 크리스토발 테노리오(Cristóbal Tenorio)라는 궁정의 한 신하에 의해 그녀가 납치를 당한 것이다. 단순히 운명의 장난이라 하기엔 로페가 처한 상황이 너무나도 극적이라 아니 할 수 없다. 자신의 딸을 납치한 크리스토발 테노리오처럼 바로 로페 자신도 젊은 시절 이사벨 데 우르비나라는 한 여인을 납치해 그녀를 취함으로써 그녀와 결혼까지 하였기 때문이다. 젊은 시절 자신이 저지른 한 엄청난 윤리적 범죄 행위에 대해 로페는 그로부터 40여년이라는 세월이 흐른 후 자신의 딸이 똑같은 일을 당함으로써 그 대가를 톡톡히 치르게 된 것이다.

세월을 이기는 장사는 없는 법이다. 그동안 로페가 보여 왔던 믿기지 않던 원기왕성함도 끊이지 않고 이어지는 불행한 사건들과 세월로 인한 노쇠함으로 인해 사그라지고 말아, 이제 로페는 자신을 둘러싼 불행과 맞서기 위해 더 이상의 저항을 할 수 없게 된다. 결국 말년에 거듭되는 불행과 슬픔으로 쇠잔해진 로페는 1635년 8월 27일을 끝으로 파란만장했던 그의 생을 마감한다. 마드리드 시 전체가 참가했던 장례식의 비용은 로페가 모셨던 상사이자 절친한 친구였던 세사 공작이 부담하였으며, 장례는 9일 동안이나 지속되었다. 생전에 로페는 삼위일체 수녀회 소속 수도원을 마지막으로 보고 싶어 하였는데, 이를 잘 알고 있던 로페의 딸의 요청으로 운구행렬은 그 수도원 앞을 지나갔고, 로페의 유해는 마드리드의 아토차(Atocha) 거리에 위치한 산 세바스티안(San Sebastián) 교회에 안장되었다. 그러나 그의 유해는 19세기 초 공동묘지의 다른 유해들과 뒤섞여 그만 더 이상 찾을 수 없게 되고 말았다.

로페가 일생동안 보여준 여성편력과 각종 불륜, 그리고 말년의 불행한 사건들로 점철된 그의 개인적인 행적은 윤리적 측면으로 봤을 때 후세의 본보기가 될 수 없음은 자명한 일이다. 그러나 파란만장했던 일생을 겪으며 그가 이룩해 낸 믿을 수 없으리만치 엄청난 그의 문학적 성과는 우리로 하여금 개인적인 도덕적 과오의 유무를 떠나서 인류의 역사에 길이 남을 한 거장에게 자연스레 고개를 숙이게 만든다. 어쩌면 로페는 개인적인 윤리적 결함들과 그가 남긴 위대한 문학적 자산을 서로 맞바꾼 것일지도 모르겠다. 수많은 문학작품들을 통해 로페가 발산했던 끝없는 문학적 풍부함은 바로 그가 평생을 걸쳐 주저함 없이 온몸을 던져 겪었던 수많은 로맨스와 고뇌, 희열과 분노, 그리고 열정과 슬픔 등등이 고스란히 반영된 것이기 때문이다. 로페가 시종일관 올곧은 인생만을 고집하여 살았더라면 그는 윤리적으로는 떳떳해졌을지 몰라도 최소한 지금 우리가 향유하고 있는 그의 주옥같은 문학 세계는 상당 부분 존재하지 않을 수도 있을 것이다. 따라서 로페의 문학을 진정 소중히 여기는 첫걸음은 그의 문학을 대할 때만이라도 그가 일생동안 범한 윤리적 과오들에 대해 비교적 관대해지는 마음을 갖는 것이 아닐까 싶다.

로페의 작품 세계는 그 질적 우수성을 논하기 이전에 그 자체만으로도 하나의 완벽하고 온전한 문학이라고 할 수 있을 만큼 그 분량에 있어서 실로 타의 추종을 불허한다. 예를 들어 로페 시대의 극작가이자 그의 열렬한 옹호자였던 후안 페레스 데 몬탈반(Juan Pérez de Montalbán)은 로페가 평생 지은 작품들 중 연극만 해도 천팔백 편에 달한다고 주장하기도 하였는데, 혹자는 이에 대해 다소 과장된 면이 없지 않다고 비판하기도 한다. 그러나 로페 자신도 『클라우디오에게 *A Claudio*』라는 목가(égloga)에서 평생 자신이 천오백 편 정도의 희곡을 썼으며 자신이 지은 모든 작품들의 총 분량을 평균을 낸다면 죽을 때까지 하루도 빠짐없이 5장 정도를 매일 창작한 셈이라고 밝힌 바 있다. 더군다나 그의 서정시는 수천 편을 헤아린다. 이러한 사실로 미루어 보아 위와 같은 주장은 결코 허무맹랑한 것만은 아닌 듯하다.[4] 무엇보다도 놀라운 것은 로페가 천팔백 편의 희곡을 썼는지, 또는 그 이상인지, 이하인지가 아니라, 보통의 평범한 작가가 일생의 모든 시간과 노력을 다 쏟아부어 창작에만 매진해도 다 못 이룰 업적을 로페는

4 사실 로페가 평생을 통해 창작한 극작품의 정확한 편수를 밝혀낸다는 것은 불가능에 가깝다고 해야 할 것이다. 왜냐하면 당시 그의 극작품들 중 어떤 것들은 다른 극작가들과의 공저인 경우가 적지 않았으며, 이 경우 다른 극작가의 참여도가 어느 정도까지를 공저로 볼 것인지도 또한 다소 애매할 수 있기 때문이다. 이밖에도, 구체적인 작가가 확실하게 밝혀지지 않은 극작품을 비평가나 학자들이 후에 로페의 것으로 추정하는 경우도 종종 있기도 하다.

그 숱한 로맨스와 불륜과 고뇌와 불행한 사건들로 인한 엄청난 슬픔의 소용돌이 속에서도 아무렇지도 않게 이루어내었다는 사실일 것이다. 세르반테스는 일찍이 로페를 가리켜 "자연이 낳은 괴물(monstruo de naturaleza)"이라고 했다. 세르반테스의 이 말에는 바로 이러한 의미가 함축되어 있는 것이다.

2. 로페의 명성과 인기

아마 인류 역사상 그 어느 국가의 어느 작가도 일생을 통해 로페만큼 광범위하고 오래 지속되는 인기와 명성을 얻지는 못했을 것이다. 최소한 스페인 문학을 전공하는 학자라면 이 사실에 동감할 것이다. 그만큼 당시 로페가 누렸던 인기와 명성은 실로 대단한 것이었다. 로페가 창조한 극중 인물들을 대화의 주제로 삼아 마치 궁중에서 일어나는 신비한 일이나 되는 것처럼 그들에 대해 탄복에 탄복을 거듭하는 것은 당시 사람들이 많이 모이는 장소에서는 일상다반사였고, 당시에는 어떤 예술작품이나 심지어는 저속한 물건들을 평가할 때조차도 그 기준이 '로페스러운지(Es de Lope)' 여부였을 정도였으며, 사람들은 길을 가다가도 근처에서 로페가 지나가면 그를 보기 위해 가던 길을 멈추곤 하였다. 지금도 마찬가지지만 당시 스페인은 철저한 가톨릭 국가였고, 가톨릭에는 예수 그리스도에 대한 신앙을 고백하는 '사도신경'이라는 매우 중요하고도 핵심적인 기도가 있는데, 이 기도는 "전능하신 천주 성부 천지의 창조주를 저는 믿나이다. 〔…〕"로 시작된다. 그런데 당시 사람들이 이 '사도신경'을 패러디하여, "전능하신 로페 데 베가 천지의 시인을 저는 믿나이다. 〔…〕"로 바꿔 그 기도문을 외곤 하였던 것이다. 이에 혼비백산한 교회가 종교재판을 통해 이를 금지시키기에 이르렀는데, 이는 당시 로페에게 집중되었던 대중의 인기와 관심이 어느 정도였는지를 짐작케 하는 흥미 있는 일화라고 할 수 있겠다.

그런데 여기서 우리가 간과하면 안 되는 것이 하나 있는데, 바로 이러한 로페의 대단했던 인기와 명성은 당시 스페인 사회의 상류층이었던 귀족이나 성직자 계급이 아닌 일반 서민들에 의해 성립되었었다는 사실이다. 로페가 자신의 책 『신극작술 *Arte nuevo de hacer comedias en este tiempo*』[5]에서도 밝혔듯이, 그들은 바로 연극을 보러 돈을 지불하고 '코랄(corral)'[6]에 들어온 대다수의 관객들로, 연극의 성패는 전적으로 이들의 야유나 환호에 의해 좌우되었다 해도 과언이 아니었다. 로페 역시 『신극작술』에서 연극은 관객의 대다수를 차지하는 이 서민들의 기호에 맞게 쓰여야 한다고 주장한 바 있고, 이것이 바로 『신극작술』에 나타난 연극과 관련된 로페의 핵심적인 가치관 중의 하나라고 할 수 있다. 당시 대중은 로페의 현란한 연극에 열광하였던 것이며, 로페는 '국민연극'을 통하여 이들에게 쉴 새 없이 이들이 원하는 볼거리를 제공함으로써 엄청난 대중적 인기와 명성을 쌓았던 것이다.

한편 로페는 당시의 대단한 권력자였던 올리바레스 공작의 환심을 사기 위해 그를 찬양하는 온갖 시들을 갖다 바치는 등 부질없는 노력도 기울여 봤지만 그의 관심을 얻는 데는 실패하였으며, 펠리페 3세 국왕의 통치기간 마지막 해에는 마침 공석이던 왕실의 연대기작가 자리에 지원하기 위해 국왕의 비위를 맞추는 데에 전심전력을 다 하였으

---

5 『신극작술』은 연극에 대한 로페의 이론적 가치관이 총망라된 작품으로, 산문 형태의 시로 되어 있지만 일종의 극 이론서라고 할 수 있다. 자세한 것은 로페의 연극을 살펴볼 때 다루기로 하겠다.

6 로페 시대에 유행했던 연극상연을 위한 일종의 노천극장. 그 유래는 16세기 연극에서 찾아볼 수 있다. 자세한 것은 역시 로페의 연극을 살펴볼 때 다루기로 하겠다.

나, 이 역시 연대기작가로 자리를 잡는 데에는 별 효과를 내지 못하였다. 그럼에도 불구하고 당시로서는 로페의 이름 그 자체가 곧 훌륭한 무대를 위한 보증수표였고 또한 대중적 오락을 위해서는 그와 대적할 자가 거의 없었으므로, 각종 왕실의 축제나 행사 때 상연할 공연을 위해 우선적으로 그에게 작품 의뢰가 들어오는 것은 지극히 당연한 일이었다. 하지만 그렇다고 왕실이 로페를 위해 어떤 대단한 고려를 했던 것은 아닌 것 같다. 왕실 축제나 행사 때에는 그보다 훨씬 더 중요한 역할이 얼마든지 있었기 때문이다. 당시로서는 상상을 초월한 대중적인 인기와 명성을 얻었던 로페지만, 이렇듯 왕실의 부름을 받지 못했던 이유는 무엇보다도 사람들의 입에 쉼 없이 오르내릴 정도로 유난히도 난잡했던 그의 사생활 때문이었을 것이다. 아무튼 로페는 왕실에서의 본격적인 활약은 실패하였지만, 그가 모셨던 몇몇 귀족들로부터 간헐적이나마 약간의 도움을 얻는 데에는 성공하였으며, 심지어는 레모스(Lemos) 백작처럼 그가 모신 적이 없는 귀족들도 이따금씩 그를 도와주기도 하였다. 그러나 누구보다도 로페를 가장 오랫동안 도와주었던 귀족은 역시 세사 공작이었는데, 세사 공작의 지속적인 도움은 순수한 관용에서 비롯된 것이라기보다는, 앞서 잠시 언급했듯이, 공작의 비틀린 성적 호기심의 충족을 위한 것이었다. 즉, 세사 공작은 로페가 자신의 연인들과 주고받았던 지극히 사적인 내용의 서신들을 그로부터 직접 건네받아 몰래 읽으며 그 서신들에 담긴 은밀하고도 외설스러운 내용들을 혼자 즐겼던 것이고, 로페는 그런 사적인 서신들을 그에게 건네주는 대신 그로부터 각종의 도움을 얻어내었던 것이다. 당시의 스페인 사회에서 로페와 같은 평민이 자기에게 딸린 많은 식구들을 부양하면서 그처럼 복잡다단한 사회생활을 동시에 유지하기 위해서는 세사 공작에게서 받은 것과 같은 여러 가지 심리적 · 물질적 도움들이 아마 거의 필수적이었을 것이다. 로페의 전기를 연구한 학자들에 의하면, 각종 소작 · 임대료 수취(收取), 자신과 친지들을 위한 공작의 추천서, 각종 면세 혜택, 여러 선물들, 딸 마르셀라가 수도원에 들어갈 때 필요했던 지참금, 마차 등 이동수단의 제공, 불법행위에 대한 면책권 혜택, 연극 상연에 필요한 각종 편의 제공, 각종 법률 자문, 심지어는 로페를 위한 건강보조 식품들까지, 실제로 로페는 세사 공작으로부터 당시 얻을 수 있었던 모든 종류의 도움을 다 얻어 내었다고 한다. 당시 스페인에서 고귀한 신분의 귀족들은 일반적으로 자신을 모시는 하인들에게 정기적으로 고정 급료를 지불하지 않는 것이 관례였으므로 당시의 하인들이 자신의 주인에게 경제적 이유로 먼저 손을 벌리기란 결코 쉬운 일이 아니었을 것이다. 이를 감안한다면, 자신의 주인인 세사 공작으로부터 얻을 수 있는 모든 도움을 청하여 얻어낸 로페의 기막힌 수완이야말로 그의 문학적 재질 못지않게 타의 추종을 불허하였다고 할 수 있겠다.

그러나 로페가 생전에 소득이 없어서 세사 공작으로부터 경제적 도움을 받았던 것은 결코 아니었다. 학자들에 위하면, 로페는 지칠 줄 모르는 극 창작활동과 그의 작품들에 대한 상연으로 적지 않은 소득을 올렸던 것으로 추정된다. 그럼에도 불구하고 로페가 생전에 끊임없이 경제적으로 쪼들렸던 이유는 그가 지나치게 자선을 많이 하였고, 무엇보다도 그의 방탕했던 사생활은 그가 경제적 빈곤으로부터 벗어날 수 없게 만든 가장 큰 원인이었다. 요컨대, 로페가 성취했던 영광은 오로지 그의 연극을 보러 '코랄'에 온 서민들의 환호로써 가능했던 것이다. 즉, 로페는 항상 서민의 즐거움을 위해 전력을 다하여 연극을 창작하였고, 서민은 이러한 그의 노력을 '인기'와 '명성'으로 되돌려 주었던 것이다.

3. 로페의 동시대 문인들

이렇듯 식을 줄 모르던 로페를 향한 엄청난 인기는 거의 우상숭배를 연상시킬 정도였지만, 다른 한편으로 이러한 대중적 인기는 오히려 같은 연극계에 종사하던 다른 극작가들이나 문학적 경향을 달리하는 기타 여러 문인들의 시기와 질투심을 유발하기도 하였다. 당시의 스페인 문학계에서는 로페와 대립각을 세웠던 문인들의 수가 결코 적지 않았는데, 그들은 다행히도(?) 로페의 사생활이 트집 잡히기에 알맞게 문란하였으므로 기회가 될 때마다 로페의 방탕한 행동을 계기로 그에게 신랄한 비판을 쏟아 붓곤 하였다. 이에 대해 로페는 늘 즉각적인 반응을 보였으며, 특히 그들이 자신의 개인적인 사생활에 대해 비난하는 것에 대해서는 끓어오르는 격정을 차지 못하고 정면으로 맞대응을 하는 등 상당히 민감한 반응을 보였고, 이로 인해 로페는 결과적으로 많은 사람들이 자신에 대해 더욱 심한 반감을 갖게 하는 빌미를 제공하고 말았다.

그러나 당시의 스페인 문학계에서는 로페를 시기하고 헐뜯는 자들도 많았지만, 그에 못지않게 로페를 열광적으로 추종하는 문인들도 적지 않았다. 그 대표적인 인물이 바로 티르소 데 몰리나(Tirso de Molina)였는데, 그는 로페의 영향을 받은 수많은 극작가들 중 가장 뛰어난 명성을 얻은 극작가로 평가되고 있다. 티르소는 특히 자신의 작품집 『톨레도의 유원지들 *Los Cigarrales de Toledo*』에서 로페의 극작술에 대한 매우 심도 있는 예찬을 전개하기도 하였는데, 이 뿐만 아니라 티르소는 자신의 여러 극작품들을 통해서 기회가 될 때마다 로페의 연극에 대한 찬양을 아끼지 않았다. 『엘 시드의 젊은 시절 *Las mocedades del Cid*』로 유명한 발렌시아 출신의 극작가 기옌 데 카스트로(Guillén de Castro) 역시 로페의 대표적인 추종자 중의 한 명인데, 특히 그는 젊은 시절 발렌시아에서 유배생활을 하던 로페와 빈번한 교류를 하면서 로페의 극적 재능에 매료되었고, 이를 계기로 그와의 인연이 본격적으로 시작되었다. 로페의 사후 시작된 17세기 후반기의 스페인 연극계에서 가장 중요한 위치를 차지하고 있는 극작가 페드로 칼데론 데 라 바르카(Pedro Calderón de la Barca) 역시 로페에 대해 간접적으로나마 긍정적인 견해를 보인 바 있다. 물론 그는 로페의 작품에 대해 어떤 구체적인 비평을 한 적은 없지만, 자신의 작품들 안에서 로페를 언급하며 그에 대한 존경을 내비쳤던 것이다.[7] 그는 티르소나 기옌 데 카스트로와 달리 시기적으로 로페와 개인적인 교분을 가질 수는 없었으나,[8] 로페의 연극으로부터 많은 영향을 받았던 것만큼은 분명해 보인다. 이밖에도 루이스 벨레스 데 게바라(Luis Vélez de Guevara)와 칼데론 시대의 극작가 프란시스코 데 로하스 소리야(Francisco de Rojas Zorrilla)의 작품들에서도 로페를 찬양하는 명백한 언급들이 나온다.

극작가가 아닌 동시대의 다른 작가들 중에서 로페와 친분을 나누었던 대표적인 작가는 프란시스코 데 케베도(Francisco de Quevedo)이다. 케베도는 다양한 기회를 통하여 로페에 대한 찬양을 나타내곤 하였으며, 로페 역시 그에 대해 자신의 작품을 통하여 화답하곤 하였다. 이밖에도 동시대의 알려지지 않은 수많은 시인들도 로페에 대한 찬양

---

7 칼데론의 다음과 같은 작품들에서 로페에 대한 언급을 발견할 수 있다: *No hay burlas con el amor*(1막 2장), *No hay cosa como callar*(3막 12장), *Cuál es mayor perfección*(3막 5장).

8 연극 『꿈과도 같은 인생 *La vida es sueño*』으로 유명한 칼데론은 1600년에 태어나 1681에 죽었다. 로페가 1635년에 사망했으므로 시기적으로 그는 로페의 다음 세대에 속한다고 봐야 할 것이다. 칼데론은 로페가 이룩한 17세기 초의 '국민연극' 운동에 대한 성공을 효과적으로 계승 · 발전시킨 극작가로 평가되고 있으며, 칼데론의 사망과 함께 근 2세기 간에 걸쳐 계속되던 스페인 문학의 황금세기는 비로소 종말을 맞게 된다.

에 앞장서곤 하였다. 한편 로페는 어린 시절 자신이 당시의 유명한 작가였던 비센테 에스피넬의 제자였다는 사실에 대해 늘 공개적으로 자부심을 표방하였으며, 자신의 옛 스승이었던 비센테 에스피넬에 대해서도 항상 존경심을 나타내는 것을 잊지 않았다.

앞서 언급했듯이, 동시대의 문인들 중에는 로페에 대한 추종자만큼이나 그와 사이가 좋지 않았던 이들도 상당수였는데, 이와 관련해 무엇보다도 당시 멕시코 출신의 유명한 극작가였던 후안 루이스 데 알라르콘(Juan Ruiz de Alarcón)과 로페 간의 좋지 않았던 관계에 주목해볼 필요가 있다. 사실 알라르콘과 로페가 서로 사이가 좋지 않았던 이유 대부분은 로페의 잘못으로 인한 것이었다. 꼽추였던 알라르콘의 우스꽝스럽고 흉한 외모는 당시 많은 이들의 조소와 놀림감이 되었는데, 당시 스페인 사회의 관습으로 봤을 때 이러한 놀림과 조롱은 지극히 자연스러운 것이었고, 케베도나 로페와 같은 문인들도 그를 조롱하고 무시하는 것을 주저하지 않았던 것이다. 로페는 꼽추에 대한 대중들의 본능적인 혐오감을 나타내는 데에 참여하기도 하였는데, 특히 알라르콘의 외모에 대해서는 잔인하고 천박한 공격을 가하면서 이를 위해 말도 안 되는 철학적인 억지 이유를 대기까지도 하였다. 게다가 로페는 알라르콘의 연극이 실패하도록 음모를 꾸미는 데에도 종종 동참하기도 하였으며, 따라서 이 대목에서 알라르콘이 로페의 문란한 사생활을 붙들고 늘어지며 그를 공격하는 데 왜 그토록 열을 올렸는지를 비로소 알 수 있게 된다. 아무튼, 알라르콘에 대해 로페가 행했던 조롱과 무시는 오늘날의 시각으로 봤을 때 이해가 되지 않는 차원을 넘어 우리에게 공포스럽게 느껴지기까지 한다. 아무리 신분적으로는 사회적 지도계층에 속하지 않았다 하더라도 문학을 하는 지식인으로서, 더군다나 하느님의 교리를 따르는 그리스도교인으로서 선천적인 단순한 신체

결함을 가졌다는 이유만으로 그토록 한 개인을 무참하게 짓밟으며 놀림감으로 만드는 행위는 아무리 당시의 관습이 그렇다 하더라도 결코 정당화될 수는 없을 것이다.

로페와 대립했던 문인들 중 그 대립의 내용보다 그 문인들이 차지하는 문학적 위상으로 인해 가장 중요시 되는 인물은 아마 세르반테스와 루이스 데 공고라(Luis de Góngora)일 것이다. 우선 세르반테스는 주지하다시피 『돈키호테』라는 불멸의 작품으로 당시 최정점에 이른 소설가였지만, 극작가로서의 세르반테스는 그저 실패만을 맛보았을 뿐이다. 더군다나 세르반테스에게 연극은 포기할 수 없는 매력적인 분야였기에, 더더욱 그가 겪었던 실패는 뼈아플 수밖에 없었고, 따라서 로페가 연극에서 이룩해낸 어마어마한 성공을 그는 한없이 처참한 마음으로 바라보아야만 했다. 무엇보다도 세르반테스가 로페를 유난히 부러워했던 이유는 로페가 자신만의 가치관을 가지고 거침없이 자신의 극작술 이론을 전개하였고 세르반테스는 이러한 그의 극이론에 대해 마땅치 않게 생각하거나 전혀 동의하지 않는 부분이 있었는데, 그럼에도 불구하고 그것이 전에 없던 대성공을 거둠으로써 로페에게 엄청난 인기와 명예를 가져왔고, 후에는 '국민연극' 운동으로까지 발전하였기 때문이었다. 더군다나 세르반테스는 로페의 극작술에 대해 비판을 가하는 입장이었지만 부분적으로는 자신도 한번 따라하고 싶은 욕구가 일기도 하였고, 결국 세르반테스는 로페의 방식을 모방하여 극작품을 써보려 시도하기에 이르렀지만 능력 부족으로 실패하고 말았으며, 이는 더더욱 세르반테스로 하여금 연극에 대해 깊은 열등감만을 갖도록 만들고 말았다.[9] 그러나 세르반테스는 이 경우 로페와 다른 점이 한 가지 있었는데, 그것은 『돈키호테』 1부의 48장에서 보듯, 로페의 연극에 대해서 자신이 동의하지 않는 점이 있다면 명확하고 분명하게 비판하지만, 자신을 비난하는 자들에 대해 거의 이성을 잃으며 맞대응하는 로페와 달리 그를 직접적으로 언급할 때에는 비록 그가 마음에 들지 않더라도 평소 자신의 성격에 걸맞게 차분하고 품위 있는 태도를 유지할 뿐만 아니라 상대방에 대한 존중을 나타내는 예의를 갖추기 까지도 한다는 것이다. 그러나 아무튼 세르반테스도 『돈키호테』의 서문에서 로페에 대한 험담을 암시하는 시를 쓴 바 있으며, 로페는 이를 용서하지 않았고, 이를 계기로 로페는 세르반테스의 작품에 대해 항상 차가운 시선을 거두지 않았다.

공고라와의 대립은 더욱 오래 지속되었는데, 더욱이 그와의 대립은 서로간의 인신공격보다는 각자 자신들의 '시학'에 대한 가치관의 차이로 인한 것이 더 많았고, 더구나 로페에 대한 공고라의 비난이 그 반대의 비난보다 더 신랄하고 빈번했으므로 다른 문인들과의 사이에서 벌어졌던 대립과는 그 분위기에서 다소 차이가 난다고 할 수 있다. 원래 로페는 공고라의 시에 대해 매우 긍정적인 생각을 가지고 있었다. 로페 역시 한없는 열정을 가지고 자신의 인생 이야기들을 재치 넘치는 시들 안에 쏟아 부을 줄 아는 시인이었으나, 공고라의 시 앞에서는 감탄을 억제할 길이 없었다. 비록 로페는 추구하는 미학적 가치에 있어서 공고라와 근본적인 차이를 보이고는 있었지만, 로페에게 공고라 시 특유의 지성미 넘치는 절묘함과 읽는 이로 하여금 현기증을 느끼게 할

---

9 1615년 세르반테스는 자신의 극작품들을 한데 모아 출판하였는데 그 작품집의 제목이 『한 번도 상연된 적이 없는 여덟 편의 연극과 여덟 편의 막간극 *Ocho comedias y ocho entremeses nunca represetados*』이다. 당연히 상연을 전제로 한 연극작품집의 제목에 '한 번도 상연된 적이 없는'이라는 문구를 굳이 넣은 것으로 보아, 이를 통해 세르반테스는 연극에 대한 자신의 열정을 알아주지 않던 당시의 연극계에 대한 서운함을 나타냄과 함께, 그가 가졌던 극작가로서의 열등감을 무의식적으로 드러내고 있는 것이다.

정도의 현란함과 화려함은 경이로움 그 자체였던 것이다. 아마 이런 이유로 로페는 마음속 깊숙이 공고라에 대한 부러움을 숨겨 놓았던 것 같다. 그리고 로페는 여러 차례에 걸쳐 공고라 시의 화려함과 현란함에 접근해 보고자 하였으나, 근본적으로 이러한 분위기는 간결함과 자연스러움을 추구하는 로페 본연의 미학적 경향이 아니었다. 따라서 로페는 공고라 시가 지니고 있는 현란한 시적 장식을 통한 특유의 아름다움에 대해서는 찬사를 아끼지 않았지만, 그러한 시적 장식이 야기하는 불가피한 인위성과 어두움은 반대하였던 것이다. 한편 공고라는 간결하고 명확하지만 어떻게 보면 제멋대로이고 다소 즉흥적인 것 같은 로페의 시를 경멸하면서 너무 세속적이고 저급하다는 평가를 내린 바 있다. 특히 그의 비판에 의하면, 로페의 시는 상연을 전제로 한 극작품의 내용이고 따라서 상연을 위한 각종 장치들(무대, 배우들의 연기, 극의 분위기 등등)의 도움을 받았기에 빛나는 것일 뿐, 무대로부터 분리하여 시를 시 그 자체로 음미하여 본다면 어설프게 만들어졌음이 이내 감지된다는 것이다. 이들 두 시인은 기회가 될 때마다 자신들의 글을 통해서 서로의 시에 대한 가치관과 이론에 대해 비판하고 반박하기를 반복하곤 하였는데, 이러한 이들의 논쟁은 여러 문헌에서 빈번하게 목격되어질 만큼 당시로서는 꽤나 유명한 것이었다.

2

연극을 제외한 로페의 작품들

로페 데 베가의 삶과 문학

2

연극을 제외한 로페의 작품들

1. 서정시

1.1. 로페의 서정시가 갖는 특징

로페가 이룩한 문학적 명성은 그가 창작한 극작품들에 힘입은 바가 큰 게 사실이다. 즉, 그의 천부적인 문학적 재질은 대부분 극작가로서 그 진가가 발휘되었다는 것이 오늘날까지의 학자들 간의 공통된 견해이다. 그러나 그렇다고 연극이 아닌 다른 장르의 로페의 문학작품들이 주목할 만한 가치가 떨어진다는 것은 결코 아니다. 로페의 비(非)연극작품들이 등한시되는 경향은 로페 시대보다 오히려 오늘날의 비평가들에게서 더욱 빈번히 감지되고 있는데, 이는 로페의 진정한 문학적 가치에 대한 추구를 위해서는 결코 바람직한 것 같지가 않다. 그에 대한 연구가 주로 그의 극작품들과 그의 복잡한 개인적인 사생활에 집중되어 있는 것이 바로 오늘날의 실정이다. 이와 함께 그의 작품세계가 지나치리만치 방대하다는 점 또한 그의 작품들에 대한 집중적이고 전문적인 연구를 확산시키는 것을 어렵게 만드는 요인으로 그동안 작용하기도 한 것 같다. 물론 로페에 대한 연구가 연극에 주로 집중되는 것은 불가피한 일이겠으나, 아직 연구되어지지 않은 로페의 소설이나 시와 같은 비연극작품에 대한 관심도 앞으로는 더욱 증가되어야 할 것이다.

로페의 작품에는 늘 서정성이 넘쳐 난다. 그러나 이는 작품 그 자체 안에 서정적 성격이 풍부하게 나타난다는 의미도 있지만, 작품들에 나타나는 서정성의 구체적인 형태가 매우 다양함을 뜻하기도 한다. 실제로 로페는 소네트(soneto), 칸시온(canción)[10], 로만세(romance) 등 다양한 형태의 서정시들을 창작하였다. 로페가 지은 수많은 서정시들은 몇몇의 작품집으로 모아지기도 하였고, 학자들에 따라선 로페가 지은 소네트의 수가 거의 삼천 개에 이른다고 하지만, 사실상 로페의 모든 서정시들을 체계적으로 분류하고 그 정확한 총수효를 헤아리는 것은 별 의미가 없고, 가능하지도 않은 듯하다. 왜냐하면 그가 지은 여러 종류의 서정시들은 적지 않은 부분들이 그의 소설이나 연극작품들 속에서 한데 뒤섞여, 어떤 것은 소설 이야기의 일부가 되기도 하였고, 또 어떤 것들은 연극의 대사가 되기도 하였기 때문이다.

어느 시대의 어느 시인이든 시에는 그 시를 쓴 작가의 경험이 스며들어 있기 마련이다. 그러나 로페의 서정시에는 단순히 그의 삶의 경험이 반영된 차원을 넘어, 파란만장했던 그의 일생의 순간순간과 사건 하나하나가 모두 치열하게 시로 승화되어 있다. 즉 로페의 서정시는

10 이탈리아에서 유래된 서정시의 한 종류. 주제는 주로 사랑에 관한 것이고, 분위기는 슬프고 우울하다. 특히 16세기에 많이 쓰였다.

그의 인생 자체라 해도 과언이 아닌 것이며, 따라서 로페는 자신의 인생을 이루는 모든 물적 · 심적 요소들을 빠짐없이 진솔하고 있는 그대로의 방식으로 서정시라는 예술을 위한 창조적 소재들로 삼았다고 할 수 있는 것이다. 스페인, 더 나아가 유럽에는 로페처럼 자신의 삶의 모습 하나하나를 이토록 집요하고 치열하게 시로 승화시킨 작가는 일찍이 없었다. 이러한 로페의 서정시가 갖는 핵심적인 본질을 두 가지로 요약한다면 아마 하나는 자신의 인생을 충실하게 반영한 자서전적인 가치일 것이고, 다른 하나는 자신의 인생을 시로 승화시키기 위해 선택한 구체적인 방법으로 인위적인 장식을 배제하고 담백함과 사실적 묘사를 지향하는 자발성과 자연스러움의 추구라 할 수 있을 것이다. 그리고 이 두 가지의 본질은 그의 시에서 서로 융합되어 나타난다. 물론 이 사실이 로페의 시를 세부적으로 분석하면 그의 인생 전체가 보인다는 것을 의미하지는 않는다. 그가 쓴 서정시는 어디까지나 그의 인생경험에서 영감을 받아 쓴 서정시이지, 자서전 그 자체가 될 수는 없기 때문이다. 로페는 자신이 쓴 시 세계에서 자기 자신을 교묘하게 숨길 줄도 알았고, 또한 자신이 겪은 어떤 경험이 문학작품에서는 어떻게 변형되어야 탁월한 예술적 가치로 승화될 수 있는지도 잘 알았기에, 그의 시작품들을 지나치게 자서전적인 시각으로만 바라보는 것은 해석상의 큰 오류를 범할 수 있다

그러나 로페 자신의 인생과 자신의 경험만이 그의 시세계를 이해하기 위한 유일한 기본적 통로는 아니다. 오히려 타고난 천부적인 시인으로서 로페는 타인의 경험과 감정을 마치 자신의 것인 양 아름다운 시로 승화시키는 능력도 역시 가지고 있었다. 또한 반대로 자신의 느낌과 경험을 마치 타인의 것인 것처럼 감출 줄도 알았다. 그는 오랜 시간 자신이 섬겼던 주인을 위해 여러 가지 글을 썼던 작가이다. 이런 그

에게 그러한 능력은 어쩌면 당연한 것이었을지도 모른다. 더군다나 로페가 자신이 경험한 느낌과 감정을 연극의 주인공이라는 가상적 인물의 입을 통해 담담하게 묘사하는 경우는 그야말로 비일비재하였다. 여기서 우리는 자신과 타인의 느낌과 감정을 자유자재로 넘나드는 시인으로서 로페가 지녔던 또 다른 놀라운 능력을 발견할 수 있는 것이다.

또한 로페가 대중적이고 전통적인 요소에서 많은 영감을 받는다는 것도 주지의 사실인데, 여기서 우리가 혼동하지 말아야 할 것은 그가 전통적인 것을 선호한다는 것이 곧 맹목적으로 옛것을 그대로 모방하여 시를 쓴다는 것을 의미하는 것이 결코 아니라는 점이다. 로페에게 있어 시의 아름다운 전통적 형태들은 분명 찬미의 대상이었다. 특히 이탈리아풍의 르네상스 시들은 그에게 많은 감흥과 영향을 끼쳤다. 그래서 한 때 젊어서 그는 이탈리아의 르네상스 작가인 아리오스토를 모방하는 데에 열을 올리기도 하였다. 그러나 시간이 지나며 찬미하는 것과 모방하는 것은 그에게 별개의 문제가 되었다. 예를 들어 옛 카스티야 학파의 시인들은 로페에게 존경과 찬미의 대상이었지만, 그들의 시적 기교는 이미 로페에겐 진부한 것이었다. 따라서 로페가 어떤 전통적인 형태를 받아들였다는 것은 그 전통적 형태를 시대의 기호에 맞게 좀 더 고상하게 만들어서 자신의 것으로 소화하였음을 의미하는 것이다. 이는 당시의 '개념 *concepto*'에 대한 로페의 가치관에서도 잘 나타나고 있다. 당시의 시와 관련된 '개념'이라는 용어는 오늘날 시의 '내용(contenido)', '주된 테마(idea)' 또는 '본질(fondo)'에 상응하는 것으로, 로페는 시에서 전통적인 것에 유일하게 우선할 수 있는 요소로 이 '개념'을 꼽았는데, 시의 형태에 대한 혁신을 통해서만이 당시의 이 '개념'이 보다 완벽하게 구현될 수 있다고 믿었던 것이다. 즉, '형식'의 개혁을 통한 '내용'의 보다 온전한 실현인 것이다. 예컨대,

로페가 당시 공고라에 의해 유행되었던 '과식주의(culteranismo)'에 대해 비판했던 것은 과식주의로 인해 시의 형식에 대한 어떤 특정한 하나의 요소만이 기형적으로 우세를 점하였기 때문이었다. 즉, 로페가 원했던 것은 '내용'과 '형식'에 대한 안정적인 조화였던 것이다.

로페는 생전에 자신이 지은 시들을 한데 모아 여러 권의 책으로 펴낸 바 있다. 예를 들어 죽기 2년 전에 로페는 그의 친척들과 친구들의 도움으로 『파르나소스산(山)의 베가 *La Vega del Parnaso*』라는 시집을 내었는데, 이 시집은 로페가 살아생전 창작한 수많은 종류의 시들을 집대성한 방대한 분량의 시집이다. 그러나 로페는 가르실라소(Gaclaso)나 프라이 루이스 데 레온(Fray Luis de León), 또는 에레라(Herrera)나 공고라 등과 같이 서정시를 하나의 독립된 문학으로 간주하면서 작품을 창작한 적은 거의 없다. 그에게 서정시는 자신이 창작하는 소설이나 연극, 또는 각종 산문들을 구성하는 일부일 뿐이었다. 따라서 그가 지은 주옥같은 서정시들은 이러한 그의 모든 문학작품들의 일부로 곳곳에 보석처럼 박혀 찬란한 빛을 발하고 있는 것이다. 그러므로 로페가 자신이 지은 서정시들을 모아서 펴낸 대부분의 시집들은 원래 그 시집을 위해 창작된 것이 아니었고, 로페가 자신의 연극에 포함되어 있는 것들을 현재의 감정과 느낌에 충실하게 다시 다듬고 손질하여 나중에 따로 편집한 것들이다. 이는 마치 오늘날의 시인들이 각종 신문이나 잡지에서 자신이 공저(共著)한 작품들을 나중에 하나로 모아 책으로 편집하여 출판하는 것과 비슷하다고 할 수 있겠다. 그러나 무엇보다도 연극에 포함된 시들을 끄집어내어 이렇게 다시 하나의 시집으로 로페가 굳이 편집한 이유는, 연극의 특성상 그 대사가 아무리 아름답고 절묘한 시로 표현되어 있다 하더라도 상연 중에 배우에 의해 한번 읊어진 후 연극이 끝나고 나면 잊히기 일쑤였기 때문에 –당시는 연극 상연을 녹화하여 사후 자료로 남길 수단이 당연히 없었으므로- 아예 이후에 찾아보기 쉽게 하기 위함이기도 하였다. 그러데 이렇게 로페가 자신의 시들을 한데 모아서 시집으로 펴내었다는 사실은 후에 그의 작품들의 연대를 연구하는 학자들에게 본의 아니게 적지 않은 혼란을 야기하게 된다. 예를 들어, 로페의 어느 서정시가 있다고 가정할 때, 구체적으로 그 시가 언제 처음으로 쓰였고, 언제 그 시가 다시 다듬어져서 연극 작품에 삽입되었으며, 또한 언제 그 시가 연극으로부터 다시 끄집어내어져서 시집으로 옮겨져 수록되게 되었는지, 등등 - 또는 그 반대의 역추적도 마찬가지이다- 을 가려내서 각각 그에 맞는 정확한 연대를 결정하기란 학자들에게는 늘 쉽지 않은 작업이었다. 이런 의미로 봤을 때, 방대하기 짝이 없고 세상에 나오기 위해 나름대로 사연까지도 많았던 로페 작품들의 출판 연대나 저술 연대의 순서들을 정확하게 구분하며 쫓아가는 것은 그리 큰 의미가 없는 것인지도 모르겠다.

1.2. 로페의 로만세

일찍이 로페는 로만세야말로 단순히 시가 가질 수 있는 하나의 운율을 의미하는 차원을 뛰어넘어 시가 갖는 가장 탁월한 형태들을 모두 그 안에 포함하고 있다고 평가한 바 있다. 따라서 로만세는 로페의 방대한 서정시 세계에서 매우 중요한 위치를 차지하고 있는 분야이며, 일생동안 로페는 참으로 수많은 로만세들을 창작하였다. 이미 앞서 로페의 생애를 설명하면서 언급한 그를 거쳐 간 여러 여인들, 특히 로페가 채 성인이 되기도 전에 나누었던 연상의 여배우 엘레나 오소리오와의 사랑과 이로 인한 발렌시아로의 유배, 그리고 이사벨 우르비나라는 여인을 강제로 납치한 끝에 이루어졌던 결혼생활 등은 이미 로페의 열정적인 시를 위한 소재가 되었었다. 당시에는 모로인(人)이나 목동이 등장하는 로만세가 상당히 유행하였는데, 로페는 자신의 로만세에 이러한 모로인이나 목동을 등장시킴으로써 젊은 시절 자신이 벌인 애정 행각들을 교묘하게 포장하여 감추었던 것이다. 원래 로만세는 국가나 역사적 테마나 영웅들의 이야기를 다루는 것이었지만, 로페가 쓴 이러한 종류의 로만세는 남녀 간의 사랑을 소재로 한 것이었으며, 즉각적인 대중의 관심과 사랑을 받았다. 이러한 로만세들은 16세기 말에 출판된 전집과 그 후 1600년에서 1604년 사이에 출간된 『총로만세집 *Romancero General*』에 수록되어 있다. 여기에 수록된 로만세들은 대략 50편쯤 되는데, 특정한 표제들이 붙여지지 않은 채 수록되었기 때문에 세상에 나오자마자 다른 시인들이 재빨리 모방해 버렸고, 이로 인해 여러 로만세들이 원작가의 문제에 휩싸이고 되었다.

로만세가 늘 동반하곤 하였던 음악은 로만세를 대중들에게 확산시키는데 큰 역할을 하였는데, 이를테면 목가적 로만세의 경우 노래하거나 낭송할 수 있는 성격으로 인해 이 로만세는 당시 최고조에 이른 목가소설에 대한 대중적 확산에 큰 기여를 하였던 것이다. 또한 로페는 자신의 로만세에 섬세한 단순함과 정교한 우아함을 적절히 혼합함으로써 대중의 기호에 보다 더 가까이 접근할 수 있었는데, 그렇다고 그의 로만세에는 대중성만이 존재하였던 것은 결코 아니다. 오히려 그의 로만세에는 당시에 유행하였던 기호나 시대와 관계없는 불변의 가치가 모두 표현되어 있고, 우리는 이를 확실하게 구분할 필요가 있음을 알아야 한다. 로페는 당시 일시적으로 유행하였던 형태들에 인간성이라는 불변의 가치를 쏟아 부음으로써 그 일시적인 형태들을 통한 흔해빠진 장식들을 언제나 초월하였던 것이다. 사실 목가적 로만세나 모로인 로만세는 당시 수많은 작가들이 소재가 고갈될 때까지도 그 창작을 멈추지 않았던 분야였지만, 나중에 이에 대한 패러디들이 등장하면서 급격히 몰락해 버리고 말았다. 당시의 이러한 패러디로부터 자유로웠던 작가는 공고라 외에 로페뿐이었는데 특히, 로페의 로만세들은 특유의 완벽성과 섬세함으로 당시 패러디들로부터 살아남을 수 있었던 것이다.

로페는 이후에도 계속해서 로만세를 썼는데, 이후의 로만세에서는 시기적으로 성숙한 로페가 겪었던 사랑이 그 주된 소재였다. 이 시기의 로만세들은 다양한 작품들 –특히 『라 도로테아』– 에 산재되어 나타나는데, 스타일상의 두드러진 변화가 감지된다. 즉, 젊은 시절 썼던 로만세에서보다 좀 더 사색적이고 심오한 분위기가 나타나고 있으며, 이를 통해 시작법에 있어서 이전보다 더욱 정화된 능숙함이 돋보이고 있는 것이다.

또한 로페는 종교적 색채의 로만세도 썼는데, 이러한 로페의 종교적 로만세들은 『신성한 서정시집 *Rimas sacras*』에 포함되어 있거나 또는 『영적(靈的) 로만세집 *Romancero espiritual*』에 모아져 있다. 특히 후자에서는 스페인 내외로부터 영향을 받은, 대중적이고 감성적이며 색채감이 짙은 로페 특유의 신앙심이 두드러지게 나타나 있다. 그러데 여기서 주목해야 할 것은 로페의 서정시집들 중에 로만세를 전혀 포함하지 않는 것은 거의 없다는 사실이다.

1.3. 로페의 소네트

로페는 소네트에서도 비상한 시적 재능을 보였는데, 그는 그 어느 시인보다도 많은 수의 소네트를 지은 바 있다. 그가 지은 소네트들 중에는 스페인 문학사 전체를 통해 가장 완벽하고 아름다운 소네트로 평가되는 것들이 포함되어 있다. 앞서 언급했듯이, 로페에게 있어서 '개념' 이라는 용어는 시에서 가장 핵심적인 요소로 여겨졌는데, 이 소네트야말로 그 구조적 특성상 압축된 형태 내에서 어떤 특정한 생각을 담아내는데 가장 이상적이었던 것이며, 게다가 소네트에서는 시적 기교들의 풍부한 결합이 가능했기에, 더군다나 로페에게 소네트는 '개념' 을 나타내기엔 매우 적합한 형태였던 것이다. 로페는 소네트의 14행시를 이루는 4행시와 3행시의 기본적인 구조를 비교적 자유롭게 변화시키며 창작하였다.

로페가 지은 초기의 소네트들은 1602년 마드리드에서 출판된 『서정시집』[11]에 포함되어 있는데, 그 수가 200편을 헤아린다. 그때까지도 로페는 자신의 이름으로 출판된 책들 중 오로지 서정시로만 된 시집은 한 권도 없었다. 이들 200편의 소네트들 중 많은 수가 로페 자신의 연극에서 발췌된 후 다소의 손질과 보완을 거친 것들이었으며, 이들 중의 또 다른 많은 소네트들은 로페의 연인이었던 미카엘라 데 루한에게 바쳐진 것이었다. 그 밖의 소네트들은 성서적 테마, 신화, 또는 오래된 역사적 사실 등에 대한 것들이다. 특히 로페는 연극에서 이 소네트를 매우 빈번하게 사용하였는데, 그의 극이론서인 『신극작술』에서도 "소네트는 무엇인가를 기다리는 사람들(los que aguardan)에게 적합하다"라고 언급하고 있다. 예컨대, 그의 연극에서 어떤 극적 행위가 멈춰지고 한 등장인물이 자신이 처한 상황에 대해 생각에 잠겼을 때 이러한 등장인물이 하고 있는 생각은 연극에서 바로 소네트로 표현되는

11 이 『서정시집』은 이후로 1609년, 1611년, 1613년, 1621년 등등, 여러 차례 재출판된 바 있다.

게 이상적이라는 것이다. 이 초기의 소네트들 중 마카엘라 데 루한을 위한 것들에서는 명백하게 페트라르카적 분위기를 감지할 수 잇는데, 이는 로페가 페르라르카의 영향을 직접적으로 받았다기 보다는 당시의 스페인 서정시에 침투한 카스티야 지방의 페트라르카적 전통에 기인한 듯하다. 아무튼 로페의 이 초기 200편의 소네트에서는 고전에서 유래한 냉철한 시적 기교(고전적 전통의 모방: imitación clásica)와 인간의 열정이 내뿜는 열기(인문주의: lo humano)가 한데 어우러져서 절묘한 조화를 이루고 있고, 이 점이 바로 초기 로페의 소네트들이 갖는 특징이라 할 수 있는 것이다. 『서정시집』의 소네트들은 최소한 로페가 취했던 그 화려한 형태에 있어서만은 매우 신선한 것이었으며, 이 소네트에서 로페는 역사적 또는 신화적 테마들을 예술적 경지로 끌어올렸던 것이다. 이는 우리로 하여금 19세기 프랑스의 고답파를 연상케 하고 있는데, 실제로 로페는 이 소네트들에서 진기하리만치 정교한 감성을 나타내는 모든 감각적 요소를 두드러지게 나타내었으며, 19세기 고답파 시인들이 그러했듯이, 이 소네트들에서 종종 조형미술에 대한 영향, 형상 또는 색채의 재현에 대한 유의 등이 현저하게 감지되기도 한다.

초기 이후의 로페의 소네트들에서도 고전을 모방하는 르네상스적 전통은 계속 유지된다. 그러나 로페는 동시에 그동안 보여주었던 열정을 다른 요소로 대체하는데, 그것은 바로 아주 독창적인 특별한 아름다움을 성취하기 위해 가해지는 지나치리만치 풍부한 장식과 이를 통해 나타내는 일종의 과시였다. 이는 마치 축제를 위한 화려하고 몸에 꽉 끼는 자신의 의상을 소네트라는 매우 견고한 테두리로써 더욱 더 꽉 졸라매는 격이었다.

1614년 가을에 로페는 『신성한 서정시집』을 출판하는데, 이 책에는 백 편의 소네트들과 이어서 수록된 종교적 내용의 다양한 칸시온과 로만세들이 포함되어 있다. 1612년에 출판된 4편의 『독백집 *Soliloquios*』에서부터 시작된 서정시에 대한 로페의 신비주의적 방향은 출판된 다른 여러 책들에서 계속 유지되어 왔지만 별로 큰 성공을 거두진 못했는데, 『신성한 서정시집』에 이르러서 비로소 로페의 종교적 감성은 가장 높은 문학적 수준에 도달하게 되었던 것이다. 이 당시 로페에게는 커다란 슬픔과 고통이 엄습해오기 시작하던 때였다. 몇 달 사이로 아내 후아나 데 가르도와 그가 가장 사랑하는 아들 카를로스 펠릭스가 연이어 숨을 거두었다. 그때 로페를 사제의 길로 들어서게 만들었던 바로 그 종교적 위기감이 이 『신성한 서정시집』의 소네트에서 보이는 깊은 정신적 감흥을 불러일으켰던 것이다. 앞서 언급한 『독백집』은 특별한 장식이나 기교가 없이 단순히 넘치는 기쁨을 표현한 작품이나, 이에 반해 『신성한 서정시집』에서 로페는 자신의 시적 기교를 최대한으로 다듬음으로써, 자신이 느꼈던 사제로서의 종교적 사명을 시를 통해 나타내려 했던 것이다. 이 소네트들에서 어떤 학자들은 축제나 성인들에 대한 예찬과 같은 우연한 동기들에 더욱 주목을 하였고, 따라서 이 소네트들이 갖는 본질적인 가치가 등한시되기도 하였으나. 사실 이 소네트들에서는 가톨릭의 성사(聖事)를 중심으로 로페가 느꼈던 참회, 방탕했던 지난 삶에 대한 후회와 이를 통한 개과천선, 영적 삶에 대한 욕구 등이 그 본질에 더 가까운 것들이라 하겠다. 즉, 로페는 이 소네트들을 통해 자신의 내면적 고뇌들을 솔직하게 나타내려 했던 것이다. 메넨데스 이 펠라요(Menéndez y Pelayo)와 같은 학자는 로페의 이 소네트들 중에서 몇몇은 스페인이 생산해낸 종교적 내용의 시들 중 가장 많은 영감을 받아 만들어진 것들이라는 견해를 밝힌 바가 있다. 요컨대, 『신성한 서정시집』에는 능란한 기교를 창출할 넘쳐 오르는 영감과 함께 작가 로페의 가장 고결한 감정이 -그것이 비록 일시적이라 할지라도- 묘사된 아름다운 순간들이 포함되어 있다는 것이다.

소네트의 대가로서 로페는 순수한 종교적 열정을 나타내는 요소들을 종종 로페 특유의 감성적이고 감각적인 부드러움으로 변화시키기도 하였는데, 이러한 예는 『신성한 서정시집』에서뿐만 아니라, 로페가 사제일 때 사귀었던 여인 마르타 데 네바레스에게 바쳐진 시 『키르케 *La Circe*』와 죽기 1년 전인 1634년에 출판한 『토메 데 부르기요스 학사의 신과 인간의 서정시집 *Rimas divinas y humanas del licenciado Tomé de Burguillos*』이라는 다양한 종류의 시들을 한데 모은 시집에서도 발견된다.

1.4. 노래나 음악을 동반하는 로페의 시들

사실 로페의 연극과 그 밖의 작품들에서 나타난 서정시들 중에는 단연 소네트가 으뜸이라 할 수 있지만, 이 소네트 외의 다른 형태의 시들도 역시 상당수 존재한다는 사실도 잊지 말아야 할 것이다. 로만세에서 음악이 동반된다는 것은 이미 잘 알려진 사실이다. 하지만 이 로만세가 노래를 위한 유일한 운율은 아니었다. 비얀시코(villancico)[12], 세기디야(seguidilla)[13], 레트리야(letrilla)[14], 그밖에 결혼식이나 추수, 영세식, 환영식 등과 같은 각종 축하의 자리에서 불리었던 모든 종류의 대중적 민요들 역시 노래를 부르기 위한 일정한 운율들을 지니고 있었

12 이 단어는 다양한 의미를 지니고 있으나, 여기서는 종종 노래의 후렴 역할을 하곤 했던 짧은 형태의 대중적 옛 노래를 의미한다.

13 스페인의 전통 춤과 노래의 하나. 지역에 따라 다양한 종류들이 있다.

14 짧은 운문들로 된 시의 일종이며, 일반적으로 음악을 동반하는 경우가 많다.

던 것이다. 로페는 이러한 대중적 민요들을 능숙한 솜씨로 그의 연극의 일부로 융합시켰으며, 따라서 로페의 연극들 중 이러한 서정적 음악성이 배제된 것은 거의 찾아보기 힘들 정도이다. 어떤 경우에는 이러한 민요들의 단지 몇몇 시구들만으로써 연극 전체가 갖는 극적 행위의 최초의 모티브가 설명되어지기도 한다. 즉, 어떤 민요의 몇몇의 시구들 -이를테면 반복되어지는 후렴구 따위 등- 이 형성되게 된 사연이나 특정한 동기가 하나의 정식 연극이 탄생하게 된 결정적 시발점이 되기도 한다는 것이다. 구체적인 예들 들면, 로페의 유명한 연극 『올메도의 기사 *El caballero de Olmedo*』는 '메디나의 별이며 올메도의 꽃(la gala de Medina, la flor de Olmedo)' 이라는 실제 당시 카스티야 지방에서 유행했던 민요의 일부가 로페로 하여금 이 연극을 만드는데 결정적인 영감을 불러일으킨 경우이며, 이 민요의 전체적 모습은 이 연극의 말미에서 비로소 접할 수 있게 되어 있다.[15] 이와 같이 로페가 그의 연극에서 자주 사용하였던 여러 형태의 아름다운 서정적 세계는 이를 위해 그가 취한 민요들의 원래의 모습과 그가 연극에서 사용하기 위해 이 민요들을 수집하면서 자신의 작품에 알맞게 손질하고 각색한 후의 변형된 모습을 서로 분리해서 구별해내는 것을 어렵게 만들어 놓았으며, 심지어는 그 구별이 별 의미가 없게 되기도 하였는데, 이는 대중적 민요들이 담고 있는 서정성을 다루면서 종국적으로는 이를 자신의 것으로 소화해내는 로페의 시적 재능이 그만큼 탁월했음을 입증하는 것이기도 했다. 즉 로페는 시에 대한 대중적 전통에 대한 단순한 수

15 극의 말미에서 홀로 메디나에서 올메도로 향하던 주인공 알론소(Alonso)가 악당 로드리고(Rodrigo) 일행과 만나기 직전 들판에서 한 농부를 만나는데, 그가 "밤에 그들이 메디나의 별이며 올메도의 꽃인 그 기사를 죽였다네.(Que de noche le mataron al caballero, la gala de Medina, la flor de Olmedo.)(2374행-2377행)" 라고 부르는 노랫말을 통해 알 수 있다.

호자를 넘어, 그에 의해 시에 대한 또 다른 대중적 전통이 창출되어졌던 것이다. 즉, 대중이 그를 움직였다기보다는 그가 대중을 움직였던 셈이다.

1.5. 로페의 서간문 형태의 시(epístola), 목가, 송가(頌歌: oda), 칸시온

로페의 이와 같은 종류의 시들은 앞서 언급된 다른 시들에 비해 상대적으로 그 중요성이 떨어진다고 볼 수 있다. 이들 중 간략하게나마 몇몇을 살펴보면, 우선 서간문 형태의 시는 르네상스 시대에 유행된 시의 형태로서, 당시 시인들 중 이를 창작해보지 않은 이가 없을 정도였다. 로페 역시 이러한 서간문 형태의 시들을 창작해 『필로멜라 *La Filomena*』나 『키르케』를 비롯한 여러 작품들에 이를 삽입하였다. 이 서간문 형태의 시의 경우 그 형식에 있어서는 보스칸(Boscán)이나 가르실라소, 또는 우르타도 데 멘도사(Hurtado de Mendoza)나 프란시스코 데 피게로아(Francisco de Figueroa)와 같은 황금세기의 여타 시인들에 비해 별반 나을 것이 없었으나, 로페는 특유의 인간적 면모를 가지고 이 서간문 형태의 시들이 지닌 상투적이고 학문적인 건조한 분위기를 초월할 줄 알았으며, 또한 수사법상의 상투적인 표현을 탈피하여 은밀함과 자발성이라는 특별한 가치를 부여할 줄도 알았던 것이다. 로페가 지은 이러한 서간문 형태의 시들은 특히 우리들의 주목을 끌 수 있는데, 그 이유는 이 시들을 통해 로페가 어떤 삶을 살았으며, 가족에 대한 그의 친밀함이 어떠했는지, 그리고 당시 문학에 대한 그의 견해는 무엇이었으며, 그가 구체적으로 누구를 싫어했고 누구와 다툼을 벌였는지 등등을 짐작하는 데 필요한 많은 단서들을 확보할 수 있기 때문이다.

로페가 지은 목가들 중에는 그가 말년에 사랑했던 여인 마르타 데 네바레스의 사후(死後)에 쓰였고 1633년 마드리드에서 별책으로 출판된 『아마릴리스』가 두드러진다. 그녀와 마지막으로 나눈 사랑을 노래한 이 시는 본질적으로 그의 자서전적인 성격을 지닌 것이라 할 수 있는데, 이 시에서 로페는 슬픔을 자아내는 듯한 장중함을 머금은 고즈넉하고 귀품 있는 비애를 풍부하게 표현하고 있다. 『파르나소스산(山)의 베가』라는 시집에 포함되어 있는 『클라우디오에게』라는 목가 역시 주목받는 작품인데, 이 시가 갖는 산문적 성격으로 인해 목가라기보다는 서간문 형태의 시라고 보는 것이 더 옳을 듯싶다. 이 시도 역시 로페의 자서전적인 면을 지니고 있는데, 특히 그가 처음으로 사랑했던 여인 엘레나 오소리오, 이사벨 데 우리비나와의 첫 번째 결혼생활, 그리고 극작가로서의 초기의 경험 등등이 그 안에 묘사되어 있다.

2. 산문 형태의 시들

1598년 로페는 발렌시아에서 『드라곤테아 *La Dragontea*』를 출판하는데, 이는 옥타바 레알(octava real)[16]로 된 10편의 노래로 이루어진 일종의 서사시였다. 이 작품에서 로페는 영국 출신의 해적 프란시스코 드레이크(Francisco Drake)가 스페인 해군을 상대로 벌였던 갖가지 모험들을 노래하고 있는데, 이러한 내용으로 미루어 보아 이 작품이 애국심 고취를 목적으로 지어졌음을 알 수 있고, 이를 통해 로페가 당시 스

16 옥타바 리마(octava rima)라고도 하며, 11음절 8행시의 일종으로 각 행들의 운은 일반적으로 ABABABCC의 형태로 변한다.

페인의 정치적 · 종교적 맞수였던 영국에 대항하는 스페인 국민의 공통적인 감정을 효과적으로 표현하고자 했던 것으로 보인다. 작품은 해적 드레이크의 죽음으로 끝을 맺는데, 비록 작품에 실린 사건들이 충분한 객관성을 가지고 기술되었다고 하지만, 로페가 이 작품에서 조국의 적인 영국인 해적 드레이크를 비난하는 것 또한 불가피한 일이었을 것이다. 따라서 이와 관련하여 『드라곤테아』에 대해 그동안 다양한 평가가 있어 온 것이 사실인데, 예를 들어 이 작품이 지닌 종교적 · 애국적 의도로 인해 내용적 측면에서는 지나치게 스페인 쪽의 관점에 따라 작품이 좌지우지되는 경향이 있다는 비평과 함께, 형식적으로는 다소 대중적인 산문성을 지니고 있음으로써 시만이 갖는 특유의 호소력과 풍부한 감정 처리가 미흡하며, 따라서 독자의 뇌리에 남을 만한 강렬한 인상을 지닌 사상이 부재하다는 평가도 있어왔다. 그러나 반면에 작품의 주요 줄거리에서 벗어난 몇몇의 에피소드들은 상당히 탁월하다는 평가를 받기도 하였으며, 특히 로페는 『드라곤테아』를 통해 항해술과 관련된 자신의 살아 있는 지식과 풍부한 어휘를 유감없이 발휘하였고, 따라서 이 작품은 선박과 항해에 관한 어휘의 보고라는 평가가 있기도 하였다. 그러나 단순히 영국인 해적과 전투를 벌였다는 사실을 초월하여『드라곤테아』가 갖는 긍정적인 가치는 무엇보다도 이 작품이 바로 강인한 정신력과 굽힐 줄 모르는 의지력을 통해 광활한 신대륙을 개척하였던 스페인 제국의 위상을 읊은 대서사시였다는 점일 것이다.

한편 산문적 형태의 또 다른 시작품이라 할 수 있는 『엘 이시드로 *El Isidro*』는 앞서의 『드라곤테아』와는 완전히 다른 양상을 띠고 있다. 8음절 5행시의 일종인 이 작품은 『드라곤테아』와 거의 비슷한 시기인 1599년 출판되었는데, 오늘날의 독자들이 읽어도 절묘한 시적 아름다움을 그대로 느낄 수 있을 정도로 시공을 초월한 시적 동감(同感)을 지니고 있다. 로페는 수도 마드리드의 수호성인인 산 이시드로(San Isidro)를 찬양하기 위해 이 작품을 썼는데, 이 시에는 두 가지의 상이한 요소가 나타나고 있다. 이 중 하나는 경건성인데, 이는 로페가 수호성인의 시복식(諡福式)과 관련된 문서들에서 발췌하여 이 작품을 만들었음을 의미하는 것이고, 또 하나는 대중성인데, 이는 마드리드 출신인 로페가 자신도 익히 잘 알고 있는 고향의 수호성인과 관계된 단순하고도 대중적인 이야기들을 토대로 이 작품을 완성하였음을 뜻한다. 물론 이 두 요소 중 더욱 빛을 발한 것은 후자이다. 작품의 대중성과 관련하여 로페는 풍부한 장면묘사와 서정성을 통해 넘치는 생기발랄함을 작품에 부여하였던 것이며, 이는 대중성을 지향하는 로페의 문학적 가치관에 비추어 볼 때 어쩌면 당연한 것일지도 모른다. 『엘 이시드로』에서는 오히려 서사적 요소는 별로 찾아볼 수 없고, 이를테면 카스티야 지방의 풍경이 묘사된다든지, 평범한 일상의 생활이 소개된다든지, 아니면 지극히 소박한 사람들이 등장인물로 등장하는 등, 이 작품에는 명쾌한 자연스러움과 함께 하나의 친숙한 이야기가 전개되고 있음을 알 수 있다. 그리고 이러한 친근함과 소박함 덕에 이 작품에서 나타나는 종교적 감정은 다분히 인간적이고 대중적이며, 따라서 복잡하거나 미묘한 종교적 분위기는 이 작품에서 찾아보기 힘들다. 즉, 『엘 이시드로』에서는 신(神)적인 것과 인간적인 것이 한데 섞여 절묘한 조화를 이루고 있으며, 신비스러운 요소들은 지극히 평범하고 일상적인 현실과 함께 어우러져 있다. 요컨대, 바로 이 『엘 이시드로』에서 우리는 지극히 스페인적인 분위기를 지닌 진실한 신앙심과 17세기의 예술에 대한 진정한 본보기들을 발견할 수 있는 것이다.

그러나 이 작품에 대한 부정적인 견해도 존재한다. 예를 들어, 메넨데스 이 펠라요는 일찍이 『엘 이시드로』에 대해, 몇몇의 부분들은 상당한 가치가 있는 것으로 평가되나 전체적으로는 불필요한 것들이 지나치게 많이 포함된 잡동사니와도 같다고 밝힌 바 있다. 실제로 이 작품을 보면, 자신이 써 내려간 유려한 시들에 로페 자신이 혼자 취해서 무절제하게 이들을 늘어놓는 낭비성이 드러나기도 한다. 작품의 거의 대부분에서 시구들이 필요 이상으로 넘쳐 나는 느낌이 들며, 작품에서 삭제되는 것이 오히려 더 나을 것 같아 보이는 부분도 때때로 감지된다. 이런 부분에서 로페는 거의 예외 없이 현학적인 과시나 사물에 대한 지루한 열거에만 열중하고 있음을 알 수 있다.

1602년에는 세비야에서 『앙헬리카의 아름다움』이 출간된다. 이 작품은 8행시로 된 20편의 노래로 이루어져 있으며, 그 분량이 매우 긴 일종의 서사시라 할 수 있다. 『앙헬리카의 아름다움』은 바라오나 데 소토(Barahona de Soto)의 『앙헬리카 1부 *Primera parte de la Angélica*』의 앞선 출판에 로페가 간접적으로 고무된 것이 동기가 되어 쓰였다고 할 수도 있겠지만, 확실한 것은 로페가 이 작품을 통해 이탈리아의 유명한 르네상스 시인인 아리오스토의 자취 –구체적으로 그의 작품 『미치광이 오를란도』– 를 뒤쫓으려 했다는 점일 것이다. 그러나 로페의 『앙헬리카의 아름다움』은 아리오스토의 『미치광이 오를란도』에 대한 단순한 모방의 차원을 넘어서는 것이었다. 작품에서 전개되어지는 복잡다단한 분규와 함께 이 작품은 세르반테스의 마지막 소설작품인 『페르실레스 *Persiles*』풍의 비잔틴 소설(novela bizantina)[17]로 다루어지기도 한다. 작품의 남녀주인공인 앙헬리카와 메도로(Medoro)

---

17 비잔틴 소설이란 모험이나 파란만장한 생애에서 겪는 사랑의 향수어린 정감 등을 묘사한 소설로서, '사랑과 모험에 대한 소설(novela de amor y aventuras)' 이라고도 한다.

가 겪는 모험은 그 자체만으로도 충분히 복잡한 것인데, 이들 젊은 남녀의 운명은 작품의 줄거리와 상관이 없이 수없이 삽입된 이야기들, 이를테면 스페인의 역사와 관련된 에피소드들, 부차적인 소설 이야기들, 현학적인 글들, 특히 로페의 다양한 개인적인 경험들 등과 한데 얽히고설켜 더더욱 복잡하게 전개되고 있다. 『앙헬리카의 아름다움』에 이와 같이 다양한 형태의 이야기들이 계속해서 삽입된 이유는 로페가 이 작품을 비교적 여러 단계에 걸쳐 완성하였기 때문이다. 구체적으로, 로페는 '무적함대'에 입대할 무렵에 이 작품을 본격적으로 시작한 것으로 보이고, 톨레도에서 알바 공작의 비서로 일한 시절에도 이 작품에 계속 매달린 것으로 추정되며, 미카엘라 루한이라는 여인과의 염문을 뿌릴 무렵에 비로소 이 작품을 완성한 것으로 보인다.

1609년에는 『예루살렘 정복 *La Jerusalén conquistada*』이라는 20편의 노래로 된, 로페의 가장 집요한 노력의 일부가 녹아든 시작품이 마드리드에서 출간된다. 앞의 『앙헬리카의 아름다움』이 로페가 아리오스토를 모방하기 위해 지어진 것이었다면, 『예루살렘 정복』은 불멸의 장편 대서사시의 작가로 인정받기 위해 로페가 기울인 노력의 일환이라고 할 수 있을 것이다. 고대 그리스와 로마의 서사시 『일리아스 *Ilias*』[18]와 『아이네이스 *Aeneis*』[19]가 그랬듯이, 당시 유럽의 여러 나라에서는 르네상스 고유의 가치라 할 수 있는 국가를 향한 고무된 감정으로 인해 저마다 국가에 대한 집단적 이상들을 구체화시키는 어떤 특정한 대서사시를 소유하려는 욕망이 일었는데, 당시에 생산된 유럽의

---

18 고대 그리스의 시인 호메로스(Homeros)의 작품으로, 그리스 최고 최대의 서사시이다.

19 고대 로마의 시인 베르길리우스(Vergilius)의 미완성 장편 대서사시이며, 현재 12권이 남아 있다.

서사시들은 이러한 배경으로 탄생되었던 것이고, 로페의 『예루살렘 정복』도 이와 유사한 경우라 할 수 있다. 이 작품에서 로페는 한 전설적인 역사 이야기를 전개시키고 있는데, 이 이야기에 의하면, 알폰소 8세(Alfonso VIII)가 십자군 전쟁에 참여함으로써 스페인을 중세 기독교 세계에서 커다란 공로를 세운 집단으로 만들려 했다는 것이다. 로페는 기사소설적 기법을 통하여 이러한 알폰소의 무훈을 전개시키고 있는 것이다. 그러나 장편의 서사시인 이 작품을 위해 로페는 여느 때와 다른 각오와 시각을 가질 필요가 있었고, 세사 공작에게 보낸 편지에서도 밝혔듯이, 로페는 이 작품을 집필하기 위해 평상시와 다른 준비과정을 거치는 등 완성에 이르기까지 나름대로 상당한 인내와 진통을 겪었던 것 같다. 그도 그럴 것이, 적지 않은 분량의 서사시를 전개시키면서 서사시 특유의 고상한 품위와 장중함, 그리고 엄숙한 분위기를 시종일관 유지해야 하는 것은 감미로운 서정성을 추구하는 로페의 문학적 경향에 비춰어 볼 때 결코 익숙한 작업이 아니었을 것이기 때문이다 -이후에 로페 자신도 이러한 서사시에 대해 풍자적으로 비판한 바 있다-. 따라서 『예루살렘 정복』은 나름대로 시적 매력을 충분히 지닌 작품으로 간주되지만, 이런 이유로 인해 몇몇 학자들은 로페가 이 작품에서 시에서만 감지될 수 있는 특유의 문학적 감수성과 시각을 지나치게 허비하며 불필요하게 작품의 분량만을 늘여 놓았다는 비판을 가하기도 하였다. 더군다나 스페인이 십자군 전쟁에 참여했다는 가정은 다소 무리가 있는 설정인 듯하다.

그밖에도 로페는 당시의 시대적 유행에 편승하여 산문 형태의 다양한 시작품들을 집필하였는데, 1621년에 출판된 『필로멜라』와 『안드로메다 *La Andrómeda*』, 그리고 1624년 출판된 『키르케』와 『하얀 장미 *La rosa blanca*』 등이 그 예라 할 수 있다. 특히 이 중에서 그리스 신화에 나오는 안드로메다와 페르세우스의 이야기를 다룬 『안드로메다』는 로페의 라이벌이었던 시인 공고라의 영향이 명확히 드러나는 작품으로 간주되기도 한다.

또한 로페의 산문 형태의 시들 중 매우 특별한 주목을 끄는 것이 하나 있는데 그것은 바로 『가토마키아 *La Gatomaquia*』라는 작품이다. 이 작품은 로페의 말년에 출판된 『토메 데 부르기요스 학사의 신과 인간의 서정시집』에 수록된 것으로, 작품은 과장과 허식(虛飾) 투성이의 서사시에 대한 기발하고 유머 넘치는 풍자로 가득 차 있다. 그런데 재미있는 사실은 앞서 살펴보았듯이 로페도 역시 이러한 서사시를 수도 없이 집필하였다는 것이다. 인생의 말년에 이르자 비로소 로페는 서사시라는 분야가 자신이 추구하는 문학과 너무 동떨어진 것이라는 사실을 절실히 깨닫게 된 것이다. 로페는 서사시 특유의 과장적 분위기를 통렬히 비웃으며 이 작품을 끝맺는다. 『가토마키아』라는 이름이 암시하고 있듯이, 이 작품은 고양이들을 의인화하여 이야기를 전개하고 있는데, 그 줄거리는 다음과 같다. 사파킬다(Zapaquilda)라는 암고양이와 미시풉(Micifuf)이라는 수고양이는 서로 연인 사이다. 그런데 사파킬다를 탐내는 또 다른 수고양이인 마라마키스(Marramaquiz)가 요술쟁이 고양이 가르피냔토(Garfiñanto)의 충고대로 사파킬다를 유혹하려 애쓴다. 결국 마라마키스는 사파킬다를 납치하여 한 성 안에서 그녀와 함께 숨어 버리고, 미시풉은 다른 친구들의 도움으로 성을 포위하고 사파킬다를 구해 낸다. 결국 마라마키스는 죽고 사파킬다와 미시풉은 함께 행복하게 살게 된다.

로페 시대 유럽의 각국에서는 장중한 서사시나 기사문학에 대한 갖가지 형태의 패러디가 끊이지 않았었고, 스페인도 예외는 아니었다. 따라서 당시에 풍자는 로페만의 전유물은 아니었다. 예를 들어 공고라나 케베도 역시 풍자에 있어서는 그 누구에게도 뒤지지 않았던 것이다. 그런데 로페의 이 『가토마키아』가 단순히 풍자에만 그 가치가 있는 것은 아니었다. 풍자문학으로서 『가토마키아』에서만 느낄 수 있는 고유한 가치는 다름 아닌 지극히 스페인의 대중적인 방식으로 풍자를 실현하였다는 점에서 발견할 수 있는 것이다. 주인공 암수고양이들이 서로 질투하고 다투는 장면을 표현할 때, 등장인물들의 화려한 의상을 묘사할 때, 과장된 도발과 허영심을 나타낼 때, 신화적인 인물들이 언급될 때, 특히 사랑에 빠지고 질투를 느끼고 구애를 하는 인간적인 감정들과 넘치는 유머감각을 나타낼 때에 로페는 스페인 대중들에게 친근한 방식으로 이 모든 것들을 전개시켰던 것이다. 물론 산문 형태로 된 로페의 다른 시작품들과 마찬가지로 『가토마키아』도 역시 지나치게 길고 언어적 남용이 다소 심하다는 비판을 받기도 하나, 같은 비난을 받은 다른 작품들과 달리 이 작품은 비록 분량은 많지만 미끄러지듯 기분 좋게 이야기가 전개되는 덕에 상대적으로 지루함이 반감되는 느낌이다.

이밖에도 로페의 산문 형태의 시들 중에는 어떤 특정 주제나 가치에 대한 논술적 전개를 목적으로 쓰인 경우도 있다. 가장 대표적인 예가 바로 『신극작술』인데, 이 작품은 로페의 연극을 다룰 때 다시 구체적으로 살펴보기로 하고, 여기서는 『아폴로의 월계수 *Laurel de Apolo*』라는 작품을 언급해 보기로 한다. 로페 자신은 부정할지 모르겠지만, 이 작품에서는 세르반테스의 흔적이 어렴풋이 보이기도 하는데, 아무튼 로페는 『아폴로의 월계수』를 통하여 280명이 넘는 스페인과 포르투갈, 그리고 이탈리아와 프랑스의 훌륭한 시인들에 대한 설명을 시도하고 있다. 이들을 언급하면서 로페는 가급적 객관적이고 공정한 견해를 나타내려 애썼지만, 곳곳에서 그의 개인적인 선호도나 선입관이 어쩔 수 없이 드러나기도 하였다. 예를 들어 로페는 세르반테스에 대해서는 자세한 설명도 없이 그저 가볍게 언급만 하고 『돈키호테』는 아예 언급조차도 하지 않은 반면, 공고라에 대해서는 대충 넘어가는 법이 거의 없었다. 또한 이 작품에는 16세기의 저명한 신비주의 문인들인 산타 테레사 데 헤수스(Santa Teresa de Jesús)와 산 후안 데 라 크루스(San Juan de la Cruz)에 대한 언급도 빠져 있다. 그럼에도 불구하고 로페의 시에서 항상 그랬듯이, 『아폴로의 월계수』에서 작품의 주제와 상관없이 삽입된 이야기들은 로페 특유의 서정성을 유감없이 보여주는 수려한 시들로 평가된다.

3. 산문 작품들

3.1. 『라 아르카디아 *La Arcadia*』

이 작품은 로페가 알바 공작의 궁에서 생활하던 기간인 1598년에 출간한 르네상스풍의 장편 목가소설이다. 원래 당시 목가소설에서는 종종 감상적인 이야기들 속으로 실제의 주인공들이 숨겨지기도 하는데, 이 경우 당시의 독자들에게는 작품에 등장하는 주인공들이 실제로는 누구를 의미하는지를 알아내는 것도 목가소설을 읽는 즐거움 중의 하나였다. 이러한 당시의 경향에 편승하여 로페는 자신이 섬기는 알바 공작의 실제 사랑이야기를 『라 아르카디아』에 삽입하였는데, 이 소설에 등장하는 목동 안프리소(Anfriso)가 바로 알바 공

---

20 사실 '벨라르도'는 다른 작품에서도 로페 자신을 암시하는 이름으로 종종 사용되어지곤 하였다. 예를 들어 로페의 초기극작품인 『발렌시아의 광인들 *Los locos de Valencia*』에서 등장하는 미치광이 시인 벨라르도도 작품에서 로페 자신을 암시하는 인물이었다.

작 자신이었던 것이다. 게다가 이 소설에 등장하는 벨라르도(Belardo)라는 인물은 로페 자신을 암시하고 있다.[20] 또한 이 소설에는 자연에 대한 탁월한 묘사가 일품인데, 이를 위해 로페는 자연 –특히 들녘– 에 대한 자신의 개인적인 영감과 당시에 유행하였던 르네상스풍의 관례화된 비유법들을 작품 안에서 서로 적절하게 융화시키고 있다. 그리하여 유난히 자연에 대해 살아 있는 생생한 감정을 소유하였던 로페는 이 소설에서 특히 풍경에 대한 특유의 색채감 있는 묘사로 후대의 학자들에게 많은 찬사를 받기도 하였다. 또한 다른 작품에서와 마찬가지로 『라 아르카디아』에도 역시 로페는 수많은 서정시들을 삽입하였는데, 여기서 삽입된 서정시들은 이 소설을 위해 별도로 만들어진 것이 아니고 대부분 이전에 이미 창작된 시들 중 이 소설에 적합한 것들을 골라 소설 속에 삽입한 것으로, 따라서 시기적으로 『라 아르카디아』와 다소 동떨어진 것들도 있다. 이 삽입된 시들 중에는 이후에 로페의 가장 훌륭한 시들 중의 일부로서 평가받는 것들도 포함되어 있는데, 한마디로 말해, 『라 아르카디아』에서는 로페의 일부 로만세 작품을 제외한 초기 로페의 모든 종류의 시들이 총망라되어 있다고 해도 과언이 아닌 것이다. 그러나 이 작품에서는 결점도 발견되어지는데, 학자들은 무엇보다도 『라 아르카디아』에서 로페가 식물들에서부터 천체에 이르기까지 헤아릴 수 없을 정도로 많은 사물들에 대한 학문적 지식들을 지나치게 현학적으로 기술하였다는 점을 지적하고 있다.

3.2. 『조국의 순례자 *El peregrino en su patria*』

1604년 세비야에서 처음으로 출간된 이 소설은 일종의 비잔틴 소설이라 할 수 있는데, 실제로 복잡하기 이를 데 없는 이 소설은 여러 가지 복잡하고 놀라운 사건들과 모험들로 가득 차 있으며, 소설의 결론은 해피엔딩으로 끝을 맺는다. 그러나 로페는 『조국의 순례자』가 갖는 이와 같은 복잡한 사건들의 전개를 위해 환상적인 분위기의 머나먼 이국땅과 같은 요소들을 별도로 사용하지는 않았다. 이를 위해 그에게 필요했던 것은 단지 스페인의 다양한 지명들뿐이었다. 즉, 복잡한 이야기 전개에 대한 남다른 재능을 가졌던 로페에게는 발렌시아, 사라고사, 바르셀로나, 톨레도 등 스페인의 각 지역들로 등장인물들이 종횡무진 누비는 것만으로도 이 소설의 놀라운 사건들을 풀어 나가기에 충분했던 것이다. 특히 『조국의 순례자』에는 로페와 미카엘라 데 루한과의 사랑이 암시되어 있는데, 미카엘라는 이 소설에서 종종 직접 모습을 나타내기도 하며, 로페 자신도 하신토(Jacinto)라는 가공의 인물로 이 소설에서 등장하고 있다. 특히 이 소설의 가장 핵심적인 부분 중의 하나가 바로 "눈처럼 하얗게 얼어붙은 아름다운 산골여인이여...(Serrana hermosa, que de nieve helada...)"로 시작되는 미카엘라에게 바쳐진 서간문이다. 또한 다른 작품에서와 마찬가지로 『조국의 순례자』에서도 역시 주된 줄거리와 상관없이 삽입된 독립된 작품들을 종종 볼 수가 있는데, 구체적으로 로페는 이 소설에서 네 개의 성찬신비극(auto sacramental)을 삽입하였다. 이는 로페가 쓴 초기의 성찬신비극으로, 『영혼의 여행 *El viaje del alma*』, 『영혼의 결혼식과 신성한 사랑 *Las bodas del alma y el amor divino*』, 『마야 *La maya*』, 『탕자 *El hijo pródigo*』 등이 그것이다. 이 외에도 『조국의 순례자』에는 문학사적으로 흥미로운 로페의 논평이 수록되어 있기도 하다. 구체적으로, 그 당시까지 로페에 의해 쓰인 219개에 달하는 연극작품의 정식 표제들이 포함된 목록이 작품의 말미에 작성되어 있으며, 동시에 로페는 자신이 창작한 연극세계에 대한 평가도 함께 실었는데, 그 내용은 앞으로 그의 연극을 살펴볼 때 자세히 다룰 '국민연극'을 통한 로페의 극 혁신운동과 일맥상통하는 것으로, 당시 스페인 연극이 지나치게 규율에 얽매여 대중으로부터 외면당하였으나 자신의 연극은 이를 지양하고 있다는 것을 골자로 하고 있다.

3.3. 『베들레헴의 목동들 *Los pastores de Belén*』

『베들레헴의 목동들』은 1612년에 출간된 소설로, 로페가 끔찍이도 아꼈으나 일찍 세상을 떠나고 만 그의 아들 카를로스 펠릭스에게 헌정된 작품이다. 이 소설은 로페의 연극 이외의 작품들 중에서 가장 정성을 들인 것들 중의 하나로 여겨지며, 이 소설의 부제인 "신성한 아르카디아(Arcadia al lo divino)" 에서도 보듯이, 일종의 목가소설로 간주될 수 있다. 실제로 『베들레헴의 목동들』에서는 문학경연대회나 대중적 놀이들처럼 당시 보편화되었던 목가소설적 요소들이 많이 발견된다. 그러나 이 소설의 배경은 르네상스적 목동들과 그들이 살던 시대가 아니라 예수그리스도가 탄생하기 몇 주 전의 베들레헴이다. 이 소설에서 몇몇의 목동들은 베들레헴 근처에 모여서 성경의 여러 이야기들과 성모 마리아, 그리고 그리스도의 강림을 알리는 예언들에 대해 이야기를 나눈다. 그런 후 이들은 곧이어 발생하는 여러 가지 신비스러운 일들에 관여하게 된다.

경건한 전통과 전설들, 그리고 성스러운 갖가지 이야기들이 제공하는 모든 요소들을 취합한 로페는 이를 통해 감동적인 시와 진정한 아름다움으로 가득 찬, 그의 수많은 작품들 중에서 가장 탁월한 것들 중의 하나로 평가되는 이 『베들레헴의 목동들』을 창작하였던 것이다. 또한 이 소설을 통해 로페는 대부분의 스페인 국민들이 느끼는 집단적 감정들을 다시 한 번 문학이라는 형태의 예술로 훌륭히 승화시켰던 것인데, 구체적으로, 예수그리스도의 탄생과 구세주의 강림이라는, 스페인 대중의 시각으로 봤을 때 지극히 단순하고도 친근하며 명백한 사실과 이를 통해 형성되는 대중의 신앙심이 이 작품에서 다루어졌던 것이다.

이와 같은 『베들레헴의 목동들』에 대한 여러 학자들의 비평을 종합해보면, 이 작품이 갖는 구체적인 문학적 가치는 크게 세 가지로 요약될 수 있을 것이다. 첫째는 로페가 순박하고 꾸밈없는 감정을 어린 아기와도 같은 부드러움으로써 『베들레헴의 목동들』이라는 절묘한 형태 위에 투영하고 있다는 점이고, 둘째는 로페에게 많은 영향을 끼쳤던 이탈리아풍의 회화적 요소가 작품의 곳곳에서 한껏 시각적인 매력을 발산하고 있다는 점이며, 마지막으로 셋째는 다른 작품들에서와 마찬가지로 『베들레헴의 목동들』에서도 역시 에로틱하고 육감적인 요소가 드러나고 있다는 점이다. 이는 다른 작품들에 비해 이 소설에서는 상대적으로 그 강도가 경감되었으나, 무엇보다도 이러한 관능적 요소야말로 예술적으로는 로페를 한껏 높이 치켜세워 주는 반면, 도덕적으로는 그를 한없는 나락으로 떨어뜨려 버리고 마는, 언제나 로페와 자신의 문학적 정체성을 규정지어 주는 길잡이와도 같은 요소라 할 수 있는 것이다.

『베들레헴의 목동들』에 나온 것과 같은 에로틱한 테마들의 대다수는 '다윗과 밧세바'라든지 '암논과 다말'과 같은 실제 성경에 나오는 이야기들에서 영감을 얻은 것들이나, 작품의 원래 줄거리와 지나치게 동떨어진 이야기인데다가, 워낙 인간적인 자유분방한 분위기가 반영됨으로 인해 당시 종교재판소로부터 다소간의 의혹을 사기도 하였으며, 이를 게기로 이 작품의 상당한 부분이 삭제되기도 하였다. 작품에 대한 이러한 검열은 계속 지속되는 것은 아니었지만, 로페는 일단 문제가 되는 부분은 삭제를 하고 나중에 이 작품의 새로운 판본에 다시 원래의 모습을 복원시켜야 했다. 아무튼 로페의 『베들레헴의 목동들』은 17세기 당시 공전의 히트를 친 작품이었음에 틀림이 없는 듯하다. 이 작품은 1612년 초판을 시작으로 그 후 12번이나 재출판이 되었던 것이다.

3.4. 마르시아 레오나르다를 향한 소설들

네 편의 짧은 소설작품들이 이에 해당되는데, 『필로멜라』에 포함된 『디아나의 운명 *Las fortunas de Diana*』과, 『키르케』에 실린 『정조로 인한 불행 *La desdicha por la honra*』, 『신중한 복수 *La prudente venganza*』, 그리고 『구스만 엘 브라보 *Guzmán el Bravo*』가 그것이다. 이 작품들은 로페의 마지막이자 그가 가장 열정적으로 사랑했던 여인 마르타 데 네바레스의 권유로 쓰기 시작한 것으로, 로페는 마르타의 이름을 마르시아 레오나르다로 살짝 바꿔 그녀에게 이 소설들을 헌정했다. 이러한 종류의 소설은 세르반테스가 이미 시도하여 진정한 문학적 성과를 이룬 분야이기도 한데, 로페는 『디아나의 운명』의 서두에서 이러한 세르반테스에 대해 잠시 언급하며 그에 대한 노골적인 냉담과 함께 "나름대로의 매력과 스타일이 있다"라고 평가하기도 하였다. 그러나 사실 로페 자신도 당시로서 아직 시도해본 바가 전혀 없던 이러한 종류의 소설에 대해 성공을 거둘지에 대해 별로 확신을 하지 못하던 상태였다. 세르반테스에 대한 이와 같은 언급이 있은 후 로페는 마르시아 레오나르다, 즉 마르타 데 네바레스에게 쓴 글을 통해서, 굳이 자신에게 매우 생소한 이러한 종류의 소설을 쓴 이유는 오로지 그녀가 원했기 때문이라고 밝히고 있다. 사실 당시의 문학적 기준만으로 본다면, 로페는 소설과는 전혀 무관한 작가일 수도 있다. 앞서 살펴본 로페의 작품 『아르카디아』나 『조국의 순례자』 역시 당시로서는 정식 소설이 아닌, 줄거리가 신속하게 전개되는 일종의 짧은 이야기들로 간주되었던 것이다.

이 소설들에서 나오는 마르시아 레오나르다를 향한 이야기들은 단순한 이야기 전개를 초월하여 그 이야기 전개 자체와는 별 상관이 없는 다소 인위적으로 장식된 측면을 보이기도 하는데, 그럴 수밖에 없는 것이, 로페는 전개되는 이야기들을 수시로 중단한 채 어쩌면 이 소설들의 유일하게 진정한 독자라 할 수 있는 마르타 데 네바레스/마르시아 네오나르다를 향해 돌연 글을 쓰면서 현재 전개되고 있는 이야기를 부연설명하기도 하고 때에 따라서는 그녀를 직접 소설 속의 가상공간으로 초대하기도 하였던 것이며, 이를 통해 로페는 허구적 공간과 현실의 세계를 수시로 드나들었던 것이다.

3.5. 『라 도로테아 *La Dorotea*』

1632년에 출판된 『라 도로테아』는 방대한 로페의 문학세계에서 가장 중요한 작품들 중의 하나로 평가되며, 아울러 많은 비평가들에 의해 스페인이 배출한 가장 아름다운 산문작품들 중의 하나로도 여겨지고 있다. 이 작품은 5막으로 구성되어 있는데, 로페 자신은 이를 "산문으로 된 연극(acción en prosa)"이라고 지칭하고 있다. 그 이유는 이 작품이 비록 연극의 형태를 띠고는 있지만 로페 자신은 실제 상연을 염두에 두고 이 작품을 쓴 것이 아니기 때문이다. 『라 도로테아』의 이야기 구조에는 『라 셀레스티나 *La Celestina*』의 흔적이 간간이 엿보이기도 하나, 실제로는 로페 자신의 개인적인 경험에 의한 독창적인 창작물이라고 봐야할 것이다. 『라 도로테아』를 쓸 당시의 로페는 이미 젊은이와는 거리가 멀었다. 즉, 인생과 문학의 온갖 부침을 다 겪어 낸 나이 들고 힘없는 노인에 불과했던 것이다. 이렇게 인생의 황혼기에 접어든 로페가 자신이 젊은 시절에 열병처럼 앓았던 엘레나 오소리오라는 여인과의 불같은 첫사랑을 자신이 겪었던 다른 사건들과 함께 조화를 이루며 바로 이 『라 도로테아』라는 작품을 통해서 다시 한 번 재현시켰던 것이다. 마음속에서 단 한 번도 이 엘레나라는 연인과 나누었던 첫사랑의 감정을 잊지 않았던 로페는 자신의 인생에서 가장 아름다운 시절들을 지나온 시절별로 『라 도로테아』를 통하여 생동감 있게 표현하고 있다.

한편, 『라 도로테아』의 서문에서 로페는 이 작품을 매우 젊었을 때 이미 집필하기 시작했으나 나중에 이를 분실하였고 분실한 것을 다시 복원한 후 노년의 시기에 접어들어서야 비로소 완성하였다고 밝히고 있다. 이는 집필의 시작은 비록 젊었을 때였지만 이 작품의 거의 대부분은 로페가 노년의 시기에 들어섰을 때 쓰였다는 해석을 가능케 해준다.[21] 그 증거로 『라 도로테아』의 여주인공으로 엘레나 오소리오와 마르타 데 네바레스의 모습이 동시에 발견되어지기도 하는데, 특히 이 소설에서 로페는 몇몇의 시들을 자신의 말년의 사랑인 마르타 데 네바

21 그러나 로페가 서문에서 밝힌 이와 같은 내용의 진위여부는 사실 학자들에 따라 그 견해가 조금씩 다르기도 하다. 예를 들어, 로페 연구의 권위자로 평가받는 모르비(Morby)와 같은 학자는 로페가 노년의 시기에 접어들은 후에야 『라 도로테아』의 집필을 시작하였을 뿐, 젊은 시절에 썼던 『라 도로테아』는 그 자체가 존재하지 않는다고 주장하고 있다. 반면 메넨데스 이 펠라요는 로페가 젊었을 때 썼다는 『라 도로테아』는 사실 '산문으로 된 연극' 이 아니었고 『미치광이 벨라르도 *Belardo el furioso*』라는 실제 연극작품이었다는 색다른 견해를 밝히고 있다.

레스에게 헌정하기도 하였다. 게다가 『라 도로테아』에서 로페는 자신이 말년에 행했던 공고라에 대한 비난과 조소의 글을 실기도 하였으며, 1614년 자신이 사제서품을 받은 사실까지도 이 작품에서 암시하고 있다. 아무튼 『라 도로테아』는 지은이 로페가 훌륭하게 지켜 온 신선한 젊음과 믿을 수 없을 만큼 생기로 넘치는 완숙함을 서로 절묘하게 융합시킨 작품으로 풀이된다.

앞서도 언급했듯이, 로페에게 소설은 그리 친숙한 분야가 아니다. 그럼에도 불구하고 남다른 재능을 보이고 있는 연극이라는 수단을 버리고 『라 도로테아』를 창작하기 위해 굳이 생소한 산문의 형태를 취한 이유는 무엇이었을까? 『라 셀레스티나』에서 영감을 얻으며 작품에 등장하는 인물들의 대화를 산문으로 나타내기로 결심한 로페는 그 해답을 『라 도로테아』의 서문에서 나타내고 있다. 로페가 서문에서 언급한 바에 의하면, 그는 이 작품을 단순한 문학작품이 아니라 사실을 나타내는 것으로 여겨지길 바랐던 것이다. 즉, 로페에게 운문(verso)은 문학을 위한 것이지, 사실을 묘사하는 수단으로는 부적합한 것이었고, 반면 산문(prosa)은 문학이 아닌 사실을 나타내기 위해 적합한 수단으로 여겨졌던 것이다. 등장인물들이 시적 세계가 아닌 현실에서 일어나는 사실을 운문으로 읊는다는 것은 당시 로페에겐 다소 어색하였을 것이다. 더구나 연극의 가장 중요한 핵심 중의 하나는 극적 이야기를 구성하는 사건 그 자체인데, 『라 도로테아』에선 사건 그 자체보다 그 사건이 왜, 어떻게 일어나는지에 대한 묘사가 더 중요했으므로 이를 위해 아마도 로페에겐 운문이 아닌 산문의 형태가 더 필요했을 것으로 여겨진다.

로페의 인생에서 일어났던 갖가지 일화들이 곳곳에 삽입되어 있는 『라 도로테아』의 줄거리는 다음과 같다. 여자주인공 도로테아(엘레나

오소리오를 암시)는 우아함과 아름다움, 그리고 지성미를 갖춘 기혼녀이다. 그녀는 남편이 없는 틈을 타 페르난도(로페 데 베가를 암시)라는 한 젊고 가난한 시인과 사랑에 빠지나 그와의 관계를 청산하기로 결심한다. 이러한 그녀의 결정에는 그녀가 좀 더 쓸모가 있는 남자들과 사귀기를 바라는 그녀의 어머니 테오도라(Teodora)(엘레나의 어머니 이네스 오소리오를 암시)의 영향이 특히 컸다. 결국 도로테아는 아메리카 대륙에서 벼락부자가 된 돈 벨라(don Bela)(엘레나가 사귀었던 프란시스코 페레놋 데 그란벨라를 암시)라는 남자를 알게 되었고, 이들의 관계는 헤라르다(Gerarda)라는 중매쟁이를 통해 발전된다. 이를 안 페르난도는 도로테아를 너무도 사랑함에도 불구하고 그녀를 잊기로 결심하며 마드리드를 떠나고자 한다. 그러나 그에게는 돈이 없었고, 결국 아직도 그를 사랑하고 있는 예전의 연인인 마르피사(Marfisa)의 도움을 얻게 된다. 이 바람에 페르난도는 본의 아니게 옛 애인인 그녀를 다시 사랑하게 된 척하고 만다. 페르난도는 세비야에서 약간의 세월을 보내지만 도저히 도로테아를 잊을 수가 없어 다시 마드리드로 돌아온다. 그리고 밤중에 도로테아의 집을 배회하다가 돈 벨라와 맞닥뜨리는 바람에 그에게 상처를 입히고 만다. 어느 날 페르난도는 프라도(Prado)에서 헤라르다의 딸인 펠리사(Felisa)에게 자신의 지난 이야기를 들려주는데, 그 앞에는 도로테아가 자신의 모습을 가리고 몰래 그의 말을 엿듣고 있었던 것이다. 그러나 그녀는 이내 정체를 페르난도에게 들키고 둘은 다시 화해를 하게 된다. 그러나 페르난도의 전 애인인 마르피사가 이러한 그의 행동에 대해 비난을 퍼붓고, 그러자 페르난도는 도로떼아가 돈 벨라와의 관계를 청산했다는 사실에 만족해하며 다시 마르피사에게 돌아간다. 그러면서 동시에 페르난도는 도로테아가 돈 벨라로부터 받았던 돈과 선물들을 그에게 재차 선물하자 경제적 문제를 해결하기 위해 거절하지 않고 받아 드린다. 결국 페르난도는 도로테아를 완전히 버리게 되고, 돈 벨라는 비참한 죽음을 맞이하며, 헤라르다는 도로테아에게 줄 물을 구하러 다니다가 한 동굴에서 떨어져 죽고 만다.

도로테아는 스페인 문학이 창출해낸 수많은 위대한 여성상들 중에서도 특히 두드러진 인물로 평가된다. 그녀는 유난히 복잡한 심리를 소유한 여성으로서, 페르난도와의 개인적인 열정을 즐기면서도 동시에 물질적 화려함에 대한 욕구를 만족시키기 위해 돈 벨라에게 모든 것을 바칠 줄도 알았다. 그러나 그렇다고 그녀가 또 다른 가치들을 향유하기 위해 이러한 비도덕적 행위를 중단하는 것은 아니었다. 다시 말해서, 그녀가 돈 벨라에게 모든 것을 다 바치면서도 동시에 페르난도에게도 마음을 열었던 것은 단순한 도덕적 불감증 때문이 아니었다. 즉, 그녀가 페르난도를 끝까지 포기하지 않았던 것은 페르난도가 단순히 자기를 사랑하는 한 매력적인 젊은 남성이라는 차원을 뛰어넘어, 그가 아름다운 시들을 통해서 자기 자신을 불멸의 존재로 만들어 줄 수 있는 뜨거운 열정을 지닌 시인이었기 때문이다. 도로테아도 역시 시를 지었다. 시뿐만 아니라 다른 종류의 예술도 창작하였다. 그리고 심지어는 철학적으로 신중한 사색을 하기에도 이르렀다. 왜냐하면 그녀는 자신이 지닌 아름다움과 그 아름다움으로 인한 만족이 한낱 덧없는 존재에 불과하다는 것을 잘 알고 있었기 때문이다.

한편 로페는 페르난도라는 인물을 통해 자기 자신을 묘사하는 데에 막힘이 없었다. 그의 격앙된 사랑, 불같은 질투, 완전히 굴복하는 듯한 숭배에서부터 폭력적이고 모욕적인 측면에 이르기까지 그가 보인 극단적인 변화들, 그리고 도로테아를 사이에 두고 돈 벨라와 벌인 경쟁에서 드러난 그의 막무가내식의 언행 등등, 젊은 시절의 로페에게서 나타났던 모습들이 고스란히 페르난도의 언행에서 재생산되었던 것이다. 그동안 부정되기도 하였고, 논란이 되기도 하였으며, 또는 재인식되기도 하였던 이와 같은 『라 도로테아』의 자서전적인 내용은 로페의 은밀한 사생활에 대한 새로운 정보들을 알아내고자 하는 세간의 욕구에 편승하여 이 작품에 대한 흥미를 더욱 증대시키기도 하였다. 실제로 로페는 자신이 느꼈던 엘레나 오소리오를 향한 심오한 사랑을 『라 도로테아』에서 매우 효과적으로 묘사함으로써 젊은 시절 그녀와 함께 보냈던 열정의 시간들을 아름답게 재창출하는 데 성공하였지만, 그렇다고 이 작품에서 로페가 묘사한 것이 단순히 엘레나와의 사랑만은 아니었던 것이다. 오히려 그는 엘레나와의 첫사랑을 기본 골격으로 하여 『라 도로테아』를 통하여 인생의 모든 과정들을 통해 자신이 겪었던 경험들을 총체적으로 엮어내고 있는 것이다.[22] 다시 말해, 『라 도로테아』를 통해서 로페는 자신이 지나온 과거와 자신이 처한 현재의 모습을 상호 연관시켜 해석함으로써 자신의 현재와 과거의 모습들을 절묘하게 하나로 융합시켜놓았던 것이다. 요컨대, 로페의 『라 도로테아』야말로 바로 온고지신(溫故知新)적 비전(visión del presente a la luz del pasado)의 표상이라 할 수 있는 것이다.

이밖에 『라 도로테아』에는 로페의 다른 작품들에서와 마찬가지로 다양한 그의 서정시들이 삽입되어 있는데, 놀라운 사실은 이 작품에 삽입된 시들의 대부분이 엘레나가 아닌 아마릴리스, 즉 로페의 마지막 여인인 마르타 데 네바레스를 위해 쓰였다는 것이다. 심지어는 마르타가 세상을 떠난 후 그녀를 잃은 외롭고 슬픈 감정을 노래하기 위해 지

---

22 그러나 오히려 이 때문에 젊은 시절 로페가 분실하였다는 『라 도로테아』의 존재에 대한 진실성이 의심받기도 한다.

은 애절한 시들까지도 『라 도로테아』에 포함되어 있다. 첫사랑인 엘레나를 추억하기 위해 만든 작품에 마지막 여인인 마르타의 죽음을 슬퍼하는 시가 삽입되었다는 사실이 참으로 흥미롭다.

3

로페의 연극: '국민연극'과 연극의 혁신

로페 데 베가의 삶과 문학

3

로페의 연극: '국민연극'과 연극의 혁신

앞 장에서 살펴보았듯이, 로페는 다방면에 걸쳐서 자신의 천재적인 문학적 재능을 발휘하였다. 그러나 그를 서양 연극사에서 셰익스피어와 쌍벽을 이루며 동시에 스페인이 배출한 최고 문호의 반열에 오르게 한 것은 무엇보다도 연극이었다. 그리고 특히 연극을 통해 로페가 스페인 문학사에서 가장 커다란 공헌을 한 것은 '국민연극'을 통해 완전한 극적 쇄신을 이루어내었다는 사실과 함께, 연극을 지극히 대중적인 예술로 변화시킴으로써 당시 스페인의 정체성과 전체 스페인 국민의 전통적인 정서를 성공적으로 온전하게 연극에 담아내었다는 데에 있다고 볼 수 있다.

1. 로페의 '국민연극'과 그 형성 배경

로페가 극작가로서 본격적인 창작 활동을 시작할 무렵의 스페인 연극계가 처한 물리적 상황은 아직 보잘것없는 수준에 머물러 있는 상태였다. 1570년대에 들어서야 비로소 상연을 위한 기초적인 도구들이 갖추어졌고, 그나마 그것도 '코랄'이라 불리는 노천의 정식 극장을 소유하였던 당시의 대도시들, 이를테면 마드리드, 발렌시아, 세비야, 바르셀로나, 톨레도 등에 한정된 것이었다. 그밖에 시골 마을이나 중소도시들에서 연극 상연을 위한 정식 무대가 존재한다는 것은 당시로선 꿈도 못 꿀 일이었다. 따라서 당시의 연극은 대체로 아주 예전부터 있었던 유랑 극단의 범주를 벗어날 수가 없었다. 또한 당시의 배우들 역시 매우 열악한 처지에 있었다. 대부분 그들은 여기저기 방랑하며 비참하게 생활하는 자들이었고, 하는 일이나 처지로 봐서 중세 때 활동하였던 뜨내기 이야기꾼(juglar)들과 별반 차이가 없었다. 이러한 그들에 의해 상연되던 연극 또한 열악하기 짝이 없었다. 언제나 임시로 엉성하게 만든 무대에서 연극이 상연되었고, 이도 여의치 않으면 길가의 광장이나 선술집, 또는 객줏집의 마당과 같이 사람들이 모일 수 있는 넓은 장소라면 어디라도 상관없이 임시무대로 삼아 연극이 상연되었던 것이다. 그러던 것이, 17세기 들어 로페가 본격적으로 극 창작 활동을 시작할 때부터 대도시를 중심으로 연극 상연을 위한 각종 도구나 무대장치 등이 이전에 비해 비약적으로 발전하기 시작했으며, 이를 통해 연극은 비로소 제대로 된 모습을 조금씩 갖춰 나갔다.

그러나 이것은 어디까지나 당시의 연극 상연을 위한 외형적이고 물리적인 변화일 뿐이었고, 천재적인 극 창작의 재능을 본격적으로 펼치려 하던 당시의 젊은 로페에게 당시 극작품들의 주제라든지 분위기, 극작가들의 경향, 또는 극작술과 관련된 제반 현황 등등은 모순과 결점으로 가득 찬 것으로만 보였을 만큼 여전히 그 수준은 이전 세기를 벗어나지 못하고 답보 상태에 놓여 있었던 것이다. 따라서 로페는 자신이 추구하는 가치관대로 극 창작을 계속하면서, 당시의 연극계에 팽배해 있던 모순과 부조리를 하나씩 하나씩 지적해서 이를 논리적으로 비판해 나갔고, 이에 동조하는 극작가들과 대중이 점차 늘어가면서 로페가 추구하던 극적 쇄신 운동은 탄력을 받아, 결국 '국민연극' 이라는, 당시로서는 거스를 수 없는 혁신의 커다란 흐름이 형성되었던 것이다.

로페는 연극계에 나타난 이러한 변화를 위한 표현 양식을 정립하였을 뿐만 아니라, 그렇게 변화될 연극이 지니고 있어야 할 특유의 스타일과 의미도 함께 창출해 내었다. 그런데 여기서 우리가 오해하지 말아야 할 것은 그렇다고 이전 연극과의 철저한 단절이 바로 극작가로서 로페가 수행했던 임무가 결코 아니었다는 사실이다. 로페는 당시 스페인이 처한 연극적 현실에서 출발하여 끌어 모을 수 있는 극적 요소들은 모두 다 끌어 모아 그것들을 교묘하게 삭제하고 결합하고 잘 버무려서 그때까지 그 누구도 접해보지 못한 또 다른 새로운 예술적 형식과 가치를 창조해 내었던 것이다. 이는 곧 로페에 의해 주도된 '국민연극'이 무(無)에서 유(有)를 창조하는 것이 결코 아니었음을 의미한다. 로페의 '국민연극' 이전에도 연극은 분명 존재했고, 일관성은 없었을지언정, 그 종류와 스타일도 비교적 다양했다. 즉, 이전의 연극이 없었다면 '국민연극'을 통한 로페의 극적 혁신도 없었을 것이다. 따라서 로페의 '국민연극'은 어디까지나 15세기 말 후안 델 엔시나(Juan del Encina)에서부터 본격적으로 시작된 스페인 연극의 전통이라는 커다란 흐름 내에서 극의 혁신을 추구했던 것으로 이해되어야지, 이로부터 완전히 이탈하여 전혀 별개의 것을 추구했던 것으로 이해되어서는 곤란하다.

로페 이전의 극작가들을 살펴보면 다음과 같은 두 가지의 결점이 공통적으로 발견된다. 첫째는 고상한 요소와 대중적 요소, 독창적인 것과 전통적인 것, 연극과 시, 관념과 행동, 개인적 가치들과 집단적 가치들 등등, 서로 대칭되는 가치들에 대한 절묘한 조화를 하나의 극적 구조 내에서 실현시킬 수 있는 능력이 그들에게 결여되었었다는 것이고, 둘째는 그들의 극 창작 활동이 아직 극예술과 대중 사이의 관계에 대한 명확한 비전을 갖고 있지 못한 상태에서 이루어졌다는 것이다. 실제로, 로페 이전의 극작가들은, 그들이 가졌던 연극에 대한 기본적인 개념에 의하면, 모든 대중이 다 연극의 관객이 될 수 있다는 생각을 갖고 있지도 않았고, 따라서 모든 대중들을 염두에 두고 극작품을 쓰지도 않았다. 즉, 그들은 교양 있는 고귀한 계층, 아니면 반대로 교육을 받지 못한 완전한 서민 계층 등, 어느 특정한 집단만을 위한 특정한 분위기와 주제를 가진 연극을 지향했던 것이고, 예외적으로 모든 대중을 위한 연극을 시도했을 때에는 대부분 그 결과가 그리 좋지 않았다. 물론 그 이유는 앞서 밝힌 그들의 두 가지 결점을 통해서 짐작할 수 있다. 로페 이전의 극작가들 중 그 누구도 자신의 연극 작품을 모든 관객들이 연극을 보면서 느끼고 싶어 하는 것과 일치시키는 데 성공하지 못했던 것이다. 다시 말해서, 로페 이전에 그 어느 극작가도 연극의 관객들이 바로 국가의 전체성임을 인식하지 못했고, 따라서 그들이 지녔던 사상과 신념과 감정 등을 연극의 형식과 내용, 소재와 정신, 그리고 극 전개의 기술과 극이 갖는 주제 등에 온전히 담아내지 못했다는 것이다. 그런데, 로페가 추진했던 극 혁신운동인 '국민연극'이라는 명칭에서도 볼 수 있듯이, 그는 처음부터 이전의 작가들이 하지 못했던 이러한 것을 자신의 연극을 통해 성공적으로 실현시켜 나갔다. 바로 여기에서 그의 극적 독창성과 천재성이 빛을 발하게 된 것이다. 로페는 본격적으로 극작활동을 하기 시작할 때부터 이미 대단한 성공과 명성을 성취하였는데, 이 성공에 결정적인 역할을 한 것이 바로 로페가 지녔던 연극에 대한 이와 같은 비전, 즉 연극은 모든 대중을 위한 것이어야 하고 그들이 원하는 바에 따라 전개되는 예술이어야 한다는 신념이었다. 좀 더 구체적으로 말해, 자신의 연극을 보러 온 관객들이 바로 스페인 국민 전체를 의미하며, 반대로 스페인 국민 전체가 바로 자신의 연극을 위한 유일하게 참된 관객이 될 수 있다는 사실, 그리고 귀족이거나 평민이거나, 또는 남자거나 여자거나, 또는 교양인이거나 무식한 자이거나 아무 상관없이 스페인인(人)이라면 바로 이 '스페인'이라는 공간에서 펼쳐지는 인간의 삶에 대해 공통적으로 생각하고 느끼는 바가 있을 것이고 그것을 온전히 담아내는 예술이 바로 연극이어야 한다는 사실이야말로 당시 로페가 극 창작을 하며 가졌던 그의 변함없는 신념이었던 것이다. 그리고 로페는 이를 온전히 연극에 나타내기 위해 자기 자신과 자신이 인생에서 경험했던 모든 일들을 그 직접적인 수단으로 삼았다. 로페의 연극은 어떻게 보면 그의 인간적 경험들을 바탕으로 만들어진 것이라 할 수 있을 만큼 그의 인생은 극 창작에 있어서 상당히 중요한 모티브를 차지하였다. 이는 자신과 자신의 인생에 대한 신뢰와 함께, 16세기 말에서 17세기 초 갖은 역경과 파란만장한 사건들로 가득 찼던 당시의 스페인을 살아 내었던 스페인 국민을 자기 자신과 자신의 삶이 온몸으로 대변하고 있다는 로페의 개인적인 신념을 의미한다. 즉, 그의 인생과 그의 연극을 보면 당시 스페인인들이 겪었던 파란만장하고 지난한 삶이 보인다는 것이며, 이것이야말로 로페의 연극이 '국민연극'으로서 일관적인 성공을 거둘 수 있게 한 여러 비법들 중의 하나였던 것이다.

로페에 의해 확립된 '국민연극'은 거의 백년 가까운 세월동안 성공에 성공을 거듭했다. 이토록 오랜 시간동안 성공을 지속할 수 있었던 것은 무엇보다도 로페의 연극이 지녔던 '현재성'에서 그 이유를 찾아봐야 할 것이다. 그러나 이 '현재성'은 로페의 연극에서 다루어졌던 주제가 그 당시의 시사적인 사안들이었다는 것을 의미하는 것이 아니다. 여기서 말하는 '현재성'이란 그 주제가 성서적인 것이든, 스페인이나 외국의 오랜 역사에 관한 것이든, 아니면 사랑과 모험에 관한 것이든 상관없이 그 연극이 상연되던 바로 그 당시의 스페인인들이 생각하고 느끼는 바가 바로 그 연극에서 다루어졌다는 것을 의미한다. 당시의 스페인인들이 세상을 해석하던 장소는 다름 아닌 '스페인'이라는 공간에서였다. 바로 그 당시의 그 '스페인'이라는 공간의 대기를 숨 쉬며 살아가던 스페인인들의 시각이 충실하게 당시의 연극에 반영되었다는 사실이 바로 '국민연극'이 가졌던 '현재성'을 의미하는 것이고, 이러한 '현재성'이 바로 '국민연극'의 형성을 이끌어낸 결정적인 요인이었다고 봐야할 것이다.

2. 로페의 『신극작술』

'국민연극'을 통한 로페의 성공적인 극 혁신 운동은 『신극작술』이라는 로페의 교훈적 시작품에 기술되어 있는 연극 관련 각종 주장들을 그 이론적인 배경으로 하고 있다. 따라서 '국민연극'에 담긴 로페의 사상적 · 이론적 배경을 이해하기 위해서는 『신극작술』을 살펴보는 것이 필수적이라 하겠다. 『신극작술』은 1609년에 출판된 『서정시집』안에 수록됨으로써 처음으로 그 모습을 세상에 나타내었는데, 총 389행으로 된 그리 길지 않은 이 글은 크게 서문(1행-48행), 연극과 새로운 극이론에 대한 본격적인 설명과 주장(49행-361행), 그리고 맺는 말(362행-389행)이라는 세 부분으로 나누어 볼 수 있다. 이 세 부분을 통하여 반영되어 있는 로페의 연극과 관련된 사상과 그의 제반 이론들을 다음과 같이 구체적으로 살펴보기로 하겠다.

2.1. 『신극작술』의 핵심사상: 'gusto' = 'justo'

로페는 극작가란 관객이 원하는 바를 잘 파악해서 그것을 실제로 연극의 창작에 반영해야 한다고 생각해 왔으며, 그는 이러한 취지의 언급을 『신극작술』의 곳곳에서 실행하였다. 그만큼 이 문제가 로페에겐 매우 중요한 사안이었는데, 이를 논하기 위해서는 우선 『신극작술』의 45행에서 48행 사이의 다음과 같은 내용에 주목할 필요가 있다.

> 나는 대중의 찬사를 받기 위해 고안된 예술에 의거해 작품을 쓴다. 왜냐하면 관람료를 지불하는 건 대중이고, 따라서 그들에게 즐거움을 주기 위해 재미있게 이야기하는 건 당연한 일이기 때문이다.

이는 연극에 대한 로페의 핵심적인 사상을 나타내는 것으로, 그의 극창작의 근본 목적이 대중의 기호에 부합하는 것임을 명확히 해주는 부분이라 할 수 있는데, 이를 통해 'gusto' = 'justo'라는 등식,[23] 즉 "당연한 것은 대중에게 즐거움을 주는 것"(es justo darle gusto)이라는 논

---

23 스페인 바로크 문화의 대가 에밀리오 오로스코 디아스(Emilio Orozco Díaz)가 그의 저서 *¿Qué es el Arte nuevo de Lope de Vega?*에서 로페의 사상을 설명하면서 처음으로 언급한 것으로, 로페의 대중 지향적인 미학적 성향을 함축적으로 나타낸 등식이라 할 수 있다.

리가 성립될 수 있었던 것이다. 실제로 로페 시대에 하나의 연극작품이 무대에서 상연될 때 그 연극을 창작한 극작가가 가장 두려워했던 존재는 어쩌다가 운 좋게(?) 극장에 한 번 들른 왕과 그의 신하들도 아니었고, 귀빈석에서 편안히 앉아 지금부터 연극이 자신을 얼마나 즐겁게 해줄지 기대하던 귀족들도 아니었으며, 여성 전용석에 앉아 자신의 모습을 감추며 조용히 연극을 감상하던 여성들도 아니었다. 극작가가 가장 마음을 졸이며 신경을 썼던 것은 다름 아닌 당시 노천극장 '코랄'의 입석을 가득 메운 서민 대중들의 반응이었다. 그들이 연극을 보며 야유의 휘파람을 부느냐, 아니면 감동의 환호를 보내느냐에 따라 그 연극의 성공여부가 결정적으로 판가름 났기 때문이다. 로페는 바로 이와 같은 대중의 호응이 지닌 중요성에 주목을 했던 것이며, 이러한 그의 개념은 이후에 연극의 상연 시간과 스페인사람이 지닌 짧은 인내심에 대한 다음과 같은 설명에서 다시 반복된다.

> 연극의 시작부터 결말까지를 두 시간 이내에 보여주지 않으면 스페인 대중의 인내심이 한계를 드러낼 것임을 잘 알고 있는 이상, 나는 스페인 관객들에게 즐거움을 주려면 아무리 긴 세월의 이야기를 나타낼지라도 이 상연시간을 지키는 것이 당연하다고 생각한다. (205행-210행)

여기서 'gusto' = 'justo', 즉 '즐거움' = '당연'이라는 개념이 다시 한 번 강조되면서, 이제는 예술의 법칙보다 대중의 기호와 즐거움이 우선적으로 고려되어도 무방하다는, 당시로서는 다소 위험스러운 로페의 발상이 내비춰지기 시작한다. 그리고 다음의 주장에서 보듯, 『신극작술』의 마지막 부분에 가서 로페는 이러한 자신의 생각을 아예 노골적으로 드러내며 오히려 자신의 신념에 대한 자부심을 반어적으로 나타내기도 한다.

> 하지만 그 모든 것들 중에 아무것도 나보다 더 야만적이라고 할 수는 없다. 왜냐하면 나는 감히 예술에 반(反)하는 가르침을 나타내고 있으며, 대중적인 흐름으로부터 나를 무식한 자로 여기는 이탈리아와 프랑스로 내가 내 자신을 향하도록 내버려 두기 때문이다. 그러나 483편의 연극을 이미 써 놓았고, 그중 하나는 이번 주에 끝마친 내가 무엇을 할 수 있단 말인가? 내가 쓴 이 연극들 중 여섯 편을 제외하면 모두가 하나같이 예술의 규칙을 심각하게 어겼는데 말이다. 결론적으로 나는 내가 주장하는 바가 옳다고 믿고 있으며, 내가 쓴 연극들이 다른 방식으로 쓰였더라면 비록 지금보다 더 훌륭한 작품은 될 수 있었을지 몰라도 지금 그 연극들이 지니고 있는 즐거움은 사라졌을 거라고 생각한다. 올바른 것에 반(反)하는 것이 오히려 즐거움을 준다는 것은 흔히 일어나는 일이기 때문이다. (362행-376행)

로페는 여기서 자신이 감히 예술에 반하는 가르침을 나타낸다고 언급하고 있지만, 『신극작술』을 통한 그의 가르침은 예술에 반하는 단순한 경지를 넘어서고 있으며, 오히려 감동이나 즐거움이 결여된 예술의 법칙에 반하는 그의 가르침이야말로 로페 특유의 예술적 법칙에 다름이 아니라는 사실이 감지되고 있는 것이다.

2.2. 『신극작술』에 담겨 있는 새로운 극이론들

한편 『신극작술』에 나타난 로페의 새로운 극이론들은 다음과 같은 일곱 가지의 핵심사항으로 나누어서 살펴볼 수 있다.

2.2.1. 희극적 요소와 비극적 요소의 혼합

이는 『신극작술』의 157행에서 180행 사이에서 전개된 개념으로, 특히 다음과 같은 로페의 설명을 통해 그 핵심적 실체가 드러난다.

> 비극적인 것과 희극적인 것을 혼합하는 것은 시인 테렌시우스와 철학자 세네카를 한 데 섞는 것과도 같은데, 이는 비록 파시파에가 낳은 미노타우로스처럼 보인다 할지라도 한 부분은 심각하게 또 한 부분은 우스꽝스럽게 만드는 것을 뜻한다. 이러한 다양성은 많은 즐거움을 줄 것이며, 이는 마치 우리가 다양성을 지닌 자연에서 아름다움을 발견할 수 있는 것과도 같은 이치이다. (174행-180행)

로페의 이러한 개념은 그 당시까지 유효했던 극작술에 관한 고전적 법칙과의 근본적인 단절을 의미한다는 평가를 받아왔다. 로페 자신도 『신극작술』에서 "우리가 비극적 분위기의 선언과 우스꽝스러운 이야기가 갖는 천박함을 함께 뒤섞을 때, 이는 아리스토텔레스적 전통을 우리가 더 이상 존중하지 않음을 의미한다.(190행-192행)"라고 밝혔듯이, 로페는 이제 더 이상 당시까지의 극작술을 지배해 왔던 아리스토텔레스적 전통에 대해 맹목적으로 추종하는 것을 지양하고자 했던 것이다. 주지하는 바와 같이, 아리스토텔레스는 그의 『시학』에서 희극은 보통 이하의 악인, 즉 우스꽝스러운 추악한 면을 지닌 자에 대한 모방인 반면, 비극은 실제 이상의 선인, 즉 고상한 면을 지닌 자에 대한 모방이라고 정의하며 희극과 비극의 경계를 분명히 했고, 극작술에서의 이러한 구분은 로페 시대 이전까지 스페인에서 그 어느 작가도 감히 거스르지 않았던 불변의 법칙이었다. 그러나 로페는 자신의 『신극작술』에서 오히려 비극적인 요소와 희극적인 요소의 혼합이야말로 극작가가 추구해야할 중요한 덕목이라고 주장하고 있는 것이다. 이러한 비극적 요소와 희극적 요소 간의 혼합을 위해서는 한 극작품 내에서 그 스타일과 분위기가 근본적으로 변화를 일으키도록 하는 극작법이 요구되어지는데, 단순히 이야기의 성격이 비극적인 것과 희극적인 것을 혼합하는 범주를 초월하여, 이러한 극작법은 두 가지의 서로 대칭되는 요소들이 한 작품 내에서 끊임없이 대조와 대립을 보이는 경향, 즉 '바로크'라는, 당시로서는 접해본 바가 없는 전혀 새로운 미학적 개념과 연결되며, 궁극적으로 이는 이전의 일원적 경향의 르네상스 시대에서는 볼 수 없었던 이원적이고 이중적인 성향을 지닌 새로운 개념의 연극이 탄생됨을 의미하는 것이다. 따라서 로페가 말하는 이러한 희극적 요소와 비극적 요소 간의 혼합을 반드시 '희비극'(tragicomedia)이라는 제 삼의 하부장르의 생성으로만 국한시켜 바라볼 필요는 없다. 좀 더 관점을 확대하여, 장르와 상관없이 한 연극 작품에서 희극적이거나 가볍고 경쾌한 요소와 비극적이거나 심각하고 장중한 요소가 교대로 반복되는 분위기의 다양성과 이로 인해 극적인 흥미가 배가되는 것도 이러한 범주 내에서 다루어질 수 있는 것이다.

마지막으로, 바로크라는 미학적 경향을 차치하더라도, 하나의 연극이 인간의 삶을 모방하려는 예술이라고 할 때, 이렇게 희극적인 요소와 비극적인 요소가 혼합된 로페의 연극이야말로 우여곡절과 갖은 부침을 겪게 마련인 우리네 인간의 삶의 모습과 닮은꼴이라고 할 수 있을 것이다.

2.2.2. 아리스토텔레스적 '삼단일성의 원칙'에 대한 로페의 입장

181행-210행 사이에는 연극의 '삼단일성의 원칙'에 대한 로페의 견해가 나타나고 있는데, 사실 우리가 알고 있는 아리스토텔레스의 삼단일성의 원칙은 엄격히 말한다면 존재하지 않는다고 봐야 한다. 왜냐하면 이 그리스 철학자가 자신의 『시학』에서 삼단일성의 법칙 중 '사건의 단일성'만 언급하였을 뿐, 그 밖의 '장소'와 '시간'의 단일성에 대한 언급은 어디에도 찾아볼 수 없기 때문이다. 이 두 가지의 존재하지 않는 단일성은 이후 르네상스 시대에 아리스토텔레스를 연구하던 이탈리아의 평론가들이 자의로 만들어 낸 것이다. 구체적으로, '시간의 단일성' 은 아뇰로 세니(Agnolo Segni)라는 평론가가 피렌체에서 1524년 출판된 아리스토텔레스의 『시학』과 『수사학』에 대한 그의 평론에서 한 사건의 전개에 필요한 시간을 24시간으로 규정지으며 그 개념이 형성되었고, 이 '시간의 단일성'에서 파생된 '장소의 단일성'은 후에 마지(Maggi)라는 학자에 의해 규정되어졌다. 그 후 카스텔베트로(Castelvetro)라는 학자가 1570년에 삼단일성을 주장하였고, 이탈리아로부터 프랑스가 이 이론을 받아들였으며, 그 이후 비로소 이 '삼단일성의 원칙'이 온 유럽으로 퍼지기 시작했던 것이다. 요컨대, 발생에서 결말까지 대략 24시간이 소요될 만한 한 가지의 단일한 사건이 단일한

---

24 행동/사건의 단일성' 에 대한 아리스토텔레스의 구체적인 설명은 다음과 같다.

> 그러므로 다른 모방 예술에 있어서도 하나의 모방은 한 가지 사물의 모방이듯, 시에 있어서도 스토리는 행동의 모방이므로 하나의 전체적 행동의 모방이어야 하며, 사건의 여러 부분은 그중 한 부분을 다른 데로 옮겨 놓거나 빼버리게 되면 전체가 뒤죽박죽이 되게끔 구성되어야 한다. 왜냐하면 있으나마나 두드러지게 차이가 나지 않는 것은 전체의 부분이 아니기 때문이다. (『시학』 8장)

장소에서 일어나야 한다는 연극의 '삼단일성의 원칙'은 아리스토텔레스가 그의 『시학』 8장에서 언급한 '행동/사건의 단일성'[24]을 지나치게 확대 해석하는 바람에 빚어진 일종의 오류였던 것이다.

아무튼 르네상스 이후 이 '삼단일성의 원칙'은 극작가들에겐 하나의 고전 규범으로 통했고, 스페인에서는 비록 절대적인 극작법으로까지는 여겨지지 않았으나, 로페 이전까지만 해도 세르반테스 등을 비롯한 적지 않은 극작가들과 실제 당시에 상연되었던 연극들 중에 이 규범을 지키려고 애쓴 경우가 적지 않았었다. 그러데 로페는 『신극작술』을 통하여 이 '삼단일성'의 원칙에 대해 대충 넘어가지 않고 다음과 같이 분명한 입장을 밝히고 있는 것이다.

> 연극은 하나의 행위를 가져야 한다. 어떤 경우라도 이야기는 에피소드적이 되어서도 안 되고, 다른 것들이 삽입되어서 처음의 의도로부터 멀어져서도 안 되며, 중요한 요소를 제거해서 이야기의 전체적 결합을 망가뜨려서도 안 됨을 명심해야 한다. 또한 아리스토텔레스가 조언한 대로 하루라는 시간 안에 사건을 모두 종결시킬 필요는 없다. 〔…〕. 다만 작가가 많은 세월에 대한 묘사가 필요한 하나의 거대한 역사를 써내려가는 것만 아니라면 가급적 짧은 시간 안에 극적 사건을 종결지으면 되는 것이다. (181행-195행)

즉, '행동/사건의 단일성'에 대해서는 철저하게 아리스토텔레스의 견해에 따르고 있지만, '시간의 단일성'은 준수할 이유가 없다고 명확하게 밝히고 있으며, '장소의 단일성'은 아예 언급조차도 하지 않고 있는 것이다.

2.2.3. 연극의 바람직한 분할과 그 분량, 그리고 이에 따른 소요시간

211행에서 245행과 298행에서 301행, 그리고 338행에서 340행 사이에서 전개된 내용으로, 이 부분에서 로페는 한 연극작품이 예전에는 4막으로 되어 있었으나 이보다는 3막(tres actos)으로 구성되는 것이 더 바람직하다고 주장하고 있다. 실제로, 1580년대만 해도 스페인에서 연극은 4막이었고, 그 이전에는 5막으로 되어 있기도 하였다. 그러던 것이 로페에 이르러 3막으로 정착된 것인데, 주지하다시피 이 3막의 구조는 '갈등의 발생→갈등의 전개→갈등의 해결(planteamiento-nudo -desenlace)'이라는 3단계를 의미한다. 그리고 이에 대해 로페는 다음과 같이 언급하며 각 막마다 어떻게 내용을 전개해야하는지에 대해 구체적으로 설명하고 있다.

> 제1막에서는 갈등을 도입하고, 제2막에서는 이 갈등으로 인해 발생하는 여러 사건들을 서로 뒤엉키게 만들며, 제3막의 중간 부분까지는 절대로 이에 대한 결말이 어떻게 날지 예상할 수 없도록 만든다. (298행-301행)

이상과 같은 로페의 주장을 토대로 이후 '국민연극'은 각 막마다 대략 1000행의 대사를 포함한 총 3000행 안팎의 분량을 지닌 3막극으로 정착되었던 것이며, 막간극(entremés)[25]과 춤(baile), 그리고 뒤풀이를 포함한 하나의 온전한 연극작품이 모두 상연되는 순서도 대략 '로아(loa)[26]→1막→막간극→2막→춤→3막→뒤풀이 축제[27]'의 순으로 정착되었던 것이다. 또한 이에 소요되는 총 시간은 대략 2시간이나 2시간을 약간 넘는 정도였다.

2.2.4. 연극의 언어와 언어를 통한 표현 방식

『신극작술』의 246행에서 297행 사이에서 로페는 언어를 통해 연극에서 사용되는 다양한 형태의 표현 방식과 이로부터 파생되는 제반 사항들에 대해 설명하고 있다. 우선 로페는 "일상의 현실적인 사건들을 위해서는 불필요하게 현학적인 개념이나 사상들을 남용하지 말고 인위적으로 꾸미지 않은 자연스럽고 평범한 언어를 사용하여야 한다.(246행-248행)"라고 설명하며 일상적인 평범함과 지나치게 현학적인 표현 사이의 부조화를 경계하고 있다. 물론, 아리스토텔레스와 마찬가지로, 로페는 긴장이 고조된 극적 상황과 상대방을 설득하거나 그에게 조언을 해야 하는 상황에 놓인 등장인물이 사용해야 될 언어는 이러한 일상적 평범함을 나타내는 자연스러운 언어와 반대되는 개념이라고 설명하면서, 그러한 경우 사용해야 할 언어의 분위기는 선언적이고 근엄한 것이어야 한다고 주장하고 있다.

이와 같이 극적 상황을 표현하는 언어가 그 상황에 적합한 것으로

---

25 당시 연극에서 1막과 2막 사이에 삽입되던 짧은 형태의 연극으로, 2막이 시작될 때까지 관객의 주의를 계속해서 무대에 집중시키기 위해 주로 본래의 연극과는 상관없는 가볍고 익살맞은 이야기가 전개되었다. 당시의 무대장치와 관련된 기술의 수준을 볼 때, 한 막이 끝나고 다음 막을 설치하는 데에는 상당한 시간이 걸릴 수밖에 없었기 때문이다. 운문보다는 산문으로 된 경우가 많았으며, 특히 세르반테스가 이 막간극의 작가로 유명하다.

26 당시 연극의 도입부, 또는 서두의 역할을 했던 운문으로 된 일종의 짧은 가극(歌劇).

27 당시의 연극에서 뒤풀이를 담당했던 축제의 대표적인 예로 '모히강가(mojiganga)'를 들 수 있다. 이는 연극이 끝난 직후 행하던 일종의 짧은 극으로, 주로 동물이나 우스꽝스러운 형상을 한 모습으로 변장한 배우들이 등장해 요란스럽고 익살맞게 관객의 흥을 돋움으로써 즐겁고 유쾌한 뒤풀이 분위기를 연출해 내곤 하였다. 그 분위기가 카니발의 가장행렬과 매우 흡사하다.

취해져야 한다는 논리는 등장인물에게도 동일하게 적용된다. 정형화된 각각의 등장인물들이 사용해야 할 언어에 대해 로페는 다음과 같이 설명하고 있다.

> 왕이 말할 때에는 왕다운 근엄함을 최대한으로 모방하여야 하고, 연장자가 말할 때에는 장중하고 조심성 있는 어투로 말해야 하며, 연인들이 이야기를 나눌 때에는 관객들의 마음을 감동시킬 만큼 다정함이 배어 있어야 하고, 독백의 경우에는 독백을 하는 자가 자신이 묻고 자신이 대답함으로써 자신의 흔들리는 심정을 관객에게 그대로 전달해야 하며, 불평이란 여성에게 어울리는 성향이므로 불평을 나타낼 때에는 불평하는 여성의 고유한 성질을 유지해야 할 것이다. (269행-279행)

로페는 각각의 등장인물들에게 적합한 언어의 색조들에 대해 이와 같이 설명하면서 이러한 정형화된 인물들에 대해 더 이상의 구체적인 언급은 하지 않았으나, 이후 로페와 그의 '국민연극'에서 나타나는 '왕'(절대 권력자), '연장자'(아버지나 남편 등), '남자주인공'(galán), '여자주인공'(dama), '익살꾼'(gracioso), '시골사람'(villano)이라는 정형화된 여섯 형태의 등장인물들이 이 설명으로부터 파생되었다는 것은 분명해 보인다. 그리고 이와 같이 각 인물들에 적합한 언어를 모색하는 근본적인 이유에 대해 로페는 다음과 같이 언급하고 있다.

> 터무니없는 것을 모방하는 것은 삼가야 할 것이다. 왜냐하면 있을 법한 것을 모방하는 것이야말로 반드시 지켜야 할 방침이기 때문이다. 이를테면, 하인은 일부 외국의 연극에서 보이는 것처럼 고상하고 품위 있는 것을 다루어서는 안 된다. 즉, 어떤 극중 인물도 자신의 신분과 자신이

말한 내용이 불일치하면 안 된다는 것이다. (284행-290행)

요컨대, 로페는 연극이 나타내야 할 현실과의 근접성을 추구를 위해 이와 같은 이론을 전개하고 있는 것이다. 따라서 로페와 그의 추종자들의 연극에서 종종 보이는 환상적인 요소들조차도 이러한 '현실에서 발생할 수도 있을 법한' 개연성을 바탕으로 묘사되어지는 것이라고 봐야 할 것이다.

마지막으로, 로페는 "관객들을 끝까지 즐겁게 해주기 위해 연극의 결말은 금언이나 경구 또는 재치 있는 대사로써 끝맺어야 한다. (294행-297행)"라고 주문하고 있는데, '국민연극'의 여러 연극들이 그 결말에서 거의 예외 없이 연극의 주요 인물의 대사를 통해 관객들에게 연극의 정식 제목을 환기시키며 감사의 말을 전하는 것은 로페의 바로 이와 같은 조언이 그 배경이 된다고 할 수 있을 것이다.

2.2.5. 운율법

17세기 스페인의 연극에서 운문이 아닌 산문을 대사로 사용하는 경우는 단 두 가지뿐이다. 하나는 본 연극과 별개인 막간극의 경우이고, 다른 하나는 본 연극에서 편지의 내용을 등장인물이 읽는 경우이다. 이 두 가지의 경우를 제외하고는 예외 없이 모든 대사가 일정한 운율이 있는 운문으로 되어 있는데, 로페는 『신극작술』의 305행과 312행 사이에서 이 운율들에 대해 다음과 같이 조언하고 하고 있다.

다루고자 하는 대상에 적합하도록 신중히 운율을 맞추어야 할 것이다. 10행시의 일종인 데시마(décima)는 불평을 나타낼 때 좋고, 소네트는 기다리는 사람의 심정을 묘사할 때 적합하며, 8행시의 일종인 옥타바(octava)가 상당히 두드러지지만, 로만세는 관계를 나타낼 때 바람직하고, 3행시의 일종인 테르세토(terceto)는 심각한 일에 좋으며, 4행시의 일종인 레돈디야(redondilla)는 사랑을 표현할 때 이상적이다. (305행-312행)

이는 당시의 운율법을 압축하여 하나의 규범으로 제시한 것으로, 절대로 준수해야 할 엄격한 규칙이라기보다는 상황에 따라 탄력적으로 적용할 수 있는 것이었다. 예를 들어, 당시 실제의 연극에서 레돈디야는 사랑을 표현할 때뿐만 아니라 다양한 상황을 묘사하는 데에도 두루 사용되었으며, 칼데론 시대에 이르러 로만세는 단순한 대화를 위해 쓰이기도 하였다.

아무튼 로페 시대의 연극에서 이와 같이 산문보다 운문이 절대적으로 선호되었던 까닭에 대해서는, 당시의 연극이 '연극학'이 아닌 '시학'에 그 바탕을 두었기 때문이라는 당연한 이유 외에도, 다음과 같은 두 가지의 사실에서 이에 대한 또 다른 흥미로운 이유를 발견할 수 있을 것이다. 첫째는 당시의 연극을 관람했던 적지 않은 관객들이 글을 읽을 줄 모를 정도로 무식한 대중이었으므로, 무대에서 벌어지는 극적 상황의 변화를 그들이 좀 더 쉽게 감지하도록 상황에 맞는 특유의 운율이 필요했었다는 것이고, 둘째는 운문의 성격상 산문보다 적은 수의 단어들로 더 많은 내용들을 함축적으로 전달할 수 있으므로, 당시에 연극 상연을 위해 주어진 제한된 시간 안에 가급적 많은 이야기를 전개하기 위해서는 아무래도 산문보다 운문이 더 적합했다는 것이다.

2.2.6. 이야기의 전개 방식

302행에서 304행, 그리고 319행에서 326행에서 전개된 내용들은 연극의 내용이 구체적으로 어떤 방식으로 전개되어야 하는지에 대해 설명하고 있는, 극작과 관련된 실제적인 부분들이다. 이와 관련하여 로페는 다음과 같이 두 가지를 언급하고 있다. 첫째는 "사실을 가지고 관객을 현혹시키는 것은 바람직한 것이다. (319행-320행)" 와 "관객들에게 암시한 바대로 이야기를 전개시키지 않음으로써 그들의 바람을 어긋나게 해야 한다. (302행-304행)" 이고, 둘째는 "애매하게 말을 하는 것은 이중성과 그로 인한 불확실한 감정으로 인해 관객의 마음을 사로잡을 수 있다. 왜냐하면 관객은 대사를 해석하는 데 그 대사를 듣는 것 외에는 다른 수단이 없기 때문이다. (323행-326행)" 이다. 이중 첫 번째 설명을 통해 암시되고 있는 것은 바로 '반전' (反轉)이라는 극적 장치이다. 이는 '사실을 가지고 현혹시키는 것(engañar con la verdad)' 이라는 로페의 주장에서도 볼 수 있듯이, 사실 그 자체를 조작하는 작위적이고 억지스러운 이야기 흐름의 변화가 아니라, 사실은 사실대로 그대로 놔두되 그 사실을 예상하거나 암시하도록 하는 장치와 극적 수단들을 교묘히 활용함으로써 관객의 생각의 범주를 뛰어넘어 이야기를 전개시키는 고도의 극적 기술을 의미한다. 또한 두 번째 설명에서 언급된 '애매하게 말하는 것(hablar equívoco)' 과 '이중성과 그로 인한 불확실한 감정(incertidumbre anfibológica)' 은 바로크 연극에서 흔히 볼 수 있는 메시지의 이원성과 이중성을 의미한다고 볼 수 있다. 르네상스 시대의 연극에서와 달리 로페와 그 이후의 바로크 연극에는 외형적인 극적 구조에서뿐만 아니라 연극의 내용이 담고 있는 작가의 메시지에서도 그 이원성과 이중성이 흔히 발견되는데, 이에 대한 이론적 기초가 『신극작술』의 바로 이 부분에서 발견되어지는 것이다.

2.2.7. 주제

이와 관련된 내용은 327행에서 337행 사이에 나와 있는데, 여기서 로페가 제시한 것은 단 두 가지이다. 하나는 '정조(honra)'이고 다른 하나는 '선한 행위들(acciones virtuosas)'인데, 로페가 이 둘을 제시한 이유는 이들이 공히 '사람을 진하게 감동시키는(mueven con fuerza a toda gente) (328행)' 능력이 있기 때문이다. 그리고 로페가 언급한 이 '정조'와 '선한 행위들'은 17세기 스페인의 바로크 연극의 가장 전형적인 주제라 할 수 있는 '사랑'과 '명예'의 문제로 발전된다.

그러나 아무리 '사랑'과 '명예'가 당시 연극의 가장 전형적이고 핵심적인 주제라 하더라도, 그밖에 스페인의 전통, 역사, 스페인 주변 국가들의 역사, 전설, 신화, 성인들의 생애, 풍속, 환상적 이야기, 성서적 내용 등등, 실제로 이후 로페와 그 추종자들의 연극에서 전개된 헤아릴 수 없이 많은 종류의 주제들에 대해서는 별다른 언급이 없다. 따라서 이후 로페 시대의 연극에서 나타나는 이와 같은 주제상의 엄청난 다양성은 '국민연극'과 극적 혁신을 통해 연극이 발전해나감에 따라 그 범위와 이를 묘사해 나가는 능력도 자연스럽게 확대 · 발전되어 나갔기 때문에 가능했다고 봐야 할 것이다.

3. '코메디아' (Comedia)

3.1. '코메디아'의 개념

『고전 시학에 나타난 철학 *Philosophía antigua*

poética』(1596)의 저자인 로페스 핀시아노(López Pinciano)가 이 저서에서 '코메디아'(comedia)에 대해 정의를 내린 바에 의하면, '코메디아'란 "즐거움과 웃음을 통해 열정적인 기분을 정화시키기 위해 행해진 모방행동"[28]이라는 것이다. 실제로 즐거움과 웃음은 '코메디아', 즉 희극의 가장 중요한 목적이라 할 수 있다. 또한 핀시아노 이전인 14세기의 '코메디아'에 대한 정의를 보면, "천하고 소박한 스타일을 지녔고, 세속적인 일들과 평민이나 시골마을 사람과 같은 하류계층의 사람들에게 적합한 행위들을 다룬다. 호라티우스, 플라우투스, 테렌티우스, 오비디우스 등의 작품들처럼 이러한 작품들을 '코메디오스' 또는 '코미티'라 부른다."[29]라고 되어 있다. 그러나 이 정의 이후 핀시아노의 시대에 이르기 이전에 이 '코메디아'라는 단어에 대한 오용은 이미 시작된 듯하다. 그 예가 바로 1499년 출간된 『라 셀레스티나 *La Celestina*』이다. 알려진 바대로, 페르난도 데 로하스(Fernando de Rojas)의 이 작품은 『칼리스토와 메리베아의 희비극 Tragicomedia de *Calisto y Melibea*』으로 불리어지기도 한다. 이는 『라 셀레스티나』에 붙은 일종의 부제라 할 수 있는데, 그러나 사실 이전에 붙여진 부제는 'Tragicomedia ~'가 아니라 'Comedia ~'였다. 저자인 페르난도 데 로하스는 당시의 유행이던 용어 'comedia'를 부제에 사용하긴 하였으나, 결국 작품의 부제를 'Tragicomedia ~'로 최종 결정을 한 듯하다.

---

28 《Comedia es imitación activa hecha para limpiar el ánimo de las passiones por medio de deleite y risa》(López Pinciano, 1998, 381)

29 "estilo baxo e humilde; tracta las cosas vulgares e los fechos provechosos de plebeyos o moradores de las aldeas, e de las personas humildes. E los descrivientes tales cosas son llamados comedios o comiti, assí commo Oraçio, Plauçio, Terençio, Ovidio"(Javier Huerta Calvo, Emilio Peral Vega, Héctor Urzáiz Tortajada, 2005, 170)

이 사실로 미루어 보아, 이미 『라 셀레스티나』가 출간된 무렵부터, 좀 더 분명히 말하면, 16세기부터 스페인에서는 '코메디아'라는 용어가 원래 지니고 있던 '희극'의 의미를 탈피하여, '비극'이나 '희비극'까지도 포함하는 연극작품 전반을 아우르는 의미로 변질되었다고 할 수 있는 것이다. 따라서 소위 말하는 스페인의 황금세기, 즉 16세기와 17세기에서의 '코메디아'는 모든 형태의 정식 연극을 의미하며, 이 경우 '엔트레메스'(entremés)라 불리는 막간극이나 성찬신비극(auto sacramental) 등은 정식 연극이 아닌 일종의 약식 연극(teatro breve)이므로 이 '코메디아'의 개념에서 제외된다. 그리고 앞서 살펴본 로페의 『신극작술』과 이를 통한 '국민연극'에서 성립된 '코메디아'를 특히 '코메디아 누에바'(Comedia nueva)라 한다. 요컨대, '코메디아 누에바'란 황금세기의 연극들 중에서도 특히 로페의 『신극작술』과 '국민연극'을 통해 지향되는 연극만을 의미하는 것이다. 스페인 문학에서의 이와 같은 '코메디아'라는 용어의 잘못된 사용은 18세기까지 지속되다가 19세기 들어서야 비로소 이 용어에 '희극'이라는 원래의 개념이 복원되기 시작하였다.

그렇다면 16, 17세기의 스페인 연극에서 왜 '희극'이라는 '코메디아' 원래의 의미가 사라지게 된 것일까? 여기에는 여러 가지 설득력 있는 이유들이 있겠지만, 그중에서도 특히 우리의 주목을 끄는 것은 당시의 스페인 연극에 존재하였던 상대적으로 빈약한 비극적 토양이다. 즉, 로페와 '국민연극'의 커다란 성공의 이면에는 이전부터 존재해왔던 스페인 특유의 풍부한 희극성(그중에서도 특히 패러디를 통한 희극성)이 항상 자리하고 있었다. 이는 스페인의 그리스도교적 전통에 기인한다고도 할 수 있는데, 즉 하느님에 의해 이루어지는 합리적이고 애정 어린 인간세계에 대한 지배 하에서는 어떤 비극도 궁극적으로는 있을 수 없다는 것이다. 어떻게 보면 '코메디아'라는 용어를 통해 스페인인(人)들은 인간 삶의 비극적 결말을 근본적으로 부정하고 싶었는지도 모른다.

3.2. '코메디아 누에바'에 관한 이중 논쟁(doble controversia)

로페의 '국민연극'과 '코메디아 누에바'의 전례 없는 성공은 당시 일련의 미학적 · 윤리적 논쟁을 촉발시켰는데, 여기서 말하는 미학적 논쟁이란 『신극작술』을 통해 로페가 주장한 고전적 제반 규범들에 대한 탈피를 놓고 그 미학적 · 이론적 적법성에 대해 비난론자들과 옹호론자들이 서로 대립한 것을 의미한다. 가장 쉽게 발견할 수 있는 예가 바로 『돈키호테』 1부 48장에서 볼 수 있는 로페 연극에 대한 세르반테스의 비판이다. 여기서 세르반테스는 로페의 연극에 대해 다양한 관점을 가지고 비판하고 있는데, 특히 '시간의 단일성'을 무시한 그의 연극에 대해 신부의 입을 빌어, "1막 1장에서 나온 어린아이가 2장에서 이미 수염 난 아저씨로 나온다면 이런 것이 우리가 다루고자 하는 주제에서 얼마나 황당하겠습니까?"(박철 역, 668)라고 비판하고 있다. 그러나 사실, 소설가가 아닌 극작가로서 세르반테스가 실패를 거듭한 끝에 마지막으로 택한 방법은 자신의 고집을 버리고 성공한 로페의 '국민연극'의 방식으로 슬그머니 그의 극작법을 수정하는 것이었다. 즉, '국민연극'이 이룩한 공전의 히트 덕분에 그에 대한 미학적 공격은 오래지 않아 완벽하게 제압되었던 것이다.

반면 '국민연극'과 '코메디아 누에바'에 대한 윤리적 논쟁에 대한 공방은 상대적으로 길고 복잡하게 이어졌다. 특히 연극 자체에 대해 유난히 강한 반감을 나타내었던 윤리주의자들은 다양한 시각을 가지고 끊임없이 로페의 '국민연극'을 비난하였다. 그들에 의하면, 당시의 연극은 미풍양속을 해치는 요란스러운 행위이고 쓸데없는 무용지물의 가장 전형적인 예라는 것이다. 교회와 세속의 '국민연극'에 대한 적지 않은 비난론자들이 로페와 그의 연극에 대한 옹호론자들과 심한 대립을 하며 '코메디아 누에바'에 대한 험담을 멈추지 않았고, 연극 상연에 대한 금지 명령을 내릴 것을 당국에 요청하기도 하였다. 이 윤리주의자들이 당시의 연극을 비난했던 근거는 크게 두 가지로 요약된다. 하나는 당시의 연극이 지나치게 선정적인 장면과 내용을 담고 있으므로 이를 보는 관객들로 하여금 쓸데없는 욕망과 상상을 부추기는 비도덕적인 측면이 강하는 것이다. 특히 윤리주의자들의 관점에서 본 연극의 복잡다단하고 추악한 이야기들이 티 없이 순진한 수많은 젊은 여성들까지도 혼란스럽게 만들고 나쁜 것에 물들게 한다는 것이다. 또 다른 하나는 당시 연극계 자체 내의 문제로, 여러 추잡한 스캔들과 비윤리적인 언행들로 악명이 높은 몇몇의 남녀배우들조차도 무대에서 고귀한 귀족이나 숭고한 정신을 지닌 성인의 역할까지도 맡을 수 있다는 사실이 그들에게 연극을 비방하지 않고는 도저히 참을 수 없게 만들었던 것이다.

'코메디아 누에바'에 대한 비난론자들은 윤리적 논쟁에서 간혹 우위를 차지하여 가시적인 성과를 거두기도 하였으나, 결국 최후의 승자는 거의 옹호론자들의 몫이었다. 그 예로 1644년 카스티야 내각(Consejo de Castilla)은 '코랄'의 폐쇄를 명하였는데, 폐쇄되지 않은 일부 '코랄'에서는 연극 상연은 하되, 상연되는 연극작품에 대해서는 사전에 철저한 검열이 이루어졌다. 특히 지나치게 요란한 상연과 여배우들이 철저한 통제의 대상이 되었고, 무엇보다도 상연 중에 무대에서 연출되는 춤(주로 2막과 3막 사이에 이루어짐)에서 보이는 난잡하고 낯 뜨거운 장면은 최우선적인 금지대상이었다. 이 당시 이루어진 연극 상연의 금지령은 이와 같은 윤리적인 이유뿐만 아니라 이사벨 데 보르봉(Isabel de Borbón) 왕비의 죽음으로 온 나라가 상당 기간 동안 상을 치렀기 때문이기도 하였다. 그러다가 1649년 펠리페 4세가 마리아나 데 아우스트리아(Mariana de Austria)와 새로 결혼식을 올리자, 이를 계기로 연극 상연을 재개하여줄 것을 요청하는 목소리가 높아졌고, 같은 해 연극 상연은 재개되었다.

3.3. '코메디아'의 무대: 코랄

로페와 그의 추종자들이 이루어내었던 '국민연극'의 성공의 이면에는 '코메디아 누에바'가 상연되던 일종의 노천극장인 '코랄'의 지대한 역할이 존재하고 있었다. 원래 '코랄'의 직접적인 유래는 대도시들 주변에서 연극이 상연되던 커다란 뜰이나 마당이었다. 이러한 뜰이나 마당에서 공연되던 연극이 로페 시대에 이르러 점차 발전하여 많은 관객들로 붐비게 되자, 임시 무대를 고정 무대로 개조하고, 계단 형태의 좌석들, 여성 전용석 등등을 추가로 건설하면서 점차 그 모습이 온전한 극장의 형태를 갖추게 된 것이다. 극장의 좌석 종류는 꽤 다양했고, 사회적 신분별로 이용할 수 있는 좌석의 등급은 확연하게 세 가지로 크게 구분되어져 있었는데, 대중석(localidades populares), 지식인/성직자석(localidades para doctos), 귀빈석(localidades distinguidas y oficiales)이 바로 그것이었다. 이 세 가지의 등급 안에서도 사회적 지위와 경제적 능력에 따라 여러 가지 세부적인 등급으로 다시 나뉘어졌다.

이들 좌석들 중에서 '파티오'(patio), '그라다스'(gradas), '방코스'

(bancos), '카수엘라'(Cazuela)라 불리는 네 가지 형태의 좌석들이 가장 저렴한 가격의 대중석들이었는데, 우선 '파티오'는 단어가 의미하는 바대로 무대의 정면 앞쪽의 가장 넓은 공터에 있는 입석을 말하며, 특히 이 '파티오'에서 서서 연극을 구경하던 사람들을 '모스케테로'(mosquetero)라고 하였다. 또한 '그라다스' 역시 단어의 의미대로 계단 형태의 좌석들을 뜻하는데, '파티오'의 둘레에 위치하였으며, 주로 수공예업자나 기술자들이 이 좌석을 이용하였다. '방코스'는 말 그대로 의자에 앉아서 연극을 보는 곳으로, 무대 아래 바로 정면, 즉 입석인 '파티오'의 앞에 위치하였고, 마지막으로 '카수엘라'는 다른 관객석들 보다 높은 곳에 위치한 일종의 복도의 형태를 띤 여성 전용 좌석이며, 이 '카수엘라'와 다른 좌석들과는 서로 단절되어 있었고, 이 여성 전용석 안에서는 신분상의 상하 구분이 없이 그냥 여성들끼리 한데 섞여서 연극을 관람하였다. 즉, 당시 여성들은 다른 사람들의 눈에 잘 띄지 않는 '카수엘라'라는 높은 곳에서 몸을 숨기고 자기들끼리 조용히 연극을 관람하였던 것이다. 앞서도 잠깐 언급했듯이, 극작가들은 이 네 가지의 저렴한 좌석들, 특히 '파티오'의 '모스케테로'들이 보내는 반응을 가장 두려워했다. 왜냐하면 한 연극의 성패여부가 이들의 야유와 환호에 따라 결정적으로 좌우되었기 때문이다.

한편 지식인/성직자석에는 말 그대로 시인이나 교회의 사제 같은 부류의 관객들이 이용하였는데, 가장 높은 곳에 위치하였기 때문에 이들의 좌석을 '데스반네스'(desvanes)라 불렀다. 사실 이 좌석은 다른 종류의 좌석들에 비해 그 숫자가 그리 많지 않았으나, 연극에서 중요한 신화적 암시가 나오거나 어렵고 현학적인 인용을 할 때에는 그들을 향해 하는 경우가 많았으므로 그 중요도는 결코 낮지 않았던 것 같다.

'코랄'에서 가장 비싼 좌석은 '아포센토스'(aposentos), '레하스'

(rejas), '셀로시아스'(celosías)라 불리는 일종의 칸막이로 된 독립된 좌석들인데, 이탈리아식 오페라 극장의 칸막이 좌석들과 매우 흡사한 것이라고 생각하면 된다. 이 좌석들은 주로 고귀한 신분의 귀족들이나 돈 많은 부자들이 이용할 수 있었고, 이 좌석들 중 일부는 국가나 시의 고위 관료들만을 위해 따로 마련된 것이었는데, 왕(rey)도 연극을 관람할 때에는 이 좌석을 이용하였다.

관람료는 가장 싼 '파티오'의 경우 일반 서민들이 큰 부담을 가지지 않을 정도로 충분히 쌌으며, 그 덕분에 인기 있는 연극의 '파티오'는 항상 대중들로 꽉 찰 수가 있었다. 귀빈석과 '파티오'의 가격 차이는 12배가 넘었던 것으로 추정되며, 지불하는 방식은 '파티오'의 경우만 극장에 입장하기 전에 일괄적으로 관람료를 지불하고 입장하였으며, 그 외의 좌석에 입장하는 관객들은 극장에 입장할 때에는 그냥 통과하고 원하는 좌석에 앉은 다음 그 좌석에 해당되는 관람료를 지불하였다.

3.4. 등장인물

'코메디아 누에바'에 등장하는 인물들은 다음과 같이 여섯 가지의 정형화된 형태로 나누어 볼 수 있는데, 이것은 앞서 1.2.2.4.에서 살펴보았듯이, 로페가 『신극작술』에서 설명하고 있는 '등장인물들의 언어를 통한 표현방식'으로부터 비롯된 것이라 할 수 있다.

3.4.1. '왕' 또는 절대 권력자

'코메디아 누에바'에서 '왕'은 두 가지의 방식으로 등장한다. 하나는 '연장자로서의 왕'이고 다른 하나는 '젊은 남자주인공으로서의 왕'이다. 전자는 절대적 권위와 신중한 분별력을 상징하며, 후자는 교만함과 불의를 나타낸다. 따라서 '연장자로서의 왕'은 하느님 외에는 그 누구도 범접할 수 없는 절대적 권위 그 자체이기도 하면서, 자신의 밑에서 권력을 남용하는 사악한 권력자를 심판함으로써 억울한 백성들을 구하는 등, 세상의 정의를 바로 세우는 임무도 수행한다. 한편 '젊은 남자주인공으로서의 왕'은 자신이 가진 지상 최대의 권위를 이용하는 교만한 폭군으로 비친다. 그는 왕으로서 갖는 권위와 임무, 그리고 왕이기 이전에 한 인간으로서 갖는 욕망 사이에서 방황하며 온갖 불의를 야기하는데, 이러한 그의 행동에 대한 희생양인 보통의 인간은 결코 그에게 대항하는 법이 없다. 왕이 저지른 불의는 오직 두 가지의 방법으로만 해결될 수 있기 때문이다. 하느님이 그를 벌하거나, 아니면 그 자신이 자신의 그릇된 행동에 대해 참회하는 것이다. 한편 절대 권력자는 '왕' 바로 밑에 존재하는 고귀한 신분의 자로 극중 역할은 '젊은 남자주인공으로서의 왕'과 대동소이하다고 볼 수 있다.

3.4.2. '연장자' 또는 아버지, 남편

이러한 종류의 등장인물들이 상징하는 것은 다름 아닌 '명예'이다. 이들이 가지고 있는 명예에 대한 코드는 결코 타협이나 유연성을 기대할 수 없는 절대적인 것으로 묘사된다. 이들은 극중에서 자신의 딸, 또는 자신의 아내를 항상 걱정 어린 시선으로 관찰하고 감시한다. 그리고 자신의 딸이나 아내의 정조가 더럽혀지면 지체하지 않고 복수를 감행한다. 간혹 비슷한 유형의 인물로 여자주인공의 오빠 또는 그녀를 깊이 사모하는 자가 등장하기도 하는데, 특히 이중에서도 오빠는 단순한 오누이의 관계로 해석되어서는 안 되고, 이 경우 등장하는 오빠는 '남편'에 대한 일종의 변형이라고 봐야 한다. 왕이 한 사회 전체에 대해 그 사회의 질서를 유지시켜야 하는 임무를 지니고 있듯이, 이들은 가정 또는 자신의 주변 내에서 이와 동일한 임무를 수행해야 한다. 그리고 이들은 이러한 임무로 인해 연극에서 종종 비극적인 인물이 되기도 한다. 왜냐하면 그들의 딸이나 아내의 명예가 더럽혀졌을 때 그들이 하고자 하는 복수는 단순한 복수가 아니기 때문이다. 다시 말해, 그들이 복수를 한다는 것은 단순히 그 딸이나 아내를 위해서만이 아니라는 것이다. 오히려 그보다는 자신의 딸이나 아내의 정조가 더럽혀짐으로써 자신의 명예도 따라서 훼손되었기 때문에 더더욱 복수를 감행하게 되는 것이다. 만일 이 경우 복수를 실패하거나 포기하면 그 아버지나 남편은 그가 속한 사회로부터 유배됨을 의미하며, 목숨보다 명예가 더 소중했던 그 당시의 관점에서 이는 곧 죽음과 다를 바가 없었다. 요컨대, 자유의 법칙(자신의 딸이나 아내의 의지)과 사회질서의 법칙(그럼에도 명예나 정조는 지켜져야 한다) 사이에서의 처절한 갈등을 그들에게서 읽을 수 있는 것이다.

3.4.3. '갈란' (galán)

'코메디아 누에바'에 나타나는 남자주인공 상이다. 여기서 남자주인공을 굳이 '갈란'(galán)이라고 한 이유는 로페 시대의 '국민연극'에서 나타나는 여러 유형의 남자주인공들 중 '갈란'이라는 하나의 정형화된 구체적 남자주인공을 일컫고 있기 때문이다. 즉, 다른 유형의 남자주인공이 아닌, 여주인공인 '다마'(dama)와 함께 극의 모든 분규와 음모의 한가운데에 위치한 남자주인공 상을 나타내기 위해선 불가피하게 '갈란'이라는 원어를 그대로 사용할 수밖에 없는 것이다. '갈란'의 경우 그의 가장 두드러지는 전형적인 특징들은 젊음, 용기, 대담성, 관대함, 일관성, 고통을 두려워하지 않는 의지, 이상주의, 늠름함, 고귀한 신분 등등이다 한 마디로, '갈란'이라 함은 이와 같은 성격을 지닌, 17세기 스페인 연극의 전형적인 남자주인공 상이라 할 수 있는 것이다. 그가 벌이는 '다마'와의 극적 행동들은 종종 사회적 규범과 대립됨으로써 다양한 위기와 모험들을 생산해 낸다. '갈란'과 '다마'가 갖는 애정적 관계는 극중에서 '사회'라는 덮개로 때때로 가려지지만 그 이면에는 그들의 본능적 충동이 감추어져 있는 것이다. 즉, 그들이 극중에서 추구하는 이상은 그 개념 속에 남성으로, 그리고 여성으로서의 본능을 은연중에 암시하고 있는 것이다.

3.4.4. '다마'(dama)

'코메디아 누에바'에 나타나는 여자주인공 상이다. 이 여자주인공을 여기서 굳이 '다마'라고 하는 이유는 '갈란'의 경우와 동일하다. '국민연극'에서 '다마'는 아름다움, 고귀한 혈통, 여성 특유의 현명함과 대담함, 사랑을 위해 자신을 헌신하는 절대적인 열정 등등을 상징하는 젊은 여자주인공으로, '갈란'과 함께 짝을 이뤄 극의 핵심 줄거리를 이끌어 간다. 특히 '다마'의 외모는 하나같이 눈부시다. 그 이유는 단순히 '다마'가 극의 여자주인공이기 때문만이 아니고, 당시의 가치관으로 비추어 볼 때, 남성도 마찬가지였지만, 특히 여성의 외적 아름다움은 곧 신분의 고귀함을 의미하는 하나의 아이콘이었기 때문이다.

3.4.5. '익살꾼'(gracioso)

'코메디아 누에바'의 전형적인 등장인물들 중 중 가장 특징적인 것을 꼽는다면 무엇보다도 이 '익살꾼'을 들 수 있을 것이다. 물론 스페인 연극사에서 '익살꾼'이라는 인물의 시발점은 17세기 '국민연극'이 아니었다. 스페인 고전 연극사에서 투박한 목동, 어리석은 자, 바보 등을 '익살꾼'이라는 기호의 선례들로 여기는 것은 그동안 가장 일반화된 시도로 간주되었다. 구체적인 예로, 로페 데 루에다(Lope de Rueda)의 작품에 나오는 '바보'들이 후에 로페나 칼데론의 '익살꾼'이라는 인물을 형성하는 데 있어 일정 부분 지울 수 없는 흔적을 남겼다는 것은 부인할 수 없는 사실이다. 즉, 그 이전부터 '익살꾼'의 선례로 여겨질 만한 비슷한 유형들이 이미 존재해 왔던 것이다. 그러나 17세기 '국민연극' 이전에 '익살꾼'의 선례가 되었던 등장인물들은 대체로 산발적인 성격의 것이었고, 하나의 정형화된 인물로서 극 전개상 일정 부분의 역할을 담당하는 지속적인 극중 캐릭터로 자리 잡은 것은 비로소 로페 시대에 이르러서이다.

'익살꾼'이란 자신의 주인이 의도하는 바를 돕는 충실한 하인이며, 동시에 영리하고 재치와 유머가 넘치는 조언자이기도 하다. 또한 그는 다른 사람의 선심을 항상 찾아다니며, 실컷 먹고 자는 탐욕스럽고 응석받이 같은 삶을 추구하기도 한다. 위험에 처했을 때에는 비겁하거나 매정해질 정도로 민감한 반응을 보인다. '익살꾼'의 신분은 극중 주인의 활약에 따라 주인을 동행하는 하인, 군인 또는 학생 등이 되기도 한다. 즉, 이 '익살꾼'이 갖는 극중 역할은 단순한 웃음과 유머의 창출 외에도 때에 따라서는 자신의 주인인 주인공에 대한 현명하고도 현실적인 조언자의 역할을 하기도 하고, 또는 소심하거나 부족한 주인을 대신해 자신이 직접 나서 문제를 해결하는가 하면, 다른 한 편, 자신의 안위를 위해 주인을 배반하기도 하고, 심지어는 자신의 주인이 저지른 과오로 인해 그의 반대편에 서기도 하는 등, '익살꾼'이 자신의 주인과 관련하여 나타내는 극중 모습은 참으로 다양하다고 할 수 있다. 그리고 '익살꾼'의 주인인 '갈란', 즉 남자주인공은 이러한 '익살꾼'의 성격과 행위에 늘 대칭적 위치에 서 있다. '익살꾼'이 현명하게 행동할 때 그는 경솔한 언행을 보이며, 소심한 겁쟁이로 '익살꾼'이 행동하면 반면 그는 용감하게 처신한다. 한 마디로 말해, '익살꾼'과 '갈란'이라는 두 가지 캐릭터는 극 중 역할 상으로는 조연과 주연이지만, '익살꾼' 없는 '갈란'과 '갈란' 없는 '익살꾼'은 로페의 극에서는 상상조차도 할 수 없을 만큼 극 중에서 차지하는 이들 둘의 위상은 상호보완적이고 동시에 대칭적이다. 『돈키호테』의 돈키호테와 산쵸를 연상케 하는, 이 상이하고 대칭적인 두 가지 요소의 끊임없는 대립과 상호보완은 주지하다시피 바로크 미학이 추구하는 전형적인 이원적 구도와 그 맥을 같이 한다고 볼 수 있는 것이다.

3.4.6. '시골농부'(villano)

사실 '시골농부'라는 형태의 등장인물은 '코메디아 누에바'를 모두 아우르는 전형적인 인물은 아니다. 특히 '망토와 검의 극'(comedia de capa y espada)으로 알려진 대도시 배경의 연극(comedia urbana)들에서는 '시골농부'이나 이와 유사한 종류의 등장인물은 거의 찾아볼 수가 없다. 그럼에도 이 '시골농부'가 극중에서 상당한 비중을 차지하는 당시의 연극들이 적잖이 존재했었는데, 이러한 연극들을 일컬어서 말 그대로 '시골농부에 관한 연극'(comedia villanesca)라고 한다. 이러한 종류의 연극들에서 등장하는 '시골농부'는 전통적인 그리스도교도이고, 혈통적으로 문제가 없는, 게다가 자기 자신의 명예에 상당한 신경을 쓰는 '부유한 농민'(labrador rico)으로 나온다. 물론 이 '시골농부'가 항상 '부유한 농민'으로만 나오지는 않지만, 아무튼 당시의 '코메디아 누에바'에서 등장하는 이 '시골농부'는 당시 스페인 사회의 명예에 대한 문제가 귀족의 범위를 넘어서 농민에게까지도 확대되고 있다는 사실을 의미한다. 그리고 이러한 명예의 문제를 '시골농부'를 통해 다루기 위해서는 이 등장인물에 대한 세 가지 조건이 충족되어야 한다. 방금 언급했듯이, 그는 개종하지 않은 전통적인 그리스도교인이어야 하고, 혈통에도 이민족의 피가 섞여 있지 않아야 하며, 지역 경제에 이바지할 수 있을 정도로 상당한 재력도 갖추고 있어야 한다는 것이다.

4

로페의 연극세계

로페 데 베가의 삶과 문학

4

로페의 연극세계

로페 이후의 수많은 학자들과 비평가들은 로페가 남긴 실로 방대한 양의 연극작품들을 주제별, 또는 소재별로 다양하게 분류하여 이를 체계적으로 정리하기 위해 많은 노력을 기울여 왔다. 그러나 학자들마다 로페의 극작품들을 분류하는 기준도 조금씩 다르고, 또 그들이 가지고 있는 시각들도 로페의 극작품들처럼 다양한 것이 사실이다. 더군다나 분류된 극작품들을 실제로 읽어보지 않은 상태에서 그 분류된 극작품들에 대한 설명을 접하는 것은 별 의미가 없을뿐더러, 문학사 책이나 로페의 극작품을 연구하는 학자들의 저서에 이미 소개되어 있는 기존의 분류들을 여기서 그대로 되풀이하는 것은 큰 의미가 없는 듯하므로, 여기서는 기존의 로페 연극에 따른 분류가 아닌, 로페의 극작품들과 관련된 일정한 주제들에 따라 실제 그 극작품들의 내용을 구체적으로 분석해 보면서 지금까지 우리가 살펴본 로페와 그의 연극세계가 실제로 어떻게 그의 극작품에서 전개되고 있는지를 관찰해보도록 하겠다.

1. 로페의 순수희극에 나타난 진보주의적 희극성

1.1. 로페의 극과 절대군주제의 확립

'국민 연극' 이라고 불리어진, 로페에 의해 주도된 당시 연극에 대한 전면적인 혁신은, 총체적 위기에 직면해 있던 당시 스페인 사회가 보수적 방향으로 그 해결책을 본격적으로 모색하기 시작하던 17세기 문턱과 시기적으로 일치한다. 당시 스페인 사회가 겪었던 위기는 이미 16세기 후반부터 사회의 제반 분야에서 –특히 경제적 측면에서– 명백하게 감지되어온 것이었다. 사회 경제적으로 피폐해져 가는 당시 스페인에게서 위기로부터의 탈출은 그야말로 시급한 과제가 아닐 수 없었다. 먹을 것과 일자리를 찾기 위한 타지로의 유랑이 서민들 사이에서 횡행하였고, 이러한 인구 이동 위에다 수많은 목숨을 앗아갔던 전염병 페스트의 대유행까지 겹쳐, 17세기가 시작될 무렵 스페인 사회는 인구의 감소까지 겪게 된다. 이는 16세기 후반부에서 17세기 전반부에 걸쳐 당시 스페인 사회가 안고 있었던 위기가 얼마나 심각했었는지를 짐작할 수 있는 대목이다. 그러나 당시 스페인 사회는 이러한 위기의 타개책으로 처음부터 강력한 절대군주제를 확고히 하지는 않았다. 16세기 후반부에서 17세기가 시작될 무렵까지만 하더라도 르네상스의 영향을 받은, '개인주의자' (individualista)라 불리는, 다소 비현실적이기는 하지만 급진적인 세력의 기존 체제에 대한 비판과 개혁에 대한 외침이 남아 있었고, 대중의 기존 사회체제에 대한 불만도 무조건적으로 무시되어지거나 억압당하지만은 않았다. 다시 말해서, 당시 사회의 기득권층이 이러한 사회 불만 세력들의 존재로부터 위기의식을 느끼게 되고, 이들의 요구를 사회체제를 위협하는 불순하고 위험한 것으로 간주하며, 그들의 기득권을 지키기 위해 동요하는 사회 분위기를 바로잡으려 보수적 성향을 가지고 사회 체제의 재정비를 시도하는 기간이 바로 16세기 후반부에서 17세기로 넘어가는 시기였으므로, 로페의 시대는 이데올로기적으로 혁신을 외치는 진보의 불씨가 보수의 물결 속에서 아직은 꺼지지 않고 남아있던 과도기적 시대라 할 수 있는 것이다. 물론, 주지하다시피, 17세기 문턱을 넘어서면서 스페인 사회는 절대군주제의 강화라는 보수적 사회 재편이 대세로서 완전히 자리를 잡는다. 즉, 당시의 스페인이 겪었던 총체적 위기로부터 벗어나고자 했던 것은 진보나 보수 양측의 공통된 목표였지만, 17세기 초반, 즉 펠리페 3세 이후 사회의 기득권층이 선택한 방식은 절대군주제의 본격적 강화를 통한 보수적 방식으로의 위기 타개였던 것이다.

이러한 시기에, 로페를 중심으로 한 연극에 대한 일대 혁신이 커다란 성공을 거두게 된다. 이는, 앞서 살펴본 바와 같이, 철저하게 대중의 기호에 따른 연극을 추종하는 그의 신념의 결과이기도 하다. 그리고 이러한 성공에 대해 보수적 관점을 가지고 로페와 그의 극을 바라보는 학자들은, 연극과 당시 사회가 처한 상황 간에 서로 공생하는 관계가 이때에 비로소 성립되었다고 주장한다. 다시 말해서, 당시 기득권층이 사회 재정비를 위해 확립하고자 했던 절대군주제라는 보수적 사회 이데올로기의 충실한 지지자 역할을 훌륭히 수행했던 것이 바로 당시의 연극이었다는 것이다. 『신극작술』로 대표되는 로페의 극에 대한 개념은 미학적 측면으로 바라본다면 당시로서는 매우 혁신적이고 진보적인 것이었으나, 이에 대한 대중적 성공을 통해 그의 연극에 반영된 이데올로기는 꼭 그렇지만은 않았다. 이러한 견해는 로페의 극을 수구-보수적 또는 친권력적 이데올로기의 관점으로 바라보고 있는 디에스 보르케(Díez Borque)나 호세 안토니오 마라발(José Antonio Maravall), 이사시 앙굴로(Isasi Angulo) 등과 같은 학자들의 주장에서 그 근거를 발견할 수 있다. 우선 이사시 앙굴로(1973, 274)의 주장에 따르면, 로페는 자신의 극에서 관객들을 종종 과거의 시점으로 데려가 그 과거시대의 본성(naturaleza)이 갖는 완벽함을 보여줌으로써 현실의 괴로운 면들을 잊게 해준다는 것이다. 이러한 현실 도피 수단으로서의 그의 극은 관객들의 현실세계에 대한 비판적 기능을 차단하는 역할을 한다고 볼 수 있다. 예를 들어, 그의 대표적 극작품 중 하나인 『푸엔테오베후나 *Fuenteovejuna*』에서 로페는 관객들을 실제 존재했던 역사적 사실인 푸엔테오베후나 마을 주민들의 민중봉기 사건이 일어났던 1476년으로 초대한다. 주지하다시피, 당시의 스페인은 페르난도 왕과 이사벨 여왕이라는 가톨릭 양왕(兩王) 체제에 있었으며, 이 양왕은 17세기 극작가들의 작품에서 절대군주와 그 체제를 옹호하기 위한 이상적 왕의 모델로서 흔히 등장되는 인물이었다. 로페의 『푸엔테오베후나』에서 등장하는 왕은 물론 이 가톨릭 양왕인데, 외적으로 바라본 이 작품은 전횡을 일삼는 독재자에 항거한 민중의 승리를 말하고 있지만, 사실 궁극적으로 로페가 이 작품을 통해 남기고자했던 메시지는 그릇된 지배자의 파멸을 통한 권선징악과, 이 권선징악으로써 올바르게 평정된 절대군주주의 하의 사회라 할 수 있는 것이다. 즉, 푸엔테오베후나의 독재자는 민중의 힘에 의해 제거되지만, 올바른 마을 통치자가 임명될 때까지 그 마을을 접수하는 자는 민중이 아닌 바로 왕인 것이다. 이로써 이 작품은 '절대군주로서의 왕→그의 위임을 받아 마을을 통치하는 수장→통치 대상으로서의 마을 백성'이라는 전형적인 피라미드식 형태의 신분구조가 확립됨을 시사하고 있다. 아무튼 로페는 이 작품에서 관객들을 두 세기 전의 스페인으로 초대하여, 그들에게 권선징악이 극적으로 실현되는 과정과, 이 극적 결말의 최고점에 왕이 위치하는 것을 목격하게 함으로써, 관객들로 하여금 실생활의 비참한 사회적 현실로부터 벗어나서 신화화된 절대군주와 그 체제하에서의 사회를 무비판적으로 긍정하도록 유도하고 있는 것이다.

한편, 마라발과 디에스 보르케에 따르면 로페의 극으로 대표되는 17세기 초반의 연극은 그 이전 세기부터 사회에 존재했던 혁신을 통한 위기 탈출을 주장하는 진보세력에 대항하여 절대군주제를 강화함으로써 보수적으로 사회를 재편하려는 기득권층의 이데올로기적 선전도구의 역할을 하였다는 것이다. 다시 말해서, 연극이야말로 당시 기득권층이 자신들의 이데올로기를 대중에게 전파하기 위해 가장 이상적으로 사용한 수단이었다는 것이다. 로페의 극작품 『분수를 아는 시골 사람 *El villano en su rincón*』이 이에 대한 하나의 좋은 예가 될 수 있을 것이다. 이 작품은 당시 스페인 경제의 핵심적인 대들보 역할을 했던 계층인 '부유한 농부'에 대한 이야기이다. 이 작품에서는 절대군주에 대한 옹호뿐만이 아니라, 그 절대군주제 하에서 발생되었던 경제문제로 인한 사회적 현상도 함께 다루어지고 있는데, 구체적으로 말한다면, 피폐해진 정도가 이미 위험 수준에까지 이른 당시 스페인의 경제를 그나마 힘겹게 받쳐 주었던 부유한 농민 계급의 사회적 기득권층으로의 합류 여부에 대한 문제인 것이다. 마라발(1990a, 47, 72)의 주장에 따르면, 사회가 그들에게 경제적 희생을 지속적으로 요구하는 것이 가능했던 이유는 바로 기득권층으로의 편입을 통한 인간으로서의 평등과 존엄성의 보장이라는 '당근'이 당시 사회에 존재했기 때문이다. 즉, 부유한 농부에게 가능했던 사회적 신분 상승은 당시의 절대군주제를 바탕으로 확립되어진 피라미드식 사회 구조를 유지 · 강화시키는 사회적 수단들 중의 하나였던 것이다. 결론적으로, 이 작품의 주인공 후안(Juan)이 그렇게도 안주하려던 자신의 세계(rincón)에서 벗어나 결국은 왕의 간곡한 요구로 그의 신하가 되는 결말 부분은, 당시 이루어졌던 부유한 농민 계급의 기득권층으로의 편입 문제를 반영하고 있다고 해석할 수 있는 것이다. 다시 말해서, 부유한 농부 계급의 신분 상승은 당시 기득권층의 이데올로기적 필요에 의해 이루어진 것이며, 이 작품은 당시의 관객들에게 이러한 그들의 이데올로기를 선전 · 보급하는 역할을 충실히 하고 있는 것이다. 이 작품의 주인공 후안의 삶은 당시 농민 계급의 대다수를 차지했던 빈농의 삶과는 거리가 멀며, 따라서 당시 스페인 사회의 경제적 암울함이 철저히 외면당하고 있다고 할 수 있다. 즉 이 작품에서는 대다수 빈농의 비참한 현실이 부유한 농부의 기득권층으로의 편입이라는 선전적 이슈에 가려 보이지 않게 된 셈이다. 물론 후안을 흠모하는 왕이 그에게 절대군주로서의 위엄을 상징적으로 나타내는 것은 이 작품의 이러한 선전적 역할에 필수적인 요소일 것이다. 이 작품의 제목이 시사 하듯이, 후안이 절대적인 권력과 부를 누리는 곳인, 왕국과도 같은 그의 가정도 결국 진짜 절대군주 앞에서는 한낱 한 '귀퉁이'에 지나지 않는다는 사실을 이 작품을 보는 관객들은 어렵지 않게 깨달았을 것이다.

1.2. 로페의 순수희극과 진보주의적 요소들

1.2.1. 당시 순수희극에 대한 이론적 고찰

그렇다면 로페는 당시의 기존 사회체제를 철저하게 옹호한 보수주의자였다고 한 마디로 단정 지을 수 있을까? 이에 대한 섣부른 단정은 불가능할 정도로 방대한 그의 창작물과 그의 작품들이 지닌 다양한 예술적 경향에 대한 예의가 아닐 것이다. 실제로 그의 이데올로기적 성향에 대해 분석을 해온 학자들 또한 이견이 분분함을 알 수 있다. 즉, 앞서 언급한 마라발이나 이사시 앙굴로, 디에스 보르케 등의 보수적 관점 외에도, 로페의 이데올로기적 성향은 진보와 보수 양쪽을 균형있게 취했을 수도 있고 아니면 그 어느 쪽에도 무관심했을 수도 있다는 소위 '불가지론'을 펴는 딕슨(Dixon)이라든지, 이보다 좀 더 적극적으로 로페의 진보주의적 성향에 주목을 한 스턴(Stern)이나 워드로퍼(Wardropper), 빗세(Vitse), 또는 웨베르 데 쿠를라트(Weber de Kurlat) 등등, 실로 여러 학자들의 다양한 견해를 발견할 수 있다.

이들 진보주의적 관점을 가지고 로페의 극에 접근하려는 학자들은 공통적으로 그의 순수희극에 주목하고 있다. 로페가 『신극작술』에서도 밝혔듯이, 그는 희비극을 이상적인 연극의 형태로 보았으며, 실제로 로페는 그의 극 창작에서 이 희비극을 추구하는데 게을리 하지 않았다. 그러나 이 희비극과는 별도로, 그가 17세기 초반 -대략 1625년까지- 무렵에 쓴, 오늘날의 드라마적 관점에서 바라본 순수희극, 즉 웃음과 해피 엔딩을 동반하는 연극에서는 지금까지 우리가 살펴본 바와는 전혀 다른 로페의 진보적 메시지가 곳곳에서 발견되고 있는 것이다. 그렇다면 우선적으로 우리가 해야 할 일은 17세기 당시의 스페인 연극에서 순수희극이 어떤 모습으로 자리 잡고 있는지를 규명하는 작업일 것이다.

희극의 이론을 체계적으로 연구한 대표적 학자들 중 한 명인 엘더 올슨(Elder Olson)(1978, 7-90)에 의하면 희극의 본질은, 배우가 처한 극중 상황으로부터 관객이 자신의 생각이나 가치관 또는 예상과 전혀 다른 낯선 감정을 받았을 때(lo *diferente*), 그 배우의 상황이 사물의 유사성 자체를 파괴하는 것이 아니라면, 관객은 이로부터 안도감(relajación)을 느끼고 이 안도감이 바로 웃음으로 이어지는 과정에 있는 것이라 한다. 예를 들어, 무대에 등장한 괴물로부터 관객들은 낯선(*diferente*) 감정을 느끼지만 그 괴물과 관객들 사이에는 기본적인 유사성조차도 없기 때문에 웃음은 유발되지 않는다. 그러나 어두운 길가의 도랑에 빠진 극중 배우가 이 도랑을 깎아지른 낭떠러지로 착각하며 필사적으로 매달리며 발버둥치는 장면이 있다면, 이 장면은 관객들에게 웃음을 유발할 수도 있을 것이다. 이는, 절벽이 아닌 도랑임을 알고 있는 관객들은 공포에 떠는 배우의 상황으로부터 낯선(*diferente*) 감정을 느낄 뿐만 아니라, 이러한 상황이 비록 배우의 오해에서 비롯된 것이지만 행위의 유사성 그 자체를 파괴하는 것은 아니기 때문이다. 이러한 희극의 본질로부터 올슨은 희극을 극중 행위에 내포된 개연성의 종류에 따라 다음과 같이 크게 세 가지로 분류하고 있다. 첫째는 관객들이 실제생활에서 느끼고 경험할 수 있는 자연적인 것에 기초한 희극이고, 둘째는 관객들의 일상생활과는 거리가 먼, 작가의 상상에 의한 가설에 기반을 둔 희극이며, 마지막으로는 광대극 등에서 흔히 볼 수 있는 과장된 행위를 통해 웃음을 창출하는 희극이 바로 그것이다. 이러한 올슨의 희극에 대한 분류를 기초로 17세기 스페인의 순수희극에 대한 분류를 시도한 대표적 학자들이 바로 워드로퍼와 빗세라 할 수 있다. 워드로퍼(1978, 200-221)에 의하면, 17세기의 순수희극 중에서 앞서 언급한 과장된 행위를 통한 희극의 대표적 예가 바로 17세기의 소극(teatro breve 또는 teatro menor)인 '엔트레메스'이고, 실제생활의 면들을 기초로 한 희극에 해당되는 것은 소위 '망토와 검의 극'이며, 작가의 상상에 의한 가공의 세계를 기반으로 한 희극이 바로 '궁중 환상희극'(comedia de fantasía 또는 comedia palatina)이라는 것이다. 한편 빗세의 설명도 워드로퍼와 크게 다르지 않음을 알 수 있다. 그에 의하면(1983, 529-530), 17세기 스페인의 연극 전체를 관통하는 희극성은 크게 두 가지 형태로 요약될 수 있는데, 바로 '환상적 희극성'(la fantástica)과 '일상적 희극성'(la doméstica)이 바로 그것이다. 이 두 가지 주된 형태의 희극성이 17세기 연극에서 본격적으로 작용하던 시기는 대략 17세기의 첫 사분기, 즉 1625년 전후까지이며, 그 이후로 순수희극의 상대적 쇠퇴와 함께 환상적 희극성은 차츰 소멸되었고, 일상적 희극성만이 그 명맥을 유지하였다는 것이 그의 주장이다.[30] 다시 말해서, 17세기 연극에서 순수희극이 가장 성행했던 시기가 바로 대략 1600년에서 1625년 사이의 시기, 즉 펠리페 3세의 통치 시기였다고 할 수 있는 것이다. 이러한 사실은 결코 역사적 우연이 아니며, 그 근거는 희극에 대한 철학적, 사회학적 해석을 시도한 제임스 페이블먼(James K. Feibleman)(1939, 200)과 제럴드 웨이드(Gerald E. Wade)(1976, 68)의 주장에서 찾아볼 수 있다. 그들의 주장에 의하면, 위대한 희극이 탄생되는 시기는 바로 곧 변화를 요구하는 혁명의 때이며, 사회가 변화를 경험할 때 바로 희극의 역할과 그 중대성이 증대된다는 것이다. 희극에 대한 이러한 논리는 당시 펠리페 3세 통치기간의 스페인 사회 상황과 당시 전성기를 맞았던 순수희극과의 함수관계를 규명할 수 있는 좋은 근거가 될 것이다. 빗세(1983, 531)의 설명에 의하면, 펠리페 3세 시대 스페인 사회의 이데올로기적 화두는 단연 '작동이 멈춘 구

30 스페인 연극사 중 1600년에서 1625년까지는 단연 순수희극의 시기였다. 빗세(1983, 530, 562)의 설명에 의하면, 이 시기의 연극에서 순수희극은 비극에 대하여 상대적으로 월등한 우위를 점한 반면, 1625년에서 1650년의 시기에 이러한 순수희극은 점차 쇠퇴기로 접어든다.

(舊) 세계의 대체' 였다. 요컨대, 로페의 순수희극 작품들, 특히 환상적 희극성을 기초로 한 작품들이 주로 1600년경에서 1625년경 사이에 제작되었다는 점과, 이 시기의 연극에서 순수희극 작품이 비극에 비해 상대적으로 번성하였다는 점은 이러한 논리로 설명되어질 수 있는 것이다. 다시 말해서, 앞서 간략하게 살펴보았듯이, 17세기가 시작되던 무렵의 스페인 사회는 그야말로 총체적 위기에 직면해 있었으며, 이전 세기부터 있어왔던 변화에 대한 요구는 여전히 사회 곳곳에서 감지되어지고 있었다. 그리고 이러한 사회적 분위기가 직접 또는 간접적으로 반영된 곳이 바로 당시의 순수희극이었던 것이다. 따라서 빗세가 주장하듯이, 기득권층의 절대군주제의 강화를 통한 보수적 성향의 위기 타개책이 완전히 사회를 장악해 나갈 무렵인 1625년 이후의 시기에 나타났던 현상인 순수희극의 쇠퇴와 1625년까지의 연극에서 발견되었던 참신하고 날카로운 희극성의 부재는 이러한 사회적 분위기의 흐름과 맥락을 같이 하는 것이다. 즉, 변화를 요구하는 목소리가 절대군주제의 강화라는 사회적 대세 속에서 점점 그 열정을 잃어갈 때, 순수희극 또한 이와 운명을 함께 한 것이다.

변화를 요구하는 개혁세력의 외침의 메아리가 아직은 사회 곳곳에 사라지지 않고 남아있던 당시의 사회상이 로페의 당시 순수희극에 반영되어 있다는 사실은 지금까지 살펴본 논리 외에도 프라이(Frye)(1971)나 랑그(Langer)(1967)의 희극 이론과 같은 생기론(生氣論)적 관점에서도 그 이론적 근거를 찾아볼 수 있다. 프라이나 랑그에게 있어서 희극은 기존의 낡은 사회에서 새로운 사회로의 도약을 의미하는 것이며, 이러한 도약을 위해 희극에는 항상 화해와 화합을 내포하고 있다는 것이다. 즉 희극의 해피엔딩에서 관객이 느낄 수 있는 새 생명의 충만함은 기존의 닫힌 인물들과 그들이 속한 사회와의 단절이나 파괴가 아닌, 화합과 화해의 결과인 것이다. 이들의 이론들을 로페의 순수희극에 적용시켜본다면, 로페는 자신의 작품을 통해서 당시 기존 사회의 낡고 부조리한 틀을 벗어나서 새 생명의 활기로 충만한 새로운 사회로의 이동을 당시 관객들에게 암시하고 있다고 볼 수 있다. 물론 이러한 도약은 이전 사회와의 단절이라든지, 닫힌 성격의 인물들에 대한 단죄를 통해서 이루어지는 것이 아니다. 왜냐하면 희극의 해피엔딩은 어디까지나 화해와 화합을 통해 얻어지는 것이며, 프라이(1971, 167-168)와 랑그(1967, 322-323)에 의하면, 희극이 궁극적으로 지향하는 것은 악에 대한 도덕적 판단이라기보다는 바로 부조리에 대한 사회적 판단이기 때문이다.

그렇다면 여기서 말하는, 화합과 화해를 통한 새로운 사회는 구체적으로 어떤 사회를 의미하는 것일까? 페이블먼의 희극에 대한 철학적 고찰에 의하면, 이는 연극을 관람한 관객들의 마음속에서 그 해답이 발견될 수 있다. 다시 말해, 이 철학자에 따르면, 희극작가는 자신의 희극을 통하여 부조리하고 한계가 있는 현실의 질서를 부정함으로써 '간접적'으로 이상적인 질서를 암시하는 것이지, 결코 작품 내에서 모순된 현실에 대한 구체적인 해답까지 제시하는 것은 아닌 것이다. 그 해답을 찾는 것은 극작가가 아닌, 바로 관객들의 몫인 것이다. 이런 이유로 페이블먼은 희극이 비극보다 더 혁명적이라고 주장하고 있다.

1.2.2. 『과수원지기의 개』와 『용감한 벨리사』의 진보적 희극 세계

1.2.2.1. 환상적 희극성

그렇다면 앞에서 살펴본 사실들에 대한 구체적인 예들을 이제 로페의 실제 작품에서 확인해 보도록 하자. 앞서 언급된 17세기 스페인 연극의 두 가지 주요 희극적 흐름인 '환상적 희극성'과 '일상적 희극성'에 대한 로페의 대표적 작품들로 각각 『과수원지기의 개 *El perro del hortelano*』와 『용감한 벨리사 *Las bizarrías de Belisa*』를 꼽을 수 있을 것이다. 우선 『과수원지기의 개』를 살펴보면, 제일 먼저 관객에게 다가오는 이 작품의 특징은 바로 작품의 특이한 공간적 배경이 창출해내는 환상적인 분위기일 것이다. 이 작품의 무대는 스페인이 아닌, 이탈리아의 나폴리 지방에 위치한 가공(架空)의 백작령인 벨플로르(Belflor)의 아름다운 여 백작 디아나(Diana)의 궁전이다. 일반인이 마음대로 출입할 수 없는 이곳이기에, 따라서 이 작품에 등장하는 인물들은 하나의 예외도 없이 벨플로르를 통치하는 디아나와 여러 귀족들 그리고 이들에게 종속되어 있는 하인들이 전부이며, 작품 전반을 통해 이들과 무관한 일반 서민은 단 한 명도 등장하지 않는다. 이러한 환상적인 분위기는 앞서 우리가 올슨의 이론에서 살펴본 바 있는 극중 상황에 대한 낯선 감정을 크게 두 가지의 형태로 관객들에게 유발시키는 기능을 한다. 즉 이태리의 실재하지도 않는 벨플로르라는 배경이 주는 공간적인 낯섦[31]과, 관객이 평소 경험할 수 없는 백작의 궁과 그 안에 거주하는 귀족들의 베일에 가린 신비스러운 생활로 인한 신분적인 낯섦[32]이 그것이다. 이 모든 것은 총체적으로 관객들에게 반일상성

---

31 이 작품의 공간적 배경이 주는 이국적이고 낯선 분위기는 물론 21세기가 아닌, 17세기적 관점에서 바라본 것이다. 지금으로부터 400년 전의 스페인 서민들에게 있어서, 이태리라는 외국의 어느 낯선 백작령과 이를 다스리는 아름다운 디아나의 대저택이 얼마나 낯설고 신비로운 이미지를 제공했었는지를 상상해볼 필요가 있겠다.

32 여기서 우리는 로페 시대의 연극이 상연되던 '코랄' 의 당시 관객들의 사회적 지위에 다시 한 번 주목할 필요가 있다. 앞에서 이미 살펴본 바와 같이, 당시 극장의 대다수를 차지하는 객석이 '파티오', '그라다스', '방코스' 등에 해당하는 서민들의 객석이었음을 잊지 말자.

(anti-cotidianidad)으로 다가와, 결국은 관객들로 하여금 눈앞에서 벌어지는 극적 상황으로부터 심리적으로 자유롭게 하여, 극적 상황이 내포하는 희극성을 좀 더 용이하게 포착하도록 해준다. 다시 말해서, 객관적인 관점으로 볼 때 별로 희극적이지 않은 상황도 앞서 언급한 환상적인 분위기로 인해 희극적이 될 수도 있다는 것이다. 이 작품에서 등장하는 늙은 귀족 루도비코(Ludovico)의 에피소드에서 우리는 이에 대한 좋은 예를 발견할 수 있다. 루도비코는 극중에서 오래 전 어린 외아들을 해적들에게 납치당한 뒤 아내까지 잃고 지금껏 상속자가 없어 근심스런 나날을 보내고 있는 한 늙은 백작이다. 그런데 이러한 그의 사정을 이용해, '익살꾼' 트리스탄(Tristán)은 디아나 백작과 신분적 불평등을 겪는 힘든 사랑을 하고 있는 자신의 주인이자 디아나의 비서인 남자주인공 테오도로(Teodoro)를 돕기로 결심한다. 즉, 트리스탄은 그리스의 부유한 상인으로 변장하여 루도비코 앞에 나타나, 테오도로가 사실은 예전에 죽은 줄만 알았던 납치된 그의 외아들이라는 허무맹랑한 거짓말을 한 것이다. 이에 보기 좋게 속아 넘어간 루도비코는 자신의 뒤를 이을 상속자를 되찾았다며 뛸 듯이 기뻐한다. 극중에서 우스꽝스럽게 그리스 상인으로 변장하여 재치 있게 거짓말을 늘어놓는 트리스탄과, 이에 깜빡 속아 넘어간 루도비코 백작의 아둔함이 어우러져 이 작품은 이 대목에서 희극적 절정에 다다르게 된다. 그런데 여기서 한 가지 주목해야 할 점은 이러한 상황이 희극적인 것으로 당시 관객들에게 다가갈 수 있었던 것이 바로 루도비코가 관객들에게 신분적 낯설음을 제공해주는 귀족의 신분이었기 때문이라는 사실이다. 다시 말해서, 객관적인 입장에서 본다면 루도비코의 상황은 희극적인 상황과는 다소 거리가 있어 보인다. 즉, 어린 자식과 아내를 잃고 슬픔 속에 생활하고 있다는 사실은 관객들에게 오히려 연민의 감정을 일으

킬 수도 있다는 것이다. 하지만 이러한 연민의 감정에서 벗어나, 오히려 트리스탄의 속임수에 넘어간 그의 어리석음에 웃음을 터뜨릴 수 있는 것은 관객들로 하여금 루도비코를 자신들과 동일시 할 수 없게 하는 극적 장치가 존재하기 때문이며, 루도비코와 관객들 사이에 형성된 신분적 낯설음이 바로 그것인 것이다. 관객들에게 루도비코가 자신들과는 전혀 격이 다른 사람이라는 사실을 새삼 일깨워주는 구체적인 예가 바로 3막 초반부에 나오는 루도비코와 그의 하인 카밀로(Camilo)간의 대화이다. 많은 재산과 권력에도 불구하고 자신을 상속할 자식이 없음을 한탄하는 루도비코 백작에게 카밀로는 재혼을 할 것을 권유하고, 이에 대해 루도비코는 다음과 같이 대답하며 이를 거절한다.

> 애석하게도 어느덧 수많은 해가 지났네. 이렇게 늙은 나이에 결혼을 한다는 것이 상속자를 얻기 위함이라면 비난을 면할 수도 있겠지만, 그래도 두려움이 앞서고, 그 두려움은 내 마음속에서 철저하게 잘잘못을 따지려 들 걸세. 그리고 설령 결혼했다 하더라도 자식을 얻는데 실패할 수도 있고, 그럼 내겐 쓸데없이 유부남이라는 딱지만 남을 것 아닌가. 늙은 남자와 여자는 느릅나무와 덩굴손과도 같다네. 여자가 아무리 애정을 가지고 그 늙은이를 보듬어 안아봤자, 늙은이는 점점 말라비틀어질 거고 여자는 넝쿨처럼 점점 뻗어나갈 것이네. (2732행-2745행)

경제상황이 극도로 피폐해졌던 당시의 서민들 중 루도비코 백작처럼 자신이 가진 것을 상속할 자식이 없다는 이유만으로 재혼을 고려할 정도로 많은 재산이 있는 자가 과연 얼마나 되었을까? 그리고 젊은 여자와 재혼을 하더라도 자식을 꼭 낳는다는 보장도 없을뿐더러 늙은이와 젊은 여자는 머지않아 말라빠질 느릅나무와 그 나무를 칭칭 감으며 한창 자라나는 넝쿨과도 같다며 재혼을 반대하는 루도비코에게 심정적으로 동의할 당시의 서민들이 과연 몇이나 되었을까?

트리스탄의 계략에 의해, 잃었던 아들을 다시 만날 수 있다는 터무니없는 기대와 흥분에 겨워 루도비코는 디아나 백작을 만나 다음과 같이 말한다.

> **디아나** : 백작님, 정말 좋으시겠어요. 저에게도 참 좋은 소식입니다.
> **루도비코** : 디아나 백작님, 제 아들은 현재 제가 자기 아비인줄도 모르는 채 디아나 백작님을 모시며 살고 있답니다. 아! 죽은 그 녀석 어미가 지금 살아있다면 얼마나 좋아할까! (3091행-3096행)

트리스탄과 같은 천한 신분의 하인에게 보기 좋게 속아 넘어간 어리석음에 더해서, 이미 세상을 떠난 아내까지 생각난다는 루도비코의 흥분된 말에 당시의 관객들이 웃음을 터뜨렸으리라고 상상하는 것은 어렵지가 않을 것이다. 물론 어리석다고 해서 반드시 웃음을 유발하는 것은 아니다. 그의 어리석음에 당시 관객들이 웃을 수 있었던 것은, 아둔함은 오로지 신분이 천한 자들에게만 보이는 행위라는 당시의 가치관에 기인한다. 즉, 마라발(1990b, 140-141)에 따르면, 17세기 당시의 스페인 사회에서 가장 필수적으로 요구되는 덕목은 바로 '현명함'(prudencia)이었으며, 관객들은 천한 신분의 인물이 아닌 바로 루도비코 백작에게서 이 '현명함'의 부재를 느꼈기 때문에 위에서 본 그의 어리석은 언행에 더욱 웃을 수 있었던 것이다.

트리스탄의 이러한 계략은 루도비코와 테오도로 간의 허위 '아나그노리시스'(anagnórisis)를 창출해내며 테오도로를 졸지에 귀족신분으로 만들어낸다. 그런데 여기서 주목해야할 점은 이 허위 '아나그노리시스'가 당시 기존 사회의 부조리한 신분적 구조에 대한 패러디로 발전된다는 사실이다. 즉, 부모가 귀족이면 자신도 태어나면서 자연히 귀족이 된다는 기존의 사회규범에 의해 강제적으로 세습되어지는 선천적 신분과 이런 제도가 갖는 부조리에 대한 패러디인 것이다. 요컨대, 관객들은 비서라는 천한 신분의 테오도로가 얼마나 황당하고도 엉터리 같은 방법으로 손쉽게 귀족이 되는지를 목격하면서, 기존의 사회구조 내에서 선천적으로 주어지는 신분이 사실은 얼마나 허망한 것에 불과한지를 느끼게 되는 것이다. 고정불변하며, 자신들과는 태어나면서부터 격이 다른 사람으로 알았던 귀족이라는 신분이 갖는 신비함과 이에 대한 경외는 트리스탄이 연출한 허위 아나그노리시스로 여지없이 패러디화(化)되며 관객들의 웃음거리로 전락하고 마는데, 이 패러디의 절정은 이 모든 사실을 눈치 챈 디아나의 본심이 드러나는 대목이다. 디아나는 자신의 비서 테오도로에게 매력을 느껴 마음 속 깊이 그를 사랑하게 되지만, 극의 초반부 그녀의 다음과 같은 독백에서 보듯, 아직은 명예를 무엇보다도 소중히 여기는 전형적인 당시 사회의 기득권층을 상징하는 인물이었다.

> 나는 수려한 테오도로의 외모에서 수도 없이 그의 우아함과 명석함을 느꼈지. 그가 만일 나와 같은 신분이라면 난 그의 재치와 고상함을 마음 놓고 인정해 줄 텐데. 사랑은 누구에게나 공통된 자연스러운 감정이지만, 난 나의 명예를 더 소중히 여길 수밖에 없구나. 나의 신분에 대해 사람들이 경외심을 갖는다는 사실이 참 마음에 들고, 더욱이 테오도로에 대한 지금 나의 생각을 나는 천한 것으로 여기고 있으니까. (325행-332행)

그러나 극의 후반부에 가서 테오도로가 정말 루도비코 백작의 잃었던 아들인 줄 알고 기뻐하던 디아나는 이내 이 모든 것이 트리스탄의 주인을 향한 충직한 마음에서 비롯된 날조된 사실임을 깨닫는다. 이 경우 만일 작가 로페의 의도가 부조리한 당시 사회의 신분제도에 대한 패러디가 아니었다면, 당시의 관객들은 사랑과 명예 사이에서 고뇌하는 슬픈 디아나의 모습을 목격해야 했을지도 모른다. 그러나 디아나는 이내 마음을 가다듬고, 양심의 가책과 두려움에 떨고 있는 테오도로를 오히려 격려하며 그보다도 더 적극적이고 용의주도하게 트리스탄이 꾸민 계략에 참여한다. 자신보다 신분이 낮은 남자를 사랑하는 것을 수치로 여겼던 초반부의 디아나는 이제 무대에 존재하지 않는다. 또한, 아무 망설임 없이 이 모든 날조된 사실을 받아들이고 심지어 다른 사람들을 속이면서까지 테오도로와 결혼하기로 한 지금의 디아나 백작에게서 관객들은 그녀가 지금 부조리한 신분계층의 사회를 조롱하고 있다는 사실과, 이를 통해 개개인에게 선천적으로 주어지는 신분이 얼마나 덧없는 것인가를 확인할 수 있는 것이다. 결국 만인의 축복 속에 디아나와 결혼을 약속한 테오도로는 다음과 같은 말을 관객들에게 남기며 극을 맺는다.

> 존경하는 관객 여러분, 이것으로 『과수원지기의 개』라는 유명한 연극을 끝마칠까 합니다. 여러분들께서는 아무에게도 지금 보신 테오도로의 비밀을 얘기하지 말아주세요. (3378행-3383행)

이로써, 가짜 귀족이라는 이 엄청난 거짓말은 이제 당사자인 디아나와 테오도로, 그리고 이 거짓말을 만들어낸 트리스탄만이 아는 영원한 비밀이 되었고, 테오도로가 이 불장난에 관객들을 공범으로 끌어들임으로써, 극중 주인공들은 불합리한 신분제도의 기존 사회를 관객들과 함께 통렬히 비웃고 있는 것이다.

1.2.2.2. 일상적 희극성

사회의 이러한 종적인 기존 가치관에 대한 비판뿐만 아니라 성차별과 같은 횡적인 기존 가치관에 대한 비판도 역시 로페의 희극에서 찾아볼 수 있다. 위에서 언급한 디아나도 역시 그랬지만, 『용감한 벨리사』의 여주인공 벨리사(Belisa)는, 당시 사회의 여성들이 그러했듯이 남성에 의해 선택되어지기만을 다소곳이 앉아서 기다리는 기존의 통념을 여지없이 깨뜨리고 만다.[33] '망토와 검의 극' 또는 '대도시 배경 연극'으로 분류되는 이 작품은 앞서 언급된 바 있는 '일상적 희극성'을 나타내는 로페의 대표적 작품이라 할 수 있다. 따라서 이 작품의 무대가 되는 곳은 당시 일반 서민들이 일상생활에서 늘 지나치게 되는 실제 마드리드의 거리들이다. 그리고 등장하는 인물들 역시 서민들과 격리되어 궁전에서 신비롭게 생활하는 귀족들이 아닌, 관객들과 동시대의 일상생활에서 흔히 마주칠 수 있는 유한계급의 마드리드 젊은이들이다. 즉, 신분은 그리 높지 않으나 천하지도 않으며, 물려받은 재산이 많거나 부모가 부유함으로 인해 특별히 일을 할 필요가 없는 당시의 도시 부르주아적 젊은이들이 바로 이 작품의 주인공들인 것이다. 그러므로 이 작품에서 관객들이 느낄 수 있는 희극성은 이전 작품에서

33 워드로퍼(1978, 225)에 의하면, 17세기의 여성들은 주체적으로 남성을 고를 권리가 없었고, 더 나아가 당시 남성들의 소유물 정도로 여겨졌을 뿐이다. 다시 말해, 17세기의 사회 자체야말로 여성 권리의 가장 큰 적이었고, 이러한 사회 분위기 하에서 여성은 큰 문제가 없는 삶을 유지하기 위해 기존의 남성 중심적 사회와 어떻게 타협해야하는지를 터득해야만 했다.

와 같이 공간적, 신분적 낯설음에 기초하는 것이 아니라, 그 출발점은 바로 작품 자체가 갖는 분규, 뒤얽힘, 또는 복잡다단한 줄거리 구조라 할 수 있는 것이다. 따라서 이 작품에 종종 나오는 벨리사의 기이하고도 터무니없는 행동이라든지, 벨리사–돈 후안–루신다(Lucinda)–엔리케(Enrique) 간의 복잡한 사랑을 둘러싼 음모와 오해, 속임수와 배신 등등도 모두 이러한 관점으로 바라보아야 한다. 요컨대, 이전 작품에서는 주인공들과 극중에서 그들이 속한 사회에 대해 관객들이 낯설게 느꼈다면, 『용감한 벨리사』에서는 주인공들이 자신들과 관객이 속한 사회에 대해 반감을 가지며 이에 수동적으로 소속되기를 거부하는 것이다. 다시 말해서, 관객들은 극중 배경이 되는 자신들의 실제 사회에 적응하지 않고 이를 비웃는 주인공들의 태도에 대해 낯설음을 느낀다고 할 수 있으며, 이러한 낯설음이 바로 이 작품이 갖는 희극성의 출발점이 되는 것이다. 그러므로 이 작품의 주인공들은 공통적으로 무절제하거나 반항적이고 냉소적인 태도로 일관한다. 구체적으로 살펴보면, 남자 주인공 돈 후안은 장자상속이라는 당시의 그릇된 사회적 제도의 희생양으로, 차남이라는 이유로 부득이하게 군복무를 한 인물로서, 군대에서 루신다라는 여자에게 반해 모든 것을 탕진하고 이를 안 아버지로부터 버림까지 받은 몰락한 군인이다. 이런 그가 사회에 대해 반항적이거나 냉소적인 태도를 보이는 것은 당연한 일일 것이다. 한편 여주인공 벨리사의 연적인 루신다가 돈 후안과의 관계에서 오로지 관심을 가지고 있는 것은 사랑에 대한 진실되고 헌신적인 감정이 아니라, 어떻게 하면 그와의 사랑에 있어 자신이 주도권을 쥘 수 있으며, 어떻게 하면 그가 자기 앞에 무릎을 꿇고 사랑을 애걸하게 만들까 하는 문제에만 집중되어 있다. 루신다는 내심 돈 후안을 사랑하나, 이런 이유로 늘 그에게 냉소적인 태도로 일관한다. 다시 말해, 경쟁자인 벨리사나 사랑의 대상인 돈 후안 모두에게 그녀는 탐욕스럽고 유별난 인물인 것이다. 벨리사 역시 당시의 관례화 된 여성의 이미지에서 탈피하여 돈 후안과의 사랑에 있어서 주도권을 굳게 움켜쥐는 미모의 여장부로 묘사된다. 구체적으로 말해서, 작품의 초기에 벨리사의 친구 셀리아(Celia)가 돈 후안과의 사랑에 빠진 벨리사를 나무라며 한 다음의 대사에서 짐작할 수 있듯이, 벨리사는 돈 후안을 사랑하게되기 전까지만 해도 자기를 사랑하는 모든 남자를 경멸하고 조롱하며 이용하는 것을 즐겨온 여자였다.

> 넌 지금 네가 그 동안 수많은 남자들에게 주었던 상처에 대한 대가를 치르고 있는 거야. 다른 여자가 증오하여 아무렇게나 대하다가 차버린 남자를 사랑하는 것은 미친 짓이야. (298행-302행)

그럼에도 불구하고 벨리사는 그저 남자를 조롱하는 것만으로 만족해하는 여자가 아니다. 자기가 진정으로 사랑하게 된 돈 후안을 만나자 그녀는 그에게 먼저 프러포즈를 직접 하는가 하면, 자기를 만나러 오지도 않는 그에게 섭섭한 감정을 숨기지 않고 드러내는 적극성을 보인다. 그러나 무엇보다도 이 작품을 통해 관객들의 관심을 집중시키는 것은 바로 아름다운 벨리사에게는 어울리지 않는 그녀가 지닌 남성적 용맹함과 믿기 힘든 괴력이다. 그녀는 돈 후안을 돕기 위해 칼을 들고 남자들과의 결투도 마다하지 않고, 남장을 한 채 위험에 처한 돈 후안을 구해주는 등, 때로는 뛰어난 무사처럼 총명하고 용맹하게, 때로는 훌륭한 대장부처럼 관대하고 아량이 넓게 행동한다. 즉, 작품의 제목이 말해주듯이, 벨리사의 아름다움은 여성에 대한 당시의 기존 관념처럼 결코 나약하고 수동적인 아름다움이 아닌 것이다. 물론, 후안 마누

엘 로사스(Juan Manuel Rozas)(1976, 118-119)의 설명에서 보듯이, 17세기 당시의 극에서 여자 배우의 남장은 관객의 눈을 즐겁게 하기 위해 극작가들이 심심치 않게 썼던 기교였지만, 이전 작품의 테오도로가 그러했듯이, 벨리사의 애인 돈 후안이 작품 내내 형편없이 몰락하고 타락한 군인으로 능력도 없고 무기력한 남자로 묘사됨으로써 늠름한(?) 벨리사와 확연한 대비를 이룬다는 사실은 관객의 눈요기 이상의 메시지가 담겨 있다고 볼 수 있는 것이다. 실제로 이 작품에서 벨리사와 돈 후안은 관객들에게 당시 연극에서의 전통적인 남녀역할이 뒤바뀐 듯한 인상을 주고 있다. 예를 들어, 방금 언급한 벨리사의 남성적 용맹함과 처신 외에도, 돈 후안은 많은 재산을 소유한 벨리사에게 선택되어져 자신의 운명을 한 번 바꿔보려는 소극적이고 수동적인 이미지를 나타내 보인다. 앞서 살펴보았듯이, 여자는 남자에 의해 선택되어지는 소유물에 불과하다는 당시의 기존 개념에 비추어 보건대, 이는 남성 중심적 시각으로 모든 것을 바라보았던 당시의 관습에 대한 조소라 할 수 있을 것이다. 다음의 대사에서 보듯이, 벨리사와 돈 후안을 떼어놓으려는 루신다의 계략에 이미 넘어간 벨리사가 돈 후안과의 관계를 끝내려하고 있다는 사실도 모른 채, 돈 많고 아름다운 벨리사와 결혼해서 현재 자신의 비참한 신세를 고칠 수 있을 것이라는 기대에 들떠 그녀에게 온갖 아첨을 떠는 처량한 남자 돈 후안을 무대에서 바라보며, 관객들은 당시의 남성 중심적 잣대와, 여성들의 고통을 외면한 채 이를 이용해 자신들의 기득권을 챙기려는 남성들에 의한 부조리한 기존 관습이 여지없이 조롱당하고 있음을 느꼈을 것이다.

돈 후안 : *(테이요에게만 들리게)* 벨리사가 가져올 결혼 지참금이 이 집을 빼고도 삼만 두카도가 넘어.

테이요 : 게다가 보석들, 값비싼 옷들 그리고 장신구들은 또 어떻고요? 그게 다 진흙으로 만들었을 리도 없지 않습니까? 나리는 행운아이십니다. 그리고 잊지 마십시오. 결혼하시면 제게 마님의 하녀 피네아를 꼭 주셔야 합니다.

돈 후안 : 그렇게 하도록 하지.

테이요 : 어? 여기에 마님 일행이 있었나요?

돈 후안 : 나의 행복, 나의 마님. 이미 내 영혼은 당신의 부재를 원망하고 있었소.

벨리사 : *(방백으로)* 아, 이를 어쩌지! 좋은 방법은 그에게 등을 돌려 외면하는 것이야.*(퇴장)* (1830행-1843행)

한 편, 당시의 남녀 성차별을 이야기할 때 빠질 수 없는 것이 또한 여성의 정조 문제일 것이다. 이 작품에서 벨리사는 한 밤 중에 자기 방에서 돈 후안을 포함한 세 명의 남자들의 침입을 받는다. 물론 이들 세 남자들의 침입은 벨리사의 명예를 더럽히기 위한 것은 아니었지만, 아무튼 당시 사회의 분위기에선 심각한 사안이 아닐 수 없었을 것이다. 그러나 작가 로페는 오히려 당시 사회의 기존 관념을 교묘히 역이용해 이를 희극적 터치로 분위기를 반전시킨다. 다시 말해서, 이 극에서 벨리사는 남편이 있는 몸도 아니고, 극 전반에 걸쳐서 그녀를 비난할 만한 아버지나 오빠가 등장하는 것도 아니다. 이는, 벨리사에 대한 스턴(1982, 21)의 표현을 빌면, 여자가 어떤 사람인가가 아닌, 어떻게 보이는가에 따라 그 여자의 명예가 좌우된다는 당시 사회의 분위기 덕에, 역설적으로 벨리사의 명예는 아무런 상처도 입지 않을 수 있었던 것이고, 이는 여성의 명예 또는 정조에 대한 당시의 기존 관념이 가지고 있던 부조리한 면을 풍자한 것이라 할 수 있는 것이다. 벨리사의 방에 몰래 숨어 있던 돈 후안과 그의 신하 테이요(Tello)를 발견한 엔리케는 벨리사가 자신 몰래 이들을 숨겨준 줄 알고 분노가 치밀었으나, 이를 참고 돈 후안과의 결투도 없이 사라진다. 왜냐하면 엔리케는 벨리사를 짝사랑할 뿐, 결코 그녀의 정조를 지켜야할 남편은 아니기 때문이다. 아마 엔리케가 벨리사의 남편이었다면 돈 후안은 즉시 그의 칼에 죽음을 당했을 것이고, 그 반대의 경우를 가정하는 것도 역시 가능할 것이다.

1.2.2.3. 권선징악의 부재: 화합과 화해

이상에서 살펴본 로페의 극에 나타난 진보적 희극성들은 극중에서의 그 실현을 위해 당시 연극에서 관례화 된 개념을 생략하는 경향을 보이기도 한다. 그 대표적인 예가 도덕적 결함을 지닌 인물들 또는 주인공에 대항하는 나쁜 인물들에 대한 권선징악(justicia poética)의 부재이다. 예를 들어 『과수원지기의 개』의 디아나와 테오도로는 변덕스럽고 언행이 불일치하며 사납고 배은망덕한 인물과, 매사에 소심하고 비겁하며 기회주의적인 인물로 각각 묘사되고 있는데, 특히 디아나는, 가짜 귀족신분이 탄로나 무서운 형벌을 받을까 두려운 나머지 그녀와의 결혼을 꺼리는 테오도로를 위해, 그의 비밀을 누설할 가능성이 있는 유일한 인물인 하인 트리스탄을 아무도 몰래 살해할 계획을 세울 정도로 섬뜩하고 잔인한 면을 보이기도 한다. 그러나 이들은 이러한 비도덕적 성향에 대한 그 어떤 처벌도 받지 않고 오히려 그들이 원하는 바를 성취한다. 그리고 줄곧 테오도로를 괴롭혔던 연적들인 리카르도(Ricardo) 후작과 페데리코(Federico) 백작도 극의 결말에 가서는 그와 화해하고 그와 디아나의 새로운 출발을 축하해준다. 뿐만 아니라 속임수의 희생양인 루도비코 백작도 오히려 그 속임수 덕에 자신을 계승할 후계자 문제를 해결하는 행운을 얻게 되는데, 이 역시, 일반적으로 주인공들에 의한 속임수의 희생양은 그 탐욕스러움과 정신적 · 윤리적 어리석음으로 인해 결국 벌을 받게 되는 당시 극의 관례와 반대되는 것이라 할 수 있다. 『용감한 벨리사』의 무능한 돈 후안과, 질투로 벨리사를 모함하며 끊임없이 그녀를 괴롭혀온 루신다 또한 권선징악적 결말로부터 비켜간다. 오히려 돈 후안은 벨리사의 현명한 행동 덕에 그녀와의 결혼을 성취할 수 있었으며, 루신다도 극의 결말에 가서 돈 후안을 단념하는 대신 벨리사와 화해를 하고 벨리사를 짝사랑하던 엔리케와 결혼을 하게 된다. 그리고 벨리사 역시 도중에 루신다에게서 돈 후안을 가로채 결혼까지 한 셈이 되었지만, 이런 결점은 극의 결말에 이루어진 화합과 화해를 통한 해피엔딩 속에 파묻혀 버린다. 극의 결말에 일어나는 것은 오직 주인공과 그 반대 인물들 모두를 아우르는 화합과 화해, 그리고 이들 모두가 참여하는 논리적 질서가 지배하는 새로운 사회로의 도약인 것이다. 이는, 앞서 프라이와 랑그의 이론에서 살펴본 바와 같이, 로페가 이 두 작품을 통해 시도했던 것은 악에 대한 도덕적 판단이라기보다는 바로 부조리에 대한 사회적 판단이라고 할 수 있기 때문이다. 요컨대, 희극의 주제는 윤리적 문제로부터 자유롭다.

1.3. 맺는 말

그렇다면, 기존의 모순된 사회를 탈피해서 도달한 논리적 질서의 새로운 사회는 구체적으로 어떻다는 것인가? 지금까지 살펴본 두 순수 희극 작품에서 로페는 이에 대한 해답을 명확히 내놓지는 않았다. 다시 말하면, 페이블먼의 이론에서처럼, 로페는 이에 대한 해답을 관객들의 몫으로 남겨 놓았다고 할 수 있는 것이다. 그리고 로페는 관객들이 그의 작품을 관람한 후 마음속에서 상상하는 구체적인 새로운 사회상을 그들의 실제 생활에서 꿈꾸며 살아가길 원했을 것이다. 이것이야말로 워드로퍼(1978, 232)가 주장한 당시 17세기 스페인 연극이 가지고 있었던 중요한 기능, 즉 '비합법적인 욕구를 합법적으로 분출하는 것을 가능하게 해주는' 기능이 아닐까? 지금까지 살펴보았듯이, 로페는 이러한 기능을 특히 순수희극을 통하여 절묘하게 실현하였던 것이다.

첨단 미디어 산업이 극도로 발달한 21세기를 사는 우리들에게, 지금으로부터 400년 전의 스페인 사회를 살았던 사람들이 당시의 노천극장에서 연극을 보며 얼마만큼 열광했었는지를 심정적으로 이해하기란 사실 불가능할 것이다. 그러나 아무튼 로페 시대에 연극이 일반 대중으로부터 엄청난 인기를 누렸다는 것은 사실이며, 바로 이 시기부터 연극의 본격적인 상업화가 이루어진 것이다. 이 시점에서 우리가 인정해야할 것은, 17세기 대부분의 극작가들은 당시 극 창작의 정치적 · 경제적 주된 흐름으로부터 자유로울 수가 없었다는 것이다. 즉, 경제적으로는 흥행에 성공할 수 있는 작품을 의미하고, 정치적으로는 당시 기득권층의 이데올로기에 부합되어야 한다는 것이다. 우리가 로페의 극작품들을 논할 때 엄연히 전제해야 할 것은 그도 역시 이러한 상황에서 그리 자유로울 수 없는 당시의 극작가였다는 점이다. 오늘날의 관점으로 그러한 로페를 바라본다면, 그에게서 보수적이라는 꼬리표를 떼어내기는 힘들지도 모른다. 따라서 여기에서 살펴본 두 개의 희극작품이 가지고 있는 진보적 희극성이라는 것도 오늘날의 관점으로 해석해 본다면 사실 그렇게 새삼스러울 것도 없는 것일지도 모르겠다. 그러나 우리는 그가 속했던 17세기의 관점으로 그의 작품을 바라볼 필요가 있다. 다시 말해서, 그의 순수희극 작품에 반영되어 있는 진보적 희극성을 판단할 때, 그 당시보다 상대적으로 정치, 경제적 논리로부터 자유로운 극 창작이 가능한 오늘날을 살아가는 우리는 어떤 면에서 좀 더 관대하게 400년 전 쪽으로 우리의 눈높이를 맞출 필요가 있는 것이다.

극중 비서가 자신이 모시던 여자 백작과, 그것도 그녀와 짜고 만인을 보기 좋게 속이고 신분을 위장해가며 그녀와 결혼함으로써 기존의 불평등한 신분제도를 조롱하고 이를 통해 관객들에게 즐거움을 준다는 것은, 비슷한 상황을 지닌 당시의 여타 희곡작품들과 비교해 본다면 상당히 진보적이라 아니할 수 없을 것이다. 마찬가지로, 여성을 남성이 선택할 수 있는 하나의 소유물 정도로 여겼던 당시의 가치관에 비추어 보건대, 여주인공 벨리사가 화려한 검술과 용맹으로 자신의 남자 파트너를 압도하고 그와의 사랑에서도 완벽하게 주도권을 쥐며, 오히려 이런 뒤바뀐 남녀 역할로 인해 관객들에게 다양한 재미를 선사한다는 사실에서도 우리는 기존의 희극적 패러다임을 극복하려는 작가 로페의 진보적인 희극성을 엿볼 수 있는 것이다.

2. 로페의 『분수를 아는 시골사람』과 '부유한 농민'의 문제

2.1. 『분수를 아는 시골사람』의 소개

여기서 살펴보고자 하는 로페의 연극 『분수를 아는 시골사람 *El villano en su rincón*』은 주인공인 후안 라브라도르(Juan Labrador)와 왕(Rey)간에 벌어지는 기상천외한 사건을 다룬 작품으로서, 왕의 등장으로 인해 자칫 무거워질 수 있는 극의 분위기를 작가가 특유의 희극적 터치로 유도해낸, 그의 희극적 상상력이 유난히 돋보이는 로페의 대표적 극작품들 중의 하나라 할 수 있다. 이 작품에서 로페는 관객들을 프랑스의 수도 파리에서 약 2 레구아(legua) 가량 떨어진 미라플로르(Miraflor)라는 한 가상의 시골 마을로 초대하여, 이 마을에서 가장 많은 재산을 가진 후안이라는 농부와 우연히 이 마을을 찾은 프랑스의 국왕이 뜻밖의 기회를 통해 만나게 되면서 시작되는 환상적이고 관객의 예상을 뛰어넘는 색다른 이야기를 전개시킨다.

그런데 이 연극이 가질 수 있는 주제는 어떤 시각으로 이 작품을 바라보느냐에 따라 그 해석이 천차만별로 바뀔 수 있다. 즉, 스페인 황금세기 연극의 영원한 주제라 할 수 있는 사랑과 명예라는 코드로 이 작품을 해석해 볼 수도 있고, 또한 당시 스페인 사회의 커다란 화두였던 불평등한 신분 문제 쪽으로 이 작품의 주제를 몰고 갈 수도 있을 것이다. 그러나 이 작품의 가장 중요한 사건의 축을 이루는 것이 바로 왕과 주인공 후안 간의 문제라고 봤을 때, 무엇보다도 사회 · 정치적 시각을 바탕으로 한 '절대군주제'와 당시의 신분 문제에 그 초점을 맞추는 것은 피해갈 수 없을 것 같다. 특히 이 연극은 당시의 '부유한 농민'과 이와 관련된 신분 문제를 중심으로 한 접근이 우선적으로 필요할 것으로 보인다. 따라서 여기에서는 이를 위해 작가 로페가 이 극작품을 통해 절대군주제의 모습을 구체적으로 어떤 식으로 부각시키고 있는지, 그리고 이것을 주인공 후안의 운명과 어떻게 관련시켜 볼 수 있는지를 중점적으로 관찰해 보고자 한다.

2.2. '부유한 농민' 후안 라브라도르와 절대왕정

주지하는 바와 같이, 로페 시대의 스페인 사회가 직면했던 수많은 문제점들 중 가장 심각했던 것은 다름 아닌 피폐된 경제 상황이었다.

이미 펠리페 2세 시대부터 하락의 기미가 보이기 시작한 국가의 재정은 17세기 펠리페 3세(1598-1621)가 왕위에 오르면서 사회의 각 부문에서 그 궁핍의 참담한 결과를 여실히 나타내기 시작한다. 그리고 이러한 위기를 극복하기 위해 사회 개혁을 절실히 요구하는 목소리가 곳곳에서 들려오게 되는데, 그 당시 개혁을 외쳤던 세력은 크게 두 가지 방향으로 나누어 볼 수 있다. 앞서 이미 살펴보았듯이, 하나는 진보적 가치관에 입각하여 당시 사회의 부조리한 면들을 제거함으로써 진정한 사회 개혁을 성취하려 했던 진보주의적 세력이고, 또 다른 하나는 수구적 성향을 바탕으로 그동안 유지되어왔던 기존의 사회 체제를 더욱 공고히 함으로써 사회 전체를 보수적 방향으로 재정비하려 했던 기득권 세력이다. 주지하듯이, 전자의 대표적인 예는 16세기 인문주의적 사고방식에 기초를 둔, 소위 '개인주의자'라 불리었던 이들이라 할 수 있고, 후자는 당연히 당시 사회의 지도계층에 위치에 있었던 기존 제도의 수혜자들이었다.

펠리페 3세가 즉위할 때 즈음 이 두 세력은 사회 내에서 비교적 평행선을 그으며 공존하였으나, 진보적 개혁을 외치는 세력은 그들의 지나치게 이상주의적이고 실현 불가능성을 내포한 개혁안으로 신랄한 비판과 조롱의 대상이 됨으로써 이내 그 목소리가 묻혀버리게 되었고, 반면 보수적 성향의 기득권 세력이 주도하는 사회 재정비 작업은 점점 탄력을 받게 된다. 그 시대의 사회상을 작품 내에서 가장 온전하게 반영하고 있는 황금세기의 또 다른 불후의 명작 『돈키호테』에 나오는 다음과 같은 대화에서도 우리는 그 당시 '개인주의자'들이 주장하였던 개혁안의 허무맹랑한 일면들을 어렵지 않게 짐작할 수 있다.

이발사도 신부와 같은 생각을 하고, 진언해서 채용되었으면 좋았을 것이라고 말한 그 방위 조치라는 것이 대체 어떤 것이냐고 돈 끼호떼에게 물었으며, 어쩌면 흔히 사람들이 상부에 올리는 그 숱한 터무니없는 건의 목록에 실릴 만한 엉터리인지도 모르겠군, 하고 덧붙였다.

"내 것은, 수염 깎는 양반" 하고 돈 끼호떼가 말했다. "터무니없는 것이 아니라 터무니 있는 건의요"

"아니 그런 생각으로 말한 것이 아닙니다." 하고 이발사는 기를 쓰고 말했다. "다만 여태까지의 예를 보면 폐하에게 올라간 건의 중 전부 다 라고는 할 수 없으나, 아예 불가능한 터무니없는 엉터리가 아니면 오히려 국왕이나 국가에 해를 끼칠 만한 것이 대부분이라서 그만 그런 말이 입 밖에 나오고 말았지요." (김현창 역, 『속 돈 끼호떼』, 15-16)

한 편 당시의 기득권 계층이 표방하는 사회적 위기 탈출 방안으로서의 사회적 재정비가 의미하는 것이 바로 철저하게 고정불변한 피라미드식 신분 계층구조를 기반으로 하는 '절대왕정'(monarquía absoluta-señorial)의 확립임은 주지의 사실이다. 그리고 이 절대왕정제는 펠리페 3세 시대를 거치며 스페인 사회에 확고부동하게 자리를 잡게 된다.

마라발이 그의 저서에서 다음과 같이 지적하였듯이, 절대왕정제의 전제조건인 피라미드식 신분 체계는 계층 간의 이동이 예외적으로 발생할 수도 있었으나 이는 개인적인 사건에 불과하며 이 또한 사회 구성원들의 기존 서열 체계를 무너뜨리지 않는 범위 내에서만 가능하였고, 그 구조상 신분 상승은 원칙적으로 봉쇄되어 있었다.

신분 상승의 경우는 존재하였다. 그러나 이는 개인적인 경우였으며 예외적인 성격의 것이었다. 신분 상승의 욕망이 합법적이고 바람직한 방

> 향으로 해결되기 위해선, 이러한 욕망이 부적절하게 팽창함으로써 안정된 사회 체계의 근본을 뒤흔들 수 없도록 하는 철저하게 제한된 범위 내에서, 그리고 이미 형성된 기존의 방식에 순종한다는 조건 하에서만 가능하였다. (1990a, 36)

한 편 국가로서는 납세와 병역의 의무를 수행하며 피라미드 신분 구조를 밑에서 떠받치고 있는 대다수 서민 계층의 노고와 불만을 무마시킬 필요가 절실하였다. 더군다나 이 경우, 바닥난 재정의 문제를 심각하게 안고 있던 국가로서는 그나마 재정적으로 근근이 버틸 수 있는 여지를 마련하기 위해서는 이 납세자들의 존재가 더없이 절실하였던 것이다. 그러나 국가가 주목하였던 것은 모든 납세자들이 아니었고, 당시 스페인 사회에 존재했던 바로 '부유한 농민' 계층에 속한 자들이었다. 왜냐하면 그들의 풍부한 재산이야말로 당시의 기득권 계층이 각종 의무로부터 벗어나 무한히 누릴 수 있는 권리들을 경제적으로 담보해 줄 수 있는 가장 중요한 재원이었기 때문이다.[34] 『돈키호테』 1부 28장에서 도로테아가 언급한 자신의 아버지에 대한 다음과 같은 설명을 살펴보면, 우리는 본 논문에서 다루고 있는 당시의 '부유한 농민'이라는 계층의 구체적인 실체를 좀 더 쉽게 짐작할 수 있다.

---

34 이러한 사회적 상황을 반영하고 있는 당시의 연극에 대해 마라발은 다음과 같이 설명하고 있다.

> 연극이 부유한 농민에게 알리려고 한 것은 그와 그의 자식들이 기득권 계층에 매우 근접해 있고 그 기득권 계층에 쉽게 편입될 수 있다는 사실이었다. 이때부터 연극에서는 부유한 농민들이 보통의 보잘 것 없는 농민들과 확연하게 구분되기 시작하였다. (1990a, 46)

저의 불행은 뛰어난 혈통을 갖지 않았기 때문에 일어난 걸지도 몰라요. 사실, 제 부모님의 지위가 수치스러울 만큼 비천하지는 않았지만, 제 불행의 원인이 부모님의 낮은 신분 때문이라는 생각을 떨쳐버릴 수 있을 정도는 안 되었거든요. 부모님은 농사를 짓는 평민입니다. 악평이 자자한 이교도 혈통은 전혀 안 섞인 순수 혈통의 기독교인이지요. 하지만 엄청난 부와 뛰어난 사교술 덕문에 하급 귀족이란 이름을 얻고, 기사라는 칭호까지 받았지요.(박철 역, 375-376)

요컨대, 당시 기울어질 대로 기울어진 스페인 사회를 그나마 재정적으로 지탱하는 역할을 하였던 가장 커다란 세력 중의 하나가 바로 이러한 부유한 농민 계층이었던 것이다.

이와 같은 사실은 『분수를 아는 시골 사람』 작품 내에서도 상징적으로 나타난다. 우선 작품의 주인공 후안 라브라도르에 대해 살펴보면, 그와 그의 하인 살바노(Salvano) 간의 다음과 같은 대화에서 우리는 부유한 농민으로서 그가 소유하고 있는 엄청난 부를 어렵지 않게 짐작할 수 있다.

후안 : 몇 명이나 밭을 갈러 나왔느냐?

살바노 : 장정 스무 명인뎁쇼, 열 명은 황소로 밭을 갈 거고, 다른 열 명은 노새로 밭을 갈 겁니다요.

후안 : 과연 어떤 왕들이 나를 부러워하지 않을쏘냐? 살바노야 네 수레를 가지고 암자의 포도밭으로 가거라.

살바노 : 비가 와서 경작지 대부분이 진흙이 되었습니다요. 놀고 있는 노새를 한 마리 데려가야 할 것 같은뎁쇼.

후안 : 그럼 아예 네 마리를 데려가려무나. 하느님께서 소와 노새를 나

에게 무수히 주시지 않았느냐. 너무 많아서 나도 내가 몇 마리를 가지고 있는지 조차 모르겠구나. *(살바노 퇴장)* (305행-316행)

물론 후안은, 비록 이렇게 많은 재산을 소유하고 있지만, 다른 여타 농부들과 마찬가지로 평민이라는 내세울 것 없는 신분에 속한 사람일 뿐이다. 즉, 그는 자신의 삶에서 신분적인 명예나 세속적인 권력은 하나도 누리지 못하고 있는 것이다. 그러나 오히려 그는 이러한 명예나 권력을 경멸하고, 근심걱정 없는 평화로운 생활과 함께 하느님을 섬기며 자신의 근면성으로 일구어 낸 풍족한 재산으로 더없는 행복을 누린다. 우리는 이러한 후안이 얼마나 하느님께 감사해 하고 또한 현재 자신의 삶에 얼마나 만족하며 살고 있는지를 다음과 같은 그의 대사들에서 엿볼 수가 있다.

무한한 감사를 하느님 당신께 드립니다. 왜냐하면 당신은 제가 살고 있는 이 땅에서 제가 만족해하며 살 수 있도록 해 주셨기 때문입니다. 저는 생각과 마음에 그토록 많은 열정을 입힌, 명예와 야망으로 슬퍼할 수밖에 없는 조신들과 반대의 삶을 살도록 돼 있는 것 같습니다. 저는 명예에 개의치 않고 저와 같은 부류의 사람들과 함께 품위를 지키며 살고 있기 때문이지요. 저는 궁궐에서 2레구아 떨어진 이 조그만 마을에서 태어났고 60년 동안 저는 단 한 번도 궁궐을 가본 적이 없습니다. 또한 당신께 그 궁궐을 보게 해달라고 기도한 적도 없고요. 비록 그곳에서의 매우 낯선 풍요로움과 함께 생활하는 것이 중요하다 할지라도 말입니다. (299행-404행)

저는 한 군인이 천 개의 다리와 팔을 가졌다 할지라도 그를 조롱합니다.

> 그 군인은 언젠가 모든 팔과 다리를 잃을 것이기 때문입니다. 또한 다른 불행한 자들도 마찬가지입니다. 그들은 풍요의 머리카락을 움켜쥐고 그들의 헛된 생각을 그 머리채에 매달면서 마치 경작할 땅이 모자라기라도 하듯 바다에서 밭을 가는 허황된 일을 멈추지 않습니다. 그들은 바람도 마실 수 있을 거라고 생각하는 듯합니다. 오, 주여! 불확실한 무덤을 찾아 헤매는 인간의 저 광기여! (412행-424행)

한 편 후안에게는 같은 부류의 다른 사람들과 구별되는 독특한 면이 있다. 즉, 그는 단순히 높은 신분의 자들이 갖는 권력을 부러워하지 않을 뿐만 아니라, 절대군주인 왕을 절대로 만나려 하지 않는다는 것이다. 다음의 그의 대사들에서 보듯, 후안은 자신의 아들 펠리시아노(Feliciano)에게 그 이유를 세 가지로 설명하고 있다. 첫 째는, 부유한 농민으로서 왕으로 대변되는 국가에게 재정적인 도움을 주는 것으로 자신의 역할은 충분하며, 그 역할을 온전히 수행하였다면 굳이 왕을 볼 일이 없다는 것이다.

> 만일 폐하께서 이 미친한 농부인 나에게 10만 에스쿠도를 빌려달라고 요청하신다면, 그리고 그런 엄청난 액수가 나에게 있다면 난 기꺼이 꾸어드리겠어 (꾸어드리긴, 그냥 드리는 거지). 난 폐하께 내 모든 재산을 드릴 용의가 있단 말이다. 양과 황소까지도. 하지만 폐하께 누가 되지 않는다면 난 절대로 폐하를 만나보지 않을 거야. (499행-508행)

두 번째 논리는, 왕은 모든 것의 주인이며 왕의 은혜를 입지 않고 살아가는 사람은 아무도 없지만, 왕이라는 존재는 너무나도 지고한 것이라서 미천한 자신으로서는 도저히 그를 제대로 바라볼 수가 없다는 것이다. 이에 대해 후안은 다음과 같이 말하며 절묘하게 왕을 태양에 비유한다.

> 나는 폐하를 섬기고 싶을 뿐이지 직접 뵙고 싶지는 않아. 그건 마치 태양 덕분에 우리가 사물을 볼 수 있지만 그 태양을 똑바로 바라볼 수는 없는 것과도 같지. 난 폐하를 그런 태양과도 같다고 생각해. (511행-514행)

마지막으로, 왕을 만나보려는 헛된 야망이야말로 자신의 행복을 망치는 주된 원인이 될 수 있다는 것이다. 즉 후안은 자신이 왕을 만나게 되는 순간 지금 자신이 누리고 있는 행복이 끝날 수도 있다고 생각하며 두려워하고 있는 것이다.

> 혹독한 야망이여! 공중에 건물을 지으며 너는 무엇을 하려 하느냐? 가장 거창한 일들이 가져오는 결과라야 죽음의 그림자밖에 없는 것을. (533행-536행)

한 편 우연히 후안의 마음을 들르게 된 왕은 후안의 이러한 유별난 면을 알게 되고, 후안에 대해 호기심을 갖게 된다. 그러나 그 호기심은 개인적인 관심과 부러움으로 점점 변하게 되고, 왕인 자신의 존재도 개의치 않고 행복하게 살아가는 부유한 농민 후안 라브라도르를 마음속으로 부러워하던 왕은 결국 그를 만나보기 위해 일부러 파리의 성지기 디오니스(Dionís)라는 가공의 인물로 변장을 한 후, 혼자 그의 집으로 직접 찾아가 길을 잃은 척하며 후안을 방문한다. 늦은 밤 낯선 방문객을 기꺼이 받아들인 후안은 그가 왕인 줄도 모르고 저녁식사를 대접하는데, 왕은 그와 저녁 식사를 함께 하며 다음과 같은 대화를 나눈다.

디오니스(왕) : 만일 폐하께서 돈을 필요로 하신다면 자네는 기꺼이 돈을 폐하께 꾸어드릴 용의가 있는가?
후안 : 설사 폐하께서 나에게 먼저 삼천 가지의 모욕을 주신다 하더라도 저는 제가 가지고 있는 모든 돈을 꾸어드릴 겁니다. 폐하께서 손수 우리를 보호하여 주시므로 우리가 소유한 모든 것은 곧 폐하께 속한 것입니다. (1788행-1796행)

여기까지는 피라미드 신분 계층의 밑에서 당시의 바닥난 국가 재정을 메워주는 부유한 농민으로서의 후안과, 그의 부가 가져다주는 이러한 재정적 혜택을 주저 없이 누리는 국가 간의 원활한 관계를 엿볼 수 있다. 그러나 '부유한 농민'과 국가 간의 이러한 관계는 한계가 있을 수밖에 없다. 실제로 국가에 엄청난 양의 세금을 납부하는 부유한 농민들로서는 당연히 이에 상응하는 보상을 원했던 것이고, 국가로서도 그들이 별 불만 없이 국가의 어려운 재정난을 덜어주고 기득권 계층이 누려왔던 기존의 권리를 유지시켜 주는 데 계속 이바지하게 하려면 어떤 식으로든지 그들의 보상심리를 충족시켜 주어야 했을 것이다. 이는 곧 부유한 농민의 기득권 계층으로의 편입을 의미한다. 이에 대해 마라발은 다음과 같이 설명하고 있다.

빈곤자나 심지어 형편없는 재산을 가진 귀족들과 달리 납세 체계의 근간이 되고 있는 평범한 신분의 지주들에게 국가는 관심을 갖게 된다. 게다가, 그들은 직접적인 국가의 재정 수입뿐만 아니라 경제와 인구의 측면에서 국가가 가질 수 있는 부의 근원이었으므로, 곤살레스 세요리고와 같은 당시의 경제학자는 그들이 특별히 보호되기를 원하였고, 페드로 데 발렌시아와 같은 당시의 개혁론자는 그들의 숫자를 늘릴 것을 열

> 망하기도 하였다. 1600년 이후에는 많은 사람들이 스페인 제국을 위기로부터 구출해줄 능력이 있는 유일한 자들이 바로 그들이라고 믿게 되었고, 이 때문에 그들은, 비록 사회의 지도적 역할을 수행하지는 않을지라도, 최소한 사회를 다스리고 지휘하는 자들에게 특별한 관심을 받는 존재가 되었던 것이다. (1990a, 45)

다시 말해서, 그동안 귀족들의 전유물이었던 '인간으로서의 존엄성'과 '개인적인 명예를 지킬 권리'가 부유한 농민들에게도 주어지면서 이들의 기득권 계층으로의 편입이 국가의 묵인 하에 실현될 수 있었던 것이다.[35] 요컨대, 당시의 기득권 계층이 부유한 농민들의 재산을 통해 배를 불리는 동안 이들은 이에 대한 대가로 부여받은 '인간적 평등'이라는 권리를 마음껏 누리게 된 것이다. 이러한 사실은 마라발의 다음과 같은 주장에서 확인할 수 있다.

---

35 부유한 농민이 기득권 계층으로 편입할 수 있는 구체적인 예로서 당시 귀족 신분을 돈으로 사는 방법이 있었는데, 이에 대해 마라발은 "귀족 신분증과 기사단원의 지위를 돈으로 사고판다는 사실은 그만큼 경제적 가치들에 대한 중요성이 부각되고 있음과 동시에 구(舊)사회의 가치들이 바닥에 떨어졌음을 명백히 입증하는 것"(1990b, 287)이라고 언급하고 있다. 또한 『분수를 아는 시골 사람』에서도 리사르다의 신랑감에 대해 오빠인 펠리시아노와 아버지인 후안 간에 나눈 다음과 같은 대화를 통해 이와 관련된 언급이 나온다.

> **펠리시아노** : 이렇게 세련된 여자에게는 귀족 출신의 신사가 어울릴 겁니다. 아버지에게는 많은 재산이 있잖아요. 리사르다가...
> **후안** : 닥쳐라. 죽기를 각오하고 내게 떠들지 않을 거거든, 혀를 그만 놀려라. 내가 귀족이 된다고! 내가! 내 사위가 귀족 가문 출신이어야 한다고?
> **펠리시아노** : 안 되나요? 하늘이 왜 아버지께 이토록 많은 재산을 주신 것 같아요? (2382행-2391행)

피라미드 계층의 밑을 바치고 있는 납세자들이 인간적인 평등을 진정으로 누리는 동안 높은 신분에 속한 자들은 그들로부터 얻은 잘못된 이득을 향유하였던 것이다. 기득권자들은 이에 대해 불만이 없었다. 왜냐하면 납세자들에게 인간적인 평등을 인정하는 대가로 -이 인정은 임시적인 성격의 것이지만- 그들은 결정적인 프리미엄을 얻을 수 있었기 때문이다. (1990b, 72)

바로 극중에서 이루어지는 후안 라브라도르의 딸 리사르다(Lisarda)와 왕의 친위부대장인 오톤(Otón)과의 혼인에서 이러한 기득권으로의 편입이 상징적으로 나타나고 있다. 우연히 거리에서 리사르다를 알게 된 오톤은 첫 눈에 그녀에게 반하고 그녀로부터 다이아몬드를 선물로 받는다. 리사르다의 우아한 차림새와 출중한 외모[36] 그리고 그녀의 상당한 재력으로 인해 오톤은 그녀가 분명히 훌륭한 신분의 여성일 거라고 믿는다. 다음의 대사에서 보듯, 리사르다가 비천한 농부 후안의 딸이라는 하인 마린(Marín)과 친구 피나르도(Finardo)의 말에도 오톤은 그녀가 평범한 여자가 아닐 거라는 믿음을 쉽게 버리지 않는다.

피나르도 : 그녀는 분명 시골처녀야. 이 도시에서 자네처럼 치근대는 남자를 골려주려고 귀족 여인의 복장을 하고 왔던 거야.

오톤 : 후안 라브라도르의 딸이라고?

마린 : 네, 맞습니다요.

---

36 오톤이 리사르다에게서 아름다운 외모를 느꼈다면, 오톤에게 리사르다는 당시의 가치관에 비추어 볼 때 고귀한 신분의 여자일 수밖에 없다. 이에 대해서는 앞 장의 3.4.4. '다마'(dama)에 대한 설명 참조.

오톤 : 이런 황당한 경우가! 하지만 시골 처녀가 어떻게 나에게 다이아몬드를 줄 수가 있단 말인가? (263행-268행)

그녀가 높은 신분의 여성일 거라는 믿음은 결국 신념으로 굳어져, 다음에서 보듯, 그녀로부터 자신은 농부 후안의 딸이라는 말을 직접 듣고도 오톤은 이를 믿으려 하지 않는다.

피나르도: *(오톤에게. 방백으로)* 자, 이제 꿈에서 깨어나게. 먼저 번에는 아주 우아한 차림새를 하고 있었지만 지금은 완전히 시골 촌 여자 본연의 모습이잖아.
오톤 : 피나르도. 그녀는 지금 자기가 시골여자인 척 하고 있을 뿐이야. (870행-873행)

결국 오톤의 끈질긴 구애에 리사르다는 "오! 신분의 차이를 메워주는 위대한 사랑이여!(1349행)" 라는 말과 함께 그의 사랑을 받아드리게 된다.[37]

당시 사회 상황으로 비춰봤을 때, 왕의 친위부대장과 일개 평범한 농민의 딸은 엄청난 신분상의 차이로 혼인은 상상할 수도 없는 것이었지만, 다음의 대사에서 보듯, 극의 결말 부분에 가서 이 두 남녀는 왕의 정식 혼인허가까지 받고 당당하게 부부가 된다.

---

37 리사르다는 오톤의 구애에 처음에는 신분의 차이를 거론하며 거절하였지만, 사실 이전부터 그녀의 마음속에는 자기 집안의 상당한 재력을 바탕으로 고귀한 신분의 남자와 결혼함으로써 신분상승을 실현시키고자 하는 욕망이 자리 잡고 있기도 하였다. 그녀가 친구인 벨리사에게 "난 내 뜻대로 그리고 내 힘으로 궁궐에 있는 고귀한 남자와 결혼할 거야. 이 시골에서 내 신랑감을 찾고 싶진 않아." (663행-666행)라고 한 말에서 이를 짐작할 수 있다.

오톤 : 다른 사람이 말하기 전에 제가 리사르다의 남편이 되겠습니다.

왕 : 오톤, 이전의 질투심으로 봐서 내가 리사르다에게 청혼할 거라고 생각할 뻔했겠군. 아나, 떠나기 전에 우리 둘이 이 기쁜 결혼식에서 두 사람의 증인이 되어주자꾸나.

공주 : 그러지요. 서로 손들을 잡으세요. (2958행-2966행)

이로써 후안 라브라도르와 그 가족의 기득권 계층으로의 편입이 실현되었으며, 리사르다는 오톤과의 혼인을 통해 자신의 명예를 지킬 수 있게 되었고 인간적인 평등도 함께 누릴 수 있게 된 것이다. 이 모든 것은 왕의 치밀한 계획 아래 이루어졌는데, 이는 두 말할 필요도 없이 후안 라브라도르가 '부유한 농민' 이기에 가능했던 것이다.

2.3. '인간' 후안 라브라도르와 절대왕정

그러나 관점을 바꾸면 이 극은 전혀 다른 방향으로 해석되어질 수 있다. 후안 라브라도르는 부유한 농민이기 이전에 성실히 일을 하며 자식들과 함께 행복하게 생활하는 평범한 인간이다. 사실 그에게는 정치적인 야망도, 고귀한 신분에 따르는 명예도 별 의미가 없다. 오로지 그에게 소중한 것은 자신의 노력으로 일구어 놓은 자신만의 세상(rincón)에서 누릴 수 있는 평화와 풍요로움이다. 그러기 때문에, 마을 근처를 왕이 방문하여 자식들과 마을 사람들이 왕과 그 일행을 보려고 야단법석을 피울 때 그는 아들 펠리시아노에게 다음과 같이 말을 하며 오히려 왕과 그 일행을 피해 몸을 숨긴 것이다.

그 멍청한 말 좀 그만해. 왕을 본다는 게 뭐란 말이냐? 너 정신이 나간

거 아니냐? 거의 모든 것을 가진 왕을 만나보는 것이 시골 사람에게 뭐가 중요하단 말이냐? 난 세상에 태어난 이래 인생의 말년을 보내고 있는 지금까지 그를 한 번도 본 적이 없다. 근데 인생이 다 끝나가는 지금 그를 만나 보라는 거냐? 난 그냥 이대로 인생을 마치고 싶다. 펠리시아노, 난 내가 이루어 놓은 나만의 이 조그만 세상의 왕이다. (464행-476행)

그러나 지금까지 누리던 후안 라브라도르의 소박하고 풍요로운 행복은, 아직 죽지도 않은 그가 자신의 사후를 위해 교회에 미리 만들어 놓은 비석과 그 비문의 방자한 내용을 마을 근처에 온 왕이 우연히 접하게 되면서부터 조금씩 깨어지기 시작한다. 문제가 된 그 비문의 내용은 이렇다.

여기 후안 라브라도르 잠들다. 그는 한 번도 왕을 모시지도 않았고, 본 적도 없으며, 왕이 사는 궁을 본 적도 없다. 그는 한 번도 왕을 두려워 한 적도 없고 왕에게 무서움을 야기한 적도 없다. 그는 궁핍한 적도 없었고, 다치거나 포로가 된 적도 없었고, 오랜 세월을 사는 동안 자기 집에서 질투심이나 질병 같이 나쁜 일들이 일어나는 것을 본 적도 없다. (735행-743행)

이렇게 당당한 후안의 의지도 절대왕정이 갖는 피라미드 신분 계층의 최고 정점에 위치한 절대군주에게는 하찮은 어린애의 투정과도 같은 것이었다. 당시의 절대왕정에 대한 마라발의 다음과 같은 설명을 고려해 본다면, 일개 미천한 농부에 불과한 후안의 의지가 절대군주 앞에서 얼마나 보잘 것 없는 것으로 보일지를 짐작할 수 있다.

> 기득권의 질서를 재건하고 유지하는데 필수적인 기초라 할 수 있는 17세기의 절대왕정 체제에서는 귀족이건 평민이건 간에 한 개인의 명예에 대한 방어는 절대군주의 우월성 앞에서는 그 효력을 잃고 만다. 절대군주에 의해 모든 질서가 창출되며, 절대군주는 그 모든 질서 위에 군림하기 때문이다. (1983, 268)

따라서 어떻게 보면 오만하기까지 한 태도로 절대군주인 자신을 결코 만나보려 하지 않는 후안에 대해 왕이 다음과 같이 말하며 가소로운 듯 그의 의지를 무시해 버리는 것은 당연하해 보인다.

> 자 가자. 후안 라브라도는 짐의 시중을 들게 될 것이며, 짐에게서 왕의 존재를 느끼게 될 것이로다. (877행-879행)

오히려 왕은 자신을 만나려 하지도 않는 후안이 자신을 만나게 됨은 물론, 앞으로 자신의 시중을 들게 될 것이라고 말함으로써, 머지않아 후안의 운명이 완전히 바뀌게 됨을 암시하고 있는 것이다. 이 연극의 향후 결말을 짐작케 해주는 대목이다.

그러나 어찌되었든 이 비문의 주인공이 아직 죽지도 않고 마을에서 풍요로운 부와 행복을 누리며 버젓이 생존해 있다는 사실을 안 왕은 그가 소유한 행복과, 왕도 두려워하지 않을 만큼 자부심으로 가득 찬 그의 사고방식에 점점 부러움을 느끼게 된다. 그리고 앞서 보았듯이 변장을 하고 후안 라브라도르를 직접 만나 그와 대화를 나누어 보지만, 그에 대한 부러움은 더해갈 뿐이다. 다음의 대화에서 보듯, 흔들리지 않는 자신만의 철학으로 개인적인 행복을 추구하는 후안에게 왕은 오히려 깊이 매료되고 만다.

> **후안** : 이곳에 있는 제 소유물들은 폐하께 속한 것이기도 하지만, 어쨌든 저는 폐하보다 여기서 더 잘 먹고 더 잘 쉰답니다.
> **디오니스(왕)**: 자네 말에 일리가 있는 것 같군.
> **후안** : 시간에 있어서 저는 폐하보다 더 부잡니다. 왜냐하면 무엇보다도 저는 시간을 제가 하고 싶은 대로 쓸 수 있기 때문입니다. 저는 제 의지를 마음대로 다스리는 왕과도 같습니다. 귀찮은 일들이 절대 제 의지를 좌지우지할 수 없습니다. 하고 싶은 일을 마음 내키는 대로 할 수 있는 한가로운 시간이 많다는 것이야 말로 최고의 행복이지요.
> **디오니스(왕)**: *(방백으로)* 아, 이 시골 녀석의 철학 좀 보게! 점점 더 이 녀석이 부러워지는구나. (1669행-1682행)

지금 보듯이, 왕을 부러움과 시기심으로 이끈 후안의 철학이란 진정한 행복은 바로 아무에게도 방해를 받지 않고 순수하게 자신의 의지대로 행동할 수 있는 시간이 얼마나 되느냐, 그리고 이를 가능케 할 충분한 부와 일상의 평화를 얼마나 소유하고 있는가에 달려 있다는, 그만의 독특한 행복관인 것이다. 그리고 절대군주인 왕은 후안이 누리고 있는 이러한 행복을 자신의 일상 삶에서 전혀 누리지 못하고 있기 때문에 그를 부러워하고 질투할 수밖에 없는 것이다. 따라서 우리는 앞으로 벌어지는 후안을 향한 왕의 언행에는 그에 대한 왕의 개인적인 호기심 내지는 존경심과 더불어 시기심과 질투심도 동반하고 있음을 알아야 할 것이다. 이에 대해 워드로퍼(Wardropper)도 이 작품에 대한 다음의 설명에서 보듯 비슷한 견해를 보이고 있다.

> 그리고 무슨 이유로 왕은 직접 후안을 보러 간 것일까? 그 이유는 그저 호기심에서였다. 왕은 미라플로르의 교회에서 이상한 묘비를 보았고,

죽지도 않았는데 그 묘비에 비문을 미리 새겨 넣은 자를 직접 보고 싶었던 것이다. 후안 라브라도르를 직접 만나 본 후에 왕은 그의 행복을 부러워한다. 그리고 이러한 호기심과 질투심의 결과로서 왕은 자신에게 한없는 충성을 바치는 후안의 행복을 짓밟아버린 것이다. 이야말로 왕답지 않은 복수가 아닌가? (1971, 769)

후안과 나눈 대화에서 많은 충격을 받은 왕은 궁으로 돌아온 후 후안의 절대군주에 대한 충성심을 시험해 보기로 하고, 오톤을 시켜 처음에는 그의 재산을, 다음에는 그의 자식들을 요구한다. 이에 후안 라브라도르는 하늘이 무너질 것 같은 충격을 받지만 왕에게 복종하기로 결심하며 다음과 같이 말한다.

오로지 왕만이 이런 명령을 함으로써 나에게 불행을 야기할 권리가 있도다. 나의 행복은 이제 내리막길에 접어들었구나. 아무도 죽기 전까지는 진정 행복하다고 말할 수 없는 것을. (2450행-2454행)

비록 후안은 한 치의 망설임도 없이 왕의 명령에 따르지만, 이로써 후안이 여태껏 개인적으로 누려왔던 평화로운 행복과 부는 한순간에 깨어지고 말았다고 할 수 있다. 그러나 후안에게 더욱 혹독한 것은 그가 겪는 고통이 여기서 끝나지 않는다는 것이다. 즉 후안의 자식들과 그들의 하인 일행을 맞이한 왕은 그들을 모두 고귀한 신분의 귀족으로 만들어 준 후 그토록 자신과 자신이 사는 왕궁을 보려 하지 않는 후안 라브라도르를 강제로라도 자신 앞으로 끌고 올 것을 명한 것이다. 하늘과 같은 왕의 명령을 받들고 후안 라브라도르가 왕궁으로 달려온 것은 당연하다. 절대군주로서 왕궁에서 후안을 맞은 왕은 비로소 그에 대한 개인적인 복수를 용의주도하게 실현하기 시작한다. 이를 확인하기 위해서는 우선 왕이 변장을 하고 처음 후안의 집을 방문하여 후안과 대화를 시작하던 장면을 다시 살펴볼 필요가 있다. 그때 후안은 왕에게 자리를 권하면서 다음과 같은 대화를 나누었다.

후안 : 그 의자에 먼저 앉으시죠.
디오니스(왕) : 자네 먼저 앉게. 그러고 나서 내가 앉지.
후안 : 참 유별나시군요! 먼저 앉으십시오. 여긴 제 집입니다. 저에게 명령하시면 안 되지요. 제가 나리께 먼저 앉으시라고 명하였고 이 의자를 드렸으면, 나리께선 제 집에 계시는 동안에는 이 명령에 따르셔야 합니다. (1621행-1630행)

그리고 다음에서 보듯, 저녁식사가 시작될 때에 왕은 후안에게 더 심한 무안을 당하고 말았다.

필레토 : 여기 식탁이 차려졌습니다요.
후안 : 자, 이리로 오십시오.
디오니스(왕) : 난 여기에 앉고 싶네.
후안 : 나리, 거기는 별로 좋은 자리가 아닙니다. 상석에 앉으시죠.
디오니스(왕) : 그럴 수는 없지.
후안 : 여긴 제 집입니다. 제가 이 집 주인이니 제 말씀에 따라 주십시오.
디오니스(왕) : 내가 여기 발치 쪽에 앉는 게 더 경우에 맞는 것 같아서 그러네.
후안 : 제가 말씀드린 대로 하십시오. 제대로 된 주인이라면 아무리 손님이 보잘 것 없다 할지라도 그에게 가장 좋은 자리를 권하는 게 당연하

지요. (1813행-1827행)

물론 후안은 그가 왕인 줄 모르고 이렇게 명령을 하였던 것이지만, 왕으로서는 후안의 이토록 당당한 언행에 너무나 어이가 없어 했을 것이다. 그리고 나중에 후안을 왕궁으로 불러 절대군주로서 그를 맞을 때 왕은 위와 유사한 대화를 나눈다. 다음에서 보듯이 다른 것이 있다면 서로의 역할만 바뀌었을 뿐이다.

왕 : 여봐라! 시골 태생의 내 손님에게 자리를 마련해 드려라. 후안, 앉게나.

후안 : 폐하, 소인이 앉다니요?

왕 : 친구여, 앉게. 내가 그걸 바라네.

후안 : 폐하께서 먼저 앉으십시오.

왕 : 이런 한심한 사람 보게나. 자넨 지금 내 집에서 나에게 명령을 하고 있지 않나? 자네가 행한 대로라면 자넨 내 집에서 명령을 할 수 없지.

후안 : *(방백으로)* 이게 도대체 어찌 된 일인가? (2804행-2811행)

후안이 얼마나 심한 비참함과 낭패감을 맛보았을지 충분히 짐작케 해주는 장면이다. 이는 왕의 치밀한 의도 하에 이루어진 것인데, 이러한 후안에 대한 왕의 절묘한 복수 뒤에는 절대군주에 대한 범접할 수 없는 권위와 이를 위해 한 개인의 행복은 얼마든지 헌납될 수 있다는 사실이 은연중에 강요되고 있는 것이다. 왕은 두려움에 떠는 후안을 진정시키며 다음과 같이 말한다.

후안 라브라도르여, 두려워 말라. 선량한 자들은 어떤 일에도 두려워하

는 법이 없느니라. (2890행-2891행)

즉, 이 대목에 대해 워드로퍼가 그의 논문에서 지적하였듯이,(1983, 232) 여기에서 왕이 의도하는 바는, 후안이 왕인 자신을 몰라보고 자기 집에서 감히 자신에게 명령을 하는 등 오만한 언행을 보인 것에 대해 혹독한 처벌이 따를 것을 알고 이에 대한 두려움(temor horroroso)을 가지라는 것이 아니고, 절대군주로서 자신의 존재에 대해 범접할 수 없는 두려움(temor reverencial)을 느끼라는 것이다.

자신이 의도한 절묘한 복수의 절차가 끝나자, 왕은 후안에게 사실 자신은 후안을 무척 마음에 들어 하며 평생 동안 궁궐에서 자신의 곁에 있어줄 것을 부탁한다. 한 편 후안이 맞닥뜨린 이와 같은 상황에 대해 J. E. 베리(Varey)는 다음과 같이 설명하고 있다.

> 하느님의 충복임을 자랑으로 여겨 왔던 후안은 이제 절대군주의 충복이 된 것이다. 그리고 이를 통해 절대군주가 가장 높은 곳에 위치하고 있는 조화로운 사회에서 자신이 맡은 역할에 대한 수행을 강요받고 있는 것이다. 한 개인이 자신만을 위한 정원을 가꾸는 것이 마음의 고결한 상태를 확실하게 반영하는 것이라면, 훌륭한 왕을 섬기는 것은 이보다 더 고결한 미덕인 것이며, 이는 어느 시점에서나 그리고 어떤 상황에서나 항상 개인적인 성향에 우선하는 가치인 것이다. (1973, 337)

절대군주로 상징되는 국가의 화합과 안정이라는 대명제 앞에 한 개인의 행복과 그가 소유한 굳은 신념이 얼마나 보잘 것 없는 존재인지를 설명해 주고 있는 대목이다. 이러한 왕의 부탁을 후안 라브라도르는 황송한 마음으로 받아들이며 작품은 끝난다.

여기서 우리가 주목해야 할 점이 한 가지 있다. 외형적으로 이 극은 유쾌한 해피엔딩을 나타내고 있지만, 후안 라브라도르 개인에게 초점을 맞춘다면 다음과 같은 두 가지 관점으로 단순한 해피엔딩 이상의 것을 발견할 수 있다. 첫째, 작품 초기에 그가 지향했던 행복관과 평생을 답답한 궁 안에서 왕의 시중을 들어야 한다는 현실 사이에는 많은 차이가 존재한다는 것이다. 그리고 무엇보다도 왕은 이 사실을 누구보다도 잘 알고 있었다. 왕은 겉으로는 인간 후안 라브라도르와 그의 생각이 마음에 들어 그를 곁에 두고 싶다고 했으나, 왕에게는 왕도 부러워하지 않을 만큼 행복을 누리고 있는 후안 라브라도르를 시기하는 마음과 그 행복을 교묘하게 망쳐놓고 싶은 욕구가 있었던 것도 사실이다. 하늘 아래 섬길 자가 한 명도 없는 유일한 인간이 바로 왕이라는 당시의 절대왕정 하에서 왕이 시기할 정도로 행복을 누리는 자가 존재한다는 사실은 당시로서는 지극히 모순된 상황이라 할 수 있다. 다시 말해, 앞서 살펴본 베리의 설명에서 유추해 볼 수도 있듯이, 절대왕정의 완벽한 실현을 위해서는 후안 라브라도르의 개인적인 행복은 제거되어도 무방한 대상인 것이다. 둘째, 다음에서 보듯 왕이 후안 라브라도르에게 자신을 섬길 것을 부탁하며 그에게 보여주었던 것은 왕의 절대적 권위를 상징하는 검과 거울, 그리고 왕의 지휘봉이었다.

왕 : 자네가 보는 이 첫 번째 것은 짐의 왕국을 상징하는 지휘봉이네. 그리고 이것은 모든 신하가 짐에게 속함을 나타내기 위해 짐에게 내려진 표상이고.

후안 : 소인도 역시 폐하께 속해 있습니다.

왕 : 두 번째 것은 거울인데, 이는 왕인 짐을 상징하는 것으로, 짐의 왕국이 조화를 잘 이루고 그 잘 이루어진 조화가 짐을 통해 나타나는 것을

의미하네. 이 거울을 통해 나타나지 않는 신하는 조화롭게 살지 못했음을 의미하는 것이니. 후안 라브라도르여, 짐을 바라보아라. 아무리 작은 구석이라도 태양이 도달하지 않는 곳은 없으니. 짐이 바로 그 태양이로다.

후안 : 소인은 그 태양이 두렵습니다.

왕 : 두려워 말라. 짐은 시실리아의 폭군처럼 이 초대의 장에서 무시무시한 도구를 머리 위에 매달아 놓지는 않을 것이니. 이 검은 정의를 위한 것으로 짐은 이 검으로써 사악한 자들을 처벌할 것이다. 그렇다고 자네의 목을 치려는 것은 아니네. (2892행-2917행)

이는 후안 라브라도르에게 절대군주에 대한 무한한 복종과 충성을 무언으로 강요하는 것을 상징적으로 의미한다. 다시 말해서, 신이 창조한 피조물 중 유일하게 완벽한 존재인 절대군주의 권위 앞에 일개 평범한 농민의 행복은 아무런 의미가 없음을 상징적으로 보여주는 것이라고 할 수 있다. 이와 관련해서 워드로퍼는 왕의 '일시적 욕심(capricho)'이 낳은 결과라는 견해를 다음과 같이 보이고 있다.

『분수를 아는 시골 사람』초반부의 전원시 같은 평화로운 분위기의 파괴는 훨씬 더 애절하며 거의 비극적이라 할 수 있다. 왕은 후안 라브라도르에게서 그의 본원적인 순수함, 소박한 행복, 정당한 소망, 인생에서의 본질적인 모든 것을 영원히 박탈해 버렸다. 〔…〕. 후안 라브라도르는 불현듯 솟아오른 왕의 일시적인 욕심 때문에 인생이 끝날 때까지 매일같이 그리고 하루 종일 왕의 얼굴을 대하며 그토록 자신이 혐오했던 궁궐에서 의무적으로 살도록 되어버린 것이다. (1971, 768)

이어서, 결국 후안은 이러한 왕이 군림하는 절대왕정의 희생제물일 수밖에 없다는 결론을 내리고 있다.

> 그러나 왕국 전체의 평안이 군주와 그의 신하들 간의 사랑에 달려 있다고 한다면, 개인이 이를 위해 지불해야 할 대가는 별로 중요하지 않게 될 수밖에 없다. 결과적으로 후안 라브라도르는 상징적 의미로 왕에게 보내어진 이를 위한 희생제물이 되고 말았다. 그는 정치적 본질의 안위를 위해 희생당한 것이다. (1971, 771)

요컨대, '부유한 농민'이 아닌 '인간' 후안 라브라도르의 측면에서 본다면 이 연극의 결말은 결코 해피엔딩이라고만 할 수는 없는 것이다. 아니 좀 더 정확하게 말하자면, '인간' 후안 라브라도르는 절대군주제의 찬양과 이 작품의 행복한 결말을 위한 희생양이 된 것이다.

2.4. 맺는 말

앞에서도 잠시 언급이 되었지만, 사실 이 작품을 절대왕정제와 관련지어 살펴보지 않는다면 전혀 다른 방향의 해석도 가능하다. 예를 들어, 리사르다와 오톤의 사랑에 초점을 맞춘다면 신분의 차이를 극복한 위대한 사랑의 승리와 함께, 신분 계층 간의 이동이 엄격하게 통제되었던 당시의 모순된 사회적 관례에 대한 비판도 이야기 되어질 수 있을 것이다.

그러나 지금껏 살펴본 바와 같이 이 연극 작품의 주된 흐름이 당시의 실제 상황에서는 꿈도 꾸지 못할 절대군주인 왕과 일개 미천한 농부인 후안 라브라도르 간의 개인적인 만남과 이에 따른 여러 에피소드, 그리고 이 두 사람 간에 이루어지는 교감이라고 할 때, 우리는 이 작품을 절대왕정제를 통해 한창 사회가 보수적인 방향으로 재정비되어 갈 무렵인 당시의 시대적 상황과 우선적으로 관련지어 관찰할 필요가 있다고 본다.

작가 로페의 사상적 기반에 대해서는 아직도 많은 연구가 진행되고 있다. 다시 말해서 그의 방대한 작품의 양 만큼이나 이데올로기적으로도 다양한 모습을 나타내고 있는 작가가 바로 로페인 것이다. 그러나 그가 절대왕정에 관한한은 동시대의 여타 극작가들처럼, 또는 그 이상으로 충실한 선전 역할을 수행했다는 사실을 고려해 볼 때, 이 작품을 통해 로페가 절대군주의 절대적인 권위를 부각시키고 있다는 점만은 분명한 듯하다. 즉, 절대왕정제에 대한 찬양을 위해 『푸엔테오베후나』에서 보여주었던 장중하고 서사적인 분위기가 여기 『분수를 아는 시골 사람』에서는 희극적이고 유쾌한 해피엔딩으로 바뀌었을 뿐이다. 그러나 작가 로페가 의도했든 그렇지 않든, 이 외형적인 해피엔딩의 이면에는 바로 후안 라브라도르라는 개인이 평생 동안 누려왔던 행복에 대한 철저한 희생이 숨겨져 있다는 사실을 또한 간과해서는 안 될 것이다.

3. 로페의 순수 비극 『복수 없는 처벌』과 그리스 비극적 비전

3.1. 『복수 없는 처벌』의 소개

스페인 황금세기 연극에서 로페의 '비극'이라 하면 우리에게 약간은 생소하게 느껴질 수도 있을 것이다. 이는 그 당시에 생산된 수많은 희곡작품들 중에서 오늘날 비평가들에 의해 순수한 비극으로 평가되어지는 작품도 그리 흔치 않은데다가, 극창작에서의 일관된 비극적 분위기가 로페의 극작가로서의 커다란 성공에도 별다른 영향을 주지 못했기 때문일 것이다. 또한 항상 연극에서 대중적 기호를 최우선으로 여겼던 로페의 성향이 아리스토텔레스가 말하는 장중하고 높은 품격을 지닌 비극적 분위기와 그리 잘 맞지 않았다는 견해도 역시 가능하다. 이러한 상황에 비추어 볼 때, 노년에 로페가 쓴 『복수 없는 처벌 *El castigo sin venganza*』(1631)은 표지에 아예 '비극(Tragedia)'이라는 라벨이 별도로 선명하게 붙여져서 출판된 흔치 않은 경우에 속한다고 볼 수 있다.

본 글에서는 따라서 순수한 비극으로서 이 작품이 갖는 면면들을 아리스토텔레스로 대변되는 그리스 비극적 관점을 가지고 분석함으로써 이 작품에 어떠한 비극성을 부여할 수 있는지를 살펴보기로 하겠다. 극작가로서 로페가 추구하는 미학의 가장 기초가 되는 토대 중의 하나가 바로 아리스토텔레스주의라고 한다면, 그의 대표적 비극이라 할 수 있는 이 작품을 아리스토텔레스적 관점, 즉 그리스 비극적 비전에 비추어 관찰하는 것도 매우 의미 있는 일이라 할 수 있을 것이다.

3.2. 작품의 주인공들과 비극적 상황에 대한 분석

3.2.1. 페데리코와 카산드라: 그들의 '비극적 결함'(Hamartia)

이 연극이 가지고 있는 비극성의 기본적 축은 바로 페라라(Ferrara) 공작의 서자 페데리코(Federico)와 그의 의붓어머니 카산드라(Casandra)와의 근친상간적 사랑, 그리고 이로 인해 공작에 의해 저질러진 그의 아들과 아내의 비참한 죽음이라고 할 수 있다.

그런데 페데리코와 카산드라 간에 이루지는 사랑의 감정이 형성되는 과정을 살펴보다 보면 아리스토텔레스가 『시학』에서 설명하고 있는 '하마르티아(Hamartia)', 즉 '비극적 결함'이 우선적으로 연상됨을 알 수 있다. 이를 위해 우리는 무엇보다도 먼저 이 두 주인공의 인물됨을 이 그리스 철학자의 이론에 비추어 살펴볼 필요가 있다. 구체적으로 말해서, 아리스토텔레스에 의하면 어떤 인물이 비극의 주인공이 되기 위해서는 우선 주인공의 사회적 신분이 "큰 명망과 번영을 누리는 자들 가운데 한 사람"(『시학』 13장)이어야 한다는 것이다. 이 연극에서 페데리코의 정확한 사회적 신분은 백작으로, 페라라 공작의 서자이지만 현재 그의 모든 재산과 영지를 물려받을 공작의 공식적 상속자이고, 카산드라 역시 만투아(Mantua) 공작의 딸로, 페라라 공작과 결혼하여 곧 공작의 정식 부인이 되었음으로, 이 둘 모두 선택받은 고귀한 사회적 신분에 속한 자들임은 두 말할 나위가 없다. 따라서 우리는 이들이 아리스토텔레스가 언급한 큰 명망과 번영을 누리는 자에 온전하게 해당됨을 알 수 있다. 다른 한 편, 비극의 주인공이 지녀야 할 인간적 됨됨이에 대해서는, "덕과 정의에 있어 월등하지는 않으나 악덕과 비행 때문이 아니라 어떤 과실 때문에 불행에 빠진 인물"(『시학』 13장)이어야 한다고 이 그리스 철학자는 설명하고 있다. 다시 말해, 주인공의 운명이 행복에서 불행으로 바뀌는 가장 중요한 원인은 비행에 있어서는 안 되고, 바로 주인공이 자신의 의지와 상관없이 저지른 중대한 과오나 실수에 있어야 한다는 것이다. 이와 관련하여 페데리코와 카산드라의 인간적인 면면을 살펴보면, 작품 속에서 이들이 다른 사람들의 모범이 될 만한 고귀한 가치관을 지니고 이를 실천하는 도덕적 인물로 묘사되었다고 보기는 어렵다고 말할 수 있다. 물론 이들은 작품을 통해 커다란 도덕적 결함이 있거나 악행을 일삼는 악인으로 묘사되지는 않지만, 페데리코의 경우, 그의 언행에서 범상한 인물의 범주를 결코 벗어나지 못하는 지극히 인간적인 질투심이나 나약함 등, 고결하고 타인의 모범이 될 만한 덕성과는 다소 거리가 있는 그의 됨됨이가 곳곳에서 엿보인다. 예를 들어, 페데리코는 아버지의 명을 받들어 아버지와 곧 결혼할 카산드라라는 여자를 만나기 위해 그녀의 고향 만투아로 여행을 하던 중 그의 하인 바틴(Batín)에게 다음과 같은 말을 하게 되는데, 우리는 여기서 아버지가 젊은 여자인 카산드라와 결혼을 함으로써 미래에 태어날 지도 모를 자신의 이복동생들에게 상속권을 빼앗길까봐 불안해하는 주인공의 이기적이고 속 좁은 심성을 짐작할 수 있다.

> 나는 내 자신으로부터 도망치고 싶다. 사람들이 아버지의 결혼에 대해 이러쿵저러쿵 나에게 떠드는 것이 신물이 난다. 나는 바로 내가 아버지의 뒤를 이을 거라고 생각을 했는데, 의붓어머니를 보러 가야하다니, 그리고 어쩔 수 없는 당연한 도리로 사람들에게 맘에도 없는 기쁨을 나타내며 가야 하다니, 만투아로 향하는 이 내 영혼은 엄청난 불쾌감과 거북한 감정으로 가득 차 있고, 꼭 해로운 독을 향해 가고 있는 것 같구나. (247행-255행)
>
> 하지만, 새로 태어날 아버지의 자식들이 그의 영지를 상속받을 것이라면, 그리고 내가 천한 시종이 되어서 훗날 나를 갈기갈기 찢어놓을 사자를 품안에 안아 데려 올 것이라면, 아버지가 평온을 되찾고 타락했던 과거를 부정하는 것이 도대체 나에게 무슨 의미가 있단 말인가? (307행-312행)

또한 극의 후반부에 이르러 페데리코는 자신의 의붓어머니가 된 카산드라와 사랑에 빠졌으면서도 이전의 애인이었던 사촌누이 아우로라(Aurora)가 자신을 포기하고 카산드라의 부하인 곤사가(Gonzaga) 후작과 사귀는 것을 알고 일시적으로 심한 질투를 느끼며 두 사람에게 마음에도 없는 말을 하는 등, 그리 관대하지 못한 그의 됨됨이도 나타낸다. 게다가, 다음의 대화에서 우리는 자신과 카산드라와의 불륜이 아버지가 예상보다 빨리 전쟁에서 돌아옴으로써 발각이 될 위기에 처하자 향후에 있을지도 모를 아버지의 처벌에 겁을 집어먹은 나머지 아우로라와의 마음에도 없는 결혼을 계획하는 그의 인간적으로 나약한 면도 엿볼 수 있다.

페데리코 : *(방백으로)* 아버지께서 확실하게 돌아오신다니, 내 사랑은 어떤 죽음을 기다릴 수 있었단 말인가요?
카산드라 : 백작, 난 감각을 잃을 지경이에요.
페데리코 : 전 이미 잃어버렸는걸요.
카산드라 : 영혼이 다 빠져나간 느낌이에요.
페데리코 : 전 생명을 잃은 느낌입니다.
카산드라 : 이제 우린 어쩌면 좋죠?
페데리코 : 죽는 수 밖에요.
카산드라 : 다른 방법은 없을까요?
페데리코 : 없습니다. 당신을 잃는데 제가 어떻게 살맛이 나겠습니까?
카산드라 : 그런 말로 저를 괴롭힐 건가요?
페데리코 : 아버지와 궁전에서 쑥덕거리는 사람들의 의심을 피하기 위해 지금부터 저는 아우로라를 사랑하는 척하면서 아버지에게 그녀와의 결혼을 승낙해달라고 해야겠어요.
카산드라 : 이런 모욕이! 아직도 질투가 끝나지 않았나요? 결혼을 한다고요? 백작, 정신이 있는 거예요?
페데리코 : 우리들이 지금 처한 위험 때문에 어쩔 수가 없어요. (2259행-2279행)

따라서 관객들의 입장에서 볼 때 이러한 페데리코는 그의 고귀한 신분과는 달리 어디서나 흔히 볼 수 있는 범상한 인물의 범주를 크게 벗어나지 못한다고 할 수 있을 것이다.

한 편, 카산드라의 경우도 이와 별로 다를 바가 없다. 다음에 나오는 그녀의 독백에서 보듯, 자신의 양아들이 될 페데리코에게 이성적 호감이 가고 있는 자신의 위험천만한 마음가짐에 대해 그녀 자신이 내린 판단은 높은 신분의 여성으로서 고귀한 도덕적 가치관을 지닌 영혼의 고뇌하는 모습이 아닌, 자신의 입장을 세속적 논리로 합리화시키려는 그녀의 지극히 나약하고 범상한 측면을 우리에게 암시하고 있다.

내가 여태껏 생각했던 것은 단순히 마음속에 그려진 과오에 지나지 않

---

38 지금 카산드라가 보여주고 있는 명예에 대한 그녀의 가치관은 앞서 살펴본 로페의 다른 극작품 『과수원지기의 개』의 여주인공 디아나 백작의 그것과 좋은 대조를 이룬다. 약간은 경우가 다르지만, 디아나 역시 아무도 몰래 자신의 하인인 테오도로(Teodoro)에게 이루어질 수 없는 사랑의 감정을 마음속에 느끼며, 카산드라와 마찬가지로 명예와 사랑의 감정 사이에서 갈등을 겪는다. 그러나 카산드라는, 방금 그녀의 독백에서 보았듯이, 세속적이고 자기만족적인 논리로 자신의 불결한 감정을 합리화시킨 반면, 디아나는, "사랑은 누구에게나 공통된 자연스러운 감정이지만, 난 나의 명예를 더 소중히 여길 수밖에 없구나." (329행-330행)라는 그녀의 독백에서도 알 수 있듯이, 자신이 천한 신분의 테오도로에게 호감을 가진다는 사실 그 자체를 불명예스러운 것으로 여기며 자신의 고귀한 신분에 맞게 생각하고 행동하려고 애쓰는 면을 보인다. 아무리 명예가 생명보다도 더 소중한 존재로 여겨지는 것이 17세기 당시의 사회적 코드였다 할지라도, 디아나의 말처럼 사랑 역시 귀족에게나 평민 모두에게 공통된 '자연스러운' 감정이라고 할 수 있을 것이다. 이 경우, 이러한 억누르기 어려운 자연스러운 감정을 당시의 윤리적 잣대로써 이성적으로 다스리려고 노력했던 디아나와 달리, 자신의 의지와 상관없이 마음속에서 솟아나는 그릇된 사랑의 감정을 자기 합리화를 시키면서까지 정당화하려는 카산드라의 마음가짐에서 관객들은 세속적이고 평범함의 경지 안에 안주하고 있는 그녀의 품성과 윤리적 가치관을 느낄 수 있을 것이다.

> 아. 그러니까 지금까지는 나의 명예도 나의 의지도 실수한 것이 없어. 상상 속의 것을 허락하는 것은 하느님에게는 죄가 되겠지만, 그렇다고 그것이 곧 명예가 더럽혀짐을 의미하는 건 아니지. 나쁜 상상으로 하느님께 죄를 짓는 것과 자신의 명예가 실제로 더럽혀지는 것은 별개의 문제야.[38] (1582행-1591행)

또한, 앞서 살펴본 바와 같이, 자신과의 비밀스런 관계를 은폐하기 위해 페데리코가 아우로라와 결혼하려는 결심을 하는 대목에서 카산드라는 이에 대해 냉정하고 침착하게 현실을 직시하지 못한 채, 이성을 잃고 질투에 눈이 먼 나머지 이후에 경솔한 행동을 보이고 만다. 카산드라는 자신이 사랑하는 페데리코가 아우로라와 결혼하는 것을 어떻게든지 막아보기 위해 전쟁에서 돌아온 남편 페라라 공작에게 아우로라와 곤사가 후작 간의 결혼을 건의하나 페라라 공작은 이미 페데리코가 아우로라와 결혼하는 것을 허락해달라고 자신에게 부탁했고 따라서 내일 이들이 결혼하도록 허락했다고 말하며 그녀의 부탁을 거절한다. 그러자 절망한 카산드라는 이 모든 것이 자신에게 싫증이 난 페데리코 때문이라고 혼자 결론을 내리며 분개해 한다. 이때 마침 페데리코가 그녀 앞에 나타나고 카산드라는 참았던 모든 분노를 그에게 터뜨린다. 페데리코는 사람들이 들을지도 모른다며 그녀에게 소리를 낮추라고 부탁하지만 이미 자제력을 잃은 그녀는 페데리코의 경고를 무시하고 언성을 높이며 그에게 온갖 독설을 퍼붓는다. 다음에 나오는 페데리코와 카산드라간의 대화에서 우리는 자신이 저지른 실수를 서둘러 무마하려는 측은한 모습의 페데리코와, 더 이상 빠져나갈 곳이 없는 지경에 이르자 자신에게 내재된 고결치 못한 심성을 그대로 드러내 보이는 카산드라의 세속적인 면면들을 어렵지 않게 짐작할 수가 있다.

페데리코 : 부인, 난 아직 결혼한 게 아닙니다. 이런 식으로는 지속할 수 없는 우리들의 생명을 아버지로부터 지켜내기 위해 이럴 수밖에 없었어요. 아버지는 자신의 눈으로 봐서 도저히 있을 수 없다고 생각되는 상황 때문에 자신의 명망 높은 이름이 더럽혀지는 것을 용납할 분이 결코 아닙니다. 이제 우리가 해왔던 눈먼 애정행각은 그만 해야 되요!

카산드라 : 이런 못난 비겁쟁이야! 우리는 그 동안의 너의 눈물과 애원 때문에 명예까지 희생했었는데, 결국 그 눈물과 애원은 너의 이 용의주도한 배신과 한통속이었던 거로구나. 이제 너의 눈물과 애원은 비겁함에 지나지 않는다 이거지? 이 개만도 못한 녀석아, 이제 난 미칠 수밖에 없어. (2719행-2737행)

신중치 못한 카산드라의 이러한 태도는 결국 페라라 공작이 이들의 불륜 관계에 대한 확증을 잡을 수 있는 빌미를 제공하게 된다. 즉, 극단으로 치닫는 카산드라의 언행에 당황한 페데리코는 사태가 더 악화되는 것을 막기 위해 그녀와의 화해를 시도하나, 이는 이들을 의심한 아버지 페라라 공작이 위의 대화를 이미 엿들은 후였다. 이처럼 카산드라 역시 그다지 현명하지도 못하고 덕행에 있어서도 크게 내세울 것이 없는 평범한 여자로 극중에서 묘사되고 있는 것이다. 그리고 예고된 비극적 결말을 막기 위해 이후에 전개되는 이 두 남녀의 몸부림과는 상관없이, 결국 운명의 수레바퀴는 이로부터 벗어나려고 애쓰는 이들을 휘감으며 비참한 최후를 향해 치닫게 된다.

한 편 이 대목에서 우리는 비극의 주인공이 왜 고귀한 사회적 신분을 지녀야 하며, 그럼에도 덕과 정의에 있어서는 또 왜 그리 월등하지 않은 인물이어야 하는지에 대해서 의문을 가질 수 있을 것이다. 그런데 우선, 이 논리와 관련하여 아리스토텔레스 자신은 『시학』에서 다음과 같이 언급하고 있음을 알 수 있다.

> 그리고 주인공은 우리가 위에서 말한 바와 같은 인물이든지, 혹은 그보다 훌륭한 인물이어야지 그보다 열등한 인물이어서는 안 된다. 사실이 또한 이를 증명하고 있다. 초기에는 시인들은 아무 스토리나 닥치는 대로 취급하였으나, 오늘날 가장 훌륭한 비극들은 소수의 가문의 스토리에서 취재하고 있다. (『시학』 13장)

하지만 이 설명만으로는 어떤 이유로 아리스토텔레스가 덕과 정의에 있어 월등하지 않은 고귀한 신분의 자가 굳이 비극의 주인공이 되어야 하는지를 정확히 알 수가 없다. 따라서 우리가 이를 알기 위해서는 그가 『시학』에서 언급했던 다른 논리에서 이에 대한 간접적 단서를 얻어야 하는데, 그것이 바로 그가 비극의 정의에서 사용했던 '공포'와 '연민'의 감정에 대한 그의 설명이라고 할 수 있다. 즉, 그가 내린 비극의 정의에 의하면, 올바른 비극을 관객이 관람하였을 때 느낄 수 있는 감정이 바로 이 '공포'와 '연민'이라는 것인데, 이에 대해서 그는 다음과 같이 설명하고 있다.

> 가장 훌륭한 비극이 되려면, 플롯이 단순하지 않고 복잡하여야 한다. 그리고 그것은 공포와 연민의 감정을 불러일으키는 행동을 모방하지 않으면 안 된다. 〔…〕 연민의 감정은 부당하게 불행에 빠지는 것을 볼 때 환기되며, 공포의 감정은 우리 자신과 유사한 자가 불행에 빠지는 것을 볼 때 환기된다. (『시학』 13장)

이러한 설명을 통해 우리가 추론할 수 있는 것은 다음과 같다. 즉,

가난하고 신분적으로 억눌린 서민이 불행에 빠지는 것은 부당한 사건이라기보다는 '당연한' 것일 수 있다. 따라서 서민이 당연히 불행에 빠지는 플롯은 관객에게 연민의 감정을 야기하기가 상대적으로 더 어려울 것이고, 당연히 행복해야할 귀족이 오히려 불행에 빠질 때 연민의 감정은 비로소 배가될 것이다. 마찬가지의 이치로, 덕과 정의에 있어서 타인과 구별되는 고결한 경지에 있는 자는 그렇지 못한 대다수의 대중에게 인간적인 동질감보다는 이질감을 더 많이 야기할 것이고, 이런 낯선 경지의 인물이 겪는 불행보다는 비슷한 수준의 인물이 맞이하게 되는 불행이 관객에게 '남의 일 같지 않은' 사건으로 인식되어 더 많은 공포의 감정을 생성할 수 있을 것이다.

그렇다면, 다시 비극의 주인공과 관련된 처음의 설명으로 돌아가서, 이렇게 덕과 정의에 있어서 별로 내세울 것도 없는 높은 신분의 이 두 남녀가 비로소 이상적인 비극의 주인공이 되려면 자신들의 의지와 상관없이 어떤 중대한 과실을 저질러야 하고 이 때문에 그들의 운명이 불행해져야 하는데, 이때 주인공이 저지르는 '중대한 과실'이 바로 '비극적 결함'으로 해석될 수 있는 '하마르티아'에 곧바로 연결될 수 있는 개념인 것이다. 그런데 이 '중대한 과실'에 대한 해석도 사실 학자들에 따라 다양하게 달라질 수 있는데, 주인공이 자신의 의지와 상관없이 어떤 과오를 저질렀다하더라도 그 행위는 그의 윤리적 또는 성격적 결함에 기인한 것이 아닌, 단순한 실수나 판단 착오로 야기된 것이라는 해석에 대체로 그 비중이 더 실리고 있다. 그리고 여기서 한 가지 더 고려해야 될 사항은, 비록 주인공이 저지른 과실이 결코 그의 도덕적 · 성격적 결함 때문이 아니라 할지라도 그 과실이 낳은 결과는 얼마든지 비도덕적일 수 있다는 것이다. 다시 말해, 원인이나 동기가 윤리적인 문제와 별개의 것이라 하더라도 그 결과는 관객들에게 충분히 비도덕적인 것으로 비춰질 수 있는 것이다. 이런 의미에서, 다음과 같은 하마르티아에 대한 오늘날의 해석은 아리스토텔레스 비극의 주인공이 범하는 '중대한 과실'과 이와 관련된 개념을 온전히 이해하기 위해 반드시 유념해야 할 필요가 있다.

> 비극적 결함(hamartia)이란 비극적 주인공이 자기 자신도 모르는 가운데 저지른 도덕적인 잘못 혹은 어떤 악에서도 벗어나 있는 고의성이 전혀 없는 비의도적인 행위에 의해 저지른 도덕적 잘못이다. (민병욱, 1991, 178)

이상을 종합해 볼 때, 이 연극이 가지고 있는 아리스토텔레스적 비극성의 보다 근본적인 출발점은 남녀 두 주인공들이 저지른 근친상간의 불륜적 행위라기보다, 극의 초반부 이들이 여행 중 서로를 알지 못한 상태에서 이루어진 우연한 만남 바로 그 자체라고 할 수 있을 것이다. 구체적으로, 이 두 남녀 사이에서 일어나서는 절대 안 될 사랑의 감정이 피어나게 된 계기는 극이 시작되고 얼마 후 여행 중에 곤란에 빠진 카산드라를 우연히 페데리코가 누구인지도 모른 채 구해주면서부터이다.

> **페데리코** : 이게 무슨 소리지?
> **바틴** : 강가에서 사람소리가 납니다.
> **페데리코** : 여자들이야. 그녀들에게 가봐야겠어.
> **바틴** : 잠깐만요.
> **페데리코** : 비겁한 녀석. 그녀들을 구해주면 안 된다는 거냐? *(떠남)*
> **바틴** : 용감하다는 건 위험을 피하는 것인데. 루신도! 알바노! 플로로!

(이들 등장)

루신도 : 백작님이 소리를 치시네.

알바노 : 페데리코 도련님은 어디 계시는 거야?

플로로 : 혹시 말이 필요하다고 하는 건가?

바틴 : 어떤 여자가 정신없이 소리를 질러서 페데리코 도련님이 그 소리를 쫓아 용감하게 뛰어가셨어. 내가 그 분 뒤를 쫓을 테니까 자네들은 사람들을 불러 줘. *(떠남)* 〔…〕

페데리코 양팔에 카산드라를 안고 등장.

페데리코 : 여기까지는 제가 댁을 팔로 안고 올 수밖에 없었습니다.

카산드라 : 당신의 호의에 감사드려요.

페데리코 : 저는 지금 길에서 떨어진 이 숲 속에서 저의 행운을 만난 것 같습니다. (323행-346행)

이 후 이들은 대화를 통해 결국 서로 모자지간이 될 사이임을 알게 되고 운명의 장난에 원망을 하지만, 그 전에 이미 이들은 서로에게 돌이킬 수 없는 강렬한 매력을 느낀 후였다.

페데리코 : 당신을 만나기 전까지 전 제 영혼이 어디 있는지 깨닫지를 못했는데, 당신 덕에 제 영혼을 느낄 수 있고, 당신은 영혼 없이 살던 저를 새롭게 다시 창조했습니다. (513행-517행)

카산드라 : 루크레시아, 저 둘이 이야기하는 동안 페데리코가 넌 어떻다고 생각하는지 나한테 말해보렴. 〔…〕

루크레시아 : 만일 운명이 뒤바뀐다면 마님께서는 더 행복하실 겁니다.

카산드라 : 루크레시아, 네 말이 옳아. 내 운명은 잘못 굴러가고 있어. 하

지만 이미 저질러진걸. 왜냐하면 내가 어떤 핑계를 대고 고향으로 되돌아간다면 아버지는 날 죽이려 하실 거야. 그리고 이런 내 어이없는 행동이 온 이태리에 퍼지겠지. 그럼 아버진 날 페데리코와 더더욱 결혼시키지 않으실 거고. 그러니까 할 수 없이 싫어도 난 페라라에 가야해, 〔…〕(582행-603행)

이러한 장면들을 통해 우리에게는 아리스토텔레스가 『시학』에서 비극의 가장 이상적인 전형으로 여겼던 인물 오이디푸스의 비극적 최후의 출발점이 연상될 수 있을 것이다. 오이디푸스 왕의 비극 역시 그 근본적인 출발점은 자신의 아버지를 죽이고 어머니를 아내로 취하는 그의 반인륜적인 행위가 아니라, 애초에 그들이 자신의 친부모라는 것을 미처 그가 알지 못했다는 사실 바로 그 자체라는 것과 비슷한 이치이

39 물론, 주지하다시피 소포클레스의 비극 『오이디푸스 왕』 작품 그 자체에는 우리가 지금 논하고 있는 이 그리스 비극의 출발점이 되는 사건이 나와 있는 것은 아니다. 다만 이 비극의 전제가 되는 사건으로, 오랜 시간이 흐른 후에 주인공들의 입을 통해서 서술되어진 것인데, 다음의 대사에서 보듯, 라이오스를 살해할 때 그가 자신의 아버지임을 알지 못했고 자신의 부인이 실은 친어머니라는 사실도 미처 깨닫지 못했던 자신의 치명적 과실을 오이디푸스는 뒤늦게 깨닫게 되는 것이다.

이오카스테 : 어째서 그 일이, 오이디푸스여, 그대의 마음을 무겁게 하는 거죠?
오이디푸스 : 아직은 내게 묻지 마시오. 라이오스가 어떤 체격을 갖고 있었으며 남자로서 얼마만큼 성숙했었는지 말해 보시오.
이오카스테 : 키가 컸고 흰머리가 갓 나기 시작했으며 외모는 그대와 크게 다르지 않았어요.
오이디푸스 : 아아 나야말로 불행하도다! 방금 나 자신을 무서운 저주 속에 내던져 놓고도 그것을 모르고 있었던 것으로 생각되니 말이요. (소포클레스, 1998, 48)

오이디푸스 : 아아, 모든 것이 이루어졌고 모든 것이 사실이었구나! 오오 빛이여, 내가 너를 보는 것도 지금이 마지막이 되기를! 나야말로 태어나서는 안 될 사람에게서 태어나서 결혼해서는 안 될 사람과 결혼하여 죽여서는 안 될 사람을 죽였음이라. (소포클레스, 1998, 71)

다.[39] 즉, 『오이디푸스 왕』이 지니고 있는 비극적 상황을 정말 비극적으로 만드는 것이 오이디푸스가 자신의 의지와 상관없이 범하게 된 바로 이러한 과실 때문이었듯이, 마찬가지로 『복수 없는 처벌』의 초반부에 페데리코가 자신의 의붓어머니를 알아보지 못하고 그녀를 어려움에서 구해줌으로써 본의 아니게 저지른 실수야말로 바로 이 극의 비극적 결말이 우리에게 더욱 비극적으로 다가오도록 만드는 것이다. 그렇다면 반대의 경우로, 만일 카산드라가 곤경에 빠졌을 때 그녀가 자신의 의붓어머니가 될 여자라는 사실을 미리 알았다면, 페데리코는 상속권과 관련하여 당시 자신의 아버지와 결혼하려는 여자에 대해 심한 거부감을 지니고 있었기 때문에 그녀에게 그렇게 호의를 베풀지 않았거나, 더 나아가서 그녀의 어려움을 외면했을 지도 모르고, 그렇다면 이 작품의 결말은 전혀 다른 방향으로 흘러갔을 수도 있을 것이다. 이런 의미에서, 우리가 앞서 살펴보았듯이, 페데리코가 바틴에게 자신의 의붓어머니가 될 여자에 대해 거부감을 토로하는 장면이 굳이 그가 곤경에 처한 카산드라를 우연히 만나기 바로 직전에 삽입된 것은 결코 우연한 일이라 할 수 없고, 이 극의 비극적 결말의 출발점인 두 남녀 주인공의 서로를 알아보지 못한 우연한 만남을 한층 더 두드러지게 하기 위한 작가 로페의 의도적인 전략이라 할 수 있을 것이다. 그리고 궁극적으로는 이를 통해 이 작품의 결말이 가지는 비극성이 더더욱 비극적일 수 있게 된 것이다.

3.2.2. 페라라 공작: 복수 없는 처벌?

그런데, 이 작품의 비극적 결말이 페데리코와 카산드라의 어이없고 참혹한 죽음이고, 이 두 주인공 남녀의 비극적 죽음을 실행에 옮긴 페라라 공작의 방식 또한 우리들을 아연케 하는 것은 사실이나, 그럼에도 불구하고 우리는 이 비극적 남녀 주인공에 대한 연민의 정을 느끼기에 앞서, 자식과 아내를 죽게 만들 수밖에 없었던 페라라 공작의 상황에도 주목할 필요가 있다.

다음에 나오는 공작의 독백들에서 보듯, 자기 아들과 아내가 불륜의 관계를 맺고 있다는 천인공노할 사실을 알게 된 공작은 자신의 명예가 아들에 의해 더럽혀졌다는 사실과, 그럼에도 불구하고 그러한 아들에 대한 아버지로서의 사랑, 그리고 용서와 화해라는 전쟁을 통해 얻은 기독교적 교훈 사이에서 심한 절망과 갈등을 한다.

> 오, 나를 배신하는 아들이여! 이게 사실이라면, 왜 나는 사람의 아들이 이토록 추악한 일을 꾀할 수 있다는 것을 믿지 않는단 말인가. 그러나 네가 나를 모욕했다면, 또는 하늘이 나로 하여금 너를 죽이고 다시 너를 살려낼 수 있도록 허락만 한다면, 내 너를 수도 없이 죽인 다음 다시 너를 수도 없이 살려낼 텐데. (2522행-2531행)
> 그렇지만, 자식을 죽인다는 사실에 그 어느 아비가 실신을 하지 않는단 말인가? 생각만 해도, 아아, 끔찍한 일이로다! 온 몸이 떨리고 영혼의 숨이 멎는 듯하구나, 〔…〕 (2868행-2871행)

이 대목에서 우리는 비참한 최후를 맞는 페데리코와 카산드라 외에도 그들의 아버지이자 남편인 페라라 공작 역시 이 비극의 당사자일 수밖에 없음을 알 수 있다. 즉, 마음속으로 자신의 명예를 짓밟은 아들을 수도 없이 죽이고 아버지의 사랑과 기독교적 용서로써 그렇게 죽인 아들을 다시 살리고 싶다는 그의 독백과, 친자식을 죽음으로 몰아넣을 수밖에 없는 상황이 야기하는 공포감에 대한 그의 고백은 자신을 둘러

싼 처참하리만치 고통스러운 현실과 이에 대해 참으로 괴로운 결정을 내려야만 하는 자신의 처지로 신음할 수밖에 없는 그의 심정이 잘 나타나고 있는, 이 작품이 갖는 비극으로서의 핵심적 부분, 즉 아리스토텔레스가 말하는 관객들의 '감정이입'을 통한 '카타르시스'가 온전하게 이루어지는 부분이라 할 수 있는 것이다.

결국 공작은 17세기 당시에 존재했던 목숨에 우선하는 '명예'라는 코드와 혈육에 대한 사랑과 기독교적 용서라는, 결코 양립할 수 없는 상반된 두 가지 법칙에 대한 불가능하고도 어리석은 합성을 시도한다. 구체적으로, 공작은 카산드라의 손을 묶고 입을 막은 다음 다른 사람이 그녀를 알아볼 수 없도록 그녀의 얼굴과 몸을 덮은 후 그의 아들 페데리코를 불러 이 자는 자신의 명예를 심각하게 훼손하려 한 원수라고 말하며 찔러 죽일 것일 명한다. 상대가 누구인도 모르는 상태라 페데리코는 망설이지만 결국 아버지의 명예를 훼손하려했던 자라 생각하며 카산드라인지도 모른 체 그녀를 찔러 살해하고 만다. 결국 영문도 모르고 카산드라는 죽었고, 페데리코가 물러나자 공작은 곧 소리를 질러 사람들을 불러 모은 후 페데리코가 상속권 문제로 의붓어머니인 카산드라에게 앙심을 품던 중 그녀가 그에게 드디어 공작의 뒤를 이를 아이를 임신했다고 말하자 이성을 잃은 나머지 그녀를 죽였다고 거짓말을 한다. 그러자 이에 격분한 카산드라의 부하 곤사가(Gonzaga) 후작이 그 자리에서 페데리코를 살해하고 만다. 페데리코도 카산드라와 마찬가지로 자기가 왜 죽어야하는지 영문도 모르는 체 절규하며 숨을 거둔 것이다.

칼을 뽑아든 체 페데리코 등장.

페데리코 : 도대체 무슨 일이죠? 아버지께서 말씀하셨던 이 배신자의

주검을 덮은 것을 들추어 이 자의 얼굴을 봐야겠군요...

공작 : 입 닥치고, 그만두지 못할까. 이놈을 죽여라! 이놈을 죽여라!

후작 : 죽어라!

페데리코 : 아 아버지! 왜 사람들이 저를 죽이는 겁니까?

공작 : 이 배신자야, 하늘나라의 재판에서 그 이유를 네게 말해줄 거다. (2992행-2999행)

그리고 "내 아들은 나를 닮으려 했던 그의 잘못에 대한 대가로 죽음을 맞았다(3016행-3017행)"라는 공작의 뼈아픈 대사와 함께 이 극은 끝난다. 공작의 이러한 마지막 대사가 상징하는 바를 이해하기 위해서는 페데리코와 카산드라간의 간통을 눈치 챈 후 절규하던 공작의 다음의 대사에 주목해야 한다.

젊은 시절 나의 방탄했던 삶 때문에 내가 이렇게 벌을 받는 것이로다. 그리고 이렇게 나의 번뇌의 시간들이 야기되었도다.[40] (2516행-2519행)

즉, 공작의 방탕했던 과거로 인해 이러한 비극적 결말은 이미 전부터 예견된 것이라 할 수 있는 것이다. 다음과 같은 아레야노(Arellano)의 설명도 이와 다르지 않다.

---

40 뿐만 아니라, 다음의 카산드라의 대사에서도 알 수 있듯이, 공작은 카산드라와의 결혼 후에도 그의 문란한 사생활을 완전히 청산하지 못하여 그녀의 원성을 샀었다.

한 달 동안 그는 단 하룻밤만 나와 동침을 했었어. 그 이후 그는 나를 별로 보고 싶어 하지를 않았지. 하지만, 그의 지난날의 전력이 말해주듯이, 장소가 바뀐다고 과거의 그 못된 버릇이 고쳐질 리가 없을 거라는 사실을 내가 알았던 이상, 이에 대해 어떻게 지금 내가 불평을 할 수 있겠어? (1034행-1043행)

> 공작의 문란했던 과거는 그가 전쟁에서 돌아와 참회를 한 그 시기에 이미 일어났던 몇몇의 사건들에 대한 근본적 원인이 되고 있는 것이다. 즉, 비극은 필연적이었고, 이는 그의 속죄로 인한 대가임이 명백하다. (1995, 206)

또한 이 작품을 편집한 코소프(Kossoff)의 해석 역시 이와 다르지 않다. 그가 내린 이 극의 결말에 대한 해석에 의하면, 젊은 시절 방탕한 생활에서 헤어나지 못했던 공작 자신에 대한 형벌이 아이러니하게도 자기 자신이 아들을 죽게 함으로써 비로소 실행되었다는 것이다.[41] 결론적으로, 공작은 비록 자신의 손에 직접 피를 묻히지는 않았지만 남이 아닌 바로 자신의 계획으로써 사랑하는 아들이 죽을 수밖에 없도록 해야만 했고, 더 나아가 자신과 아들의 이러한 비극적 운명이 실행되는 것을 자신의 눈으로 직접 지켜봐야 하는 고통을 당함으로써, 젊은 시절의 방탕함에 대한 대가가 이루어진 것이라고 할 수 있는 것이다. 그리고 이 대가는 혈육 간의 살해라는, 바로 아리스토텔레스가 주장하는 비극의 시인이 가장 우선적으로 추구해야할 상황을 통해 실현되어지고 말았다.[42]

---

41 이 극의 비극적 결말에 대해 코소프는, "공작은 죄인이었고 따라서 그는 지금 과거에 그가 지은 죄에 대한 인과응보를 받아들일 수밖에 없는 것이다.(2890행-2891행에 대한 해설)" 라고 언급하고 있다.

42 이에 대해 아리스토텔레스는 다음과 같이 설명하고 있다.

> 그러나 비극적 사건이 친근자들 사이에서 일어난다면, 예컨대 살인이나 기타 이와 유사한 행위를 형제가 형제에 대하여, 혹은 아들이 아버지에 대하여, 혹은 어머니가 아들에 대하여, 혹은 아들이 어머니에 대하여 행하거나 기도한다면, 이와 같은 상황이야말로 시인이 추구해야 할 상황이다. (『시학』 14장)

공작은 자신이 말한 대로 자신의 칼에 복수의 피 한 방울조차도 묻히지 않고 불륜을 저질렀던 아내와 아들을 차례로 처벌할 수 있었다. 그리고 이를 통해 '존속살해'라는 기독교적 관점에서의 엄청난 죄를 비껴갈 수 있었고 또한 자기의 아내와 아들이 불륜을 저질렀다는 사실이 만인에게 알려짐으로써 자신의 명예가 '공개적'으로 훼손되는 것도 모면할 수 있었다. 그러나 이 모든 것은, 루이스 라몬(Ruiz Ramón)의 표현을 빌면, 공작 자신과 그가 속한 세계에 대해서는 '복수 없는 처벌'이 될 수 있을지는 몰라도, 이 모든 게 실현되는 과정들을 속속들이 목격한 관객들에게는 유혈이 낭자한 무시무시한 복수로 다가올 뿐인 것이다.[43]

3.3. 인간의 나약함과 자유의지에 대한 고찰: 그리스 비극적 비전

3.3.1. 그리스 비극의 주인공

아리스토텔레스 『시학』의 6장에 나오는 그 유명한 비극의 정의에 의하면, 비극은 다름 아닌 행동의 모방이라고 할 수 있는데, 물론 이 말은 비극이 아무 행동이나 모방한다는 것은 아니고, 오로지 탁월하고

43 루이스 라몬의 다음과 같은 해석에 주목할 필요가 있다.

> 살인을 목격한 극중 세계에 속한 배우들에게는 복수 없는 처벌일지 모르나, 그 세계를 살아가는 관객들에게는 아니다. 살인의 현장에 있으며 불륜을 범한 자들이 죽어 가는 것을 목격하고, 또한 공작만이 그 죽음들에 대한 모든 책임이 있다는 것을 알고 있는 관객들에게는 결코 복수 없는 처벌이 아닌 것이다. 공작과 그가 속한 세계에서 복수 없는 처벌인 것이 관객들에게는 복수 중에서도 가장 처참한 복수인 것이다. (1983, 169-170)

고귀하며 완전한 행위만을 묘사해야 함을 의미하는 것이다. 여기서 '완전한' 이라는 형용사는, 철학적 관점으로 그리스 비극을 분석한 김상봉 교수에 의하면,(2003, 48) 처음에는 신에게 희생 제물로 바치는 동물이 흠 없이 온전하다는 것을 뜻하는 말이었는데, 따라서, 무릇 모든 희생제물이 그러하듯이 비극적 행위 또한 신에게 바치는 희생 제물로서 온전하고 흠 없는 것이어야 한다는 것을 의미한다는 것이다. 그리고 궁극적으로 이는 완전히 실현된 행위, 모든 열정을 다 바쳐 최선을 다해 자기를 전개하여 그 극한에 도달한 행위를 말하는 것이다. 그렇게 자기의 극한에 도달한 행위라는 의미에서 비극의 대상은 최고의 완전성 속에 있는 행위라고 할 수 있다. 아리스토텔레스가 말하는 비극이란 이런 의미에서 고귀하고 완전하며 위대한 행위의 모방인 것이다. 그리고 이러한 아리스토텔레스의 비극적 모방은 오직 연민과 공포의 카타르시스를 통해서만 완성된다. 그러므로 연민과 공포의 대상이 되는 일, 즉 고통스러운 일이야말로 바로 비극의 본질적 요소라고 할 수 있는 것이다. 그러나 이처럼 고통이 비극에서 요구되는 까닭은 고통 그 자체를 즐기기 위해서가 아니다. 왜냐하면, 비극 또한 하나의 예술로서 심미적 쾌감을 통해 최종적으로 완성되는 것이라고 한다면, 고통의 재현 그 자체는 결코 비극의 첫 번째 존재이유라고 할 수 없기 때문이다. 그러나 이처럼 고통을 그 자체로서 재현하는 것이 비극의 궁극적 목적이 아니었음에도 불구하고 아리스토텔레스가 비극이 오직 공포와 연민의 감정을 통해서 완성된다고 말하는 이유는 어디에 있을까? 이는 오직 정신의 고통을 통해서만이 바로 비극이 표현하고자 하는 정신의 크기가 드러날 수 있기 때문이다. 이에 대한 좀 더 구체적인 이해를 위해 우리는 그리스 비극에 대한 김상봉 교수의 다음과 같은 설명에 주목할 필요가 있다.

그리스 비극의 위대함은 문학을 통해 슬픔에 대해 말하되, 문학에서 표현되는 슬픔을 오직 정신의 크기와 위대함의 조건으로서만 허락한다는 데 있습니다. 비극이 묘사해야 하는 것은 슬픔 그 자체가 아니라 궁극적으로 위대하고 고귀하며 완전한 행위입니다. 보다 정확히 말하자면 비극의 대상은 이런 행위 속에서 나타나는 정신의 위대함인 것입니다. 이에 비하면 슬픔은 그 자체로서 비극의 대상이 되는 것은 아닙니다. 그것은 오직 그것을 통해서만 정신의 크기가 드러날 수 있는 한에서 비극의 대상이 될 수 있습니다. (2003, 51-52)

그리스 비극은 처음부터 고통 그 자체를 재현하는 것이 아니라 인간 정신의 위대함과 숭고를 표현하고 그에 참여하는 것을 목표로 삼았던 예술입니다. 그런데 그것이 많은 경우 슬프고 비참한 이야기인 비극으로 나타나게 된 까닭은 다른 무엇보다 비범한 고통 속에서만 인간 정신의 숭고가 드러나기 때문입니다. (2003, 61)

다시 말해, 아리스토텔레스는 연극에서 배우에 의해 표현되어지는 모든 종류의 감정들 중 인간 정신의 숭고함을 내포할 수 있는 것에 주목을 하였던 것이고, 그것이 바로 '슬픔'과 이를 통한 '고통'이었던 것이다. 이런 의미에서, 여러 형태의 슬픔들 중 인간이 사사로운 욕망이나 탐욕을 좇는 과정에서 수반될 수 있는 슬픔은 여기서 배제된다고 할 수 있다. 예컨대, 한 인간의 지나치고 저급한 욕심이 끝내 좌절되었을 때도 그는 슬픔을 느낄 수 있겠지만, 이때의 슬픔과 고통이 관객들에게 공포와 연민을 일으켜 위로를 받고 카타르시스의 경지에 이르게 할 만한 가치가 있는 것으로 다가오지는 않을 것이다.

그런데 우리가 이 대목에서 반드시 고려해야 될 사실은 그리스 비극의 주인공들이 겪는 고통과 수난이 단순히 그들의 힘이 약해서만이 아니라는 점이다. 주지하다시피 일국의 왕인 오이디푸스가 겪는 슬픔과 고통이 그가 힘이 약해서가 결코 아님은 그 좋은 예일 것이다. 그리스 비극의 주인공은 압도적인 타자적 힘 앞에서 수난과 고통을 받으며, 운명의 힘 앞에서 그는 정말 무기력한 일개 인간에 지나지 않는 것으로 관객들에게 다가온다. 이렇게 아무 것도 아닌 인간은 불가항력적인 외부의 힘과 권력 앞에 맞서 저항할 때 결국 파멸할 수밖에 없는 것이다. 그러나 여기서 중요한 것은 인간의 힘이 운명 앞에서 보잘것없는 존재가 될 수밖에 없다는 사실이 아니라, 운명의 힘이나 절대적인 권력 앞에서 자기가 무기력하게 파멸할 수밖에 없다는 것을 직감하면서도 자유로운 인간은 자신의 신념을 결코 굽히려 하지 않는다는 것이다. 따라서 그는 자신의 신념에 따라 자유로이 결단하고 행동하며, 바로 이 자유로운 결단과 행위가 결국은 비극을 낳는 것이다. 아리스토텔레스로 대변되는 그리스 비극의 핵심은 바로 여기에서 발견될 수 있다.

3.3.2. 페데리코, 카산드라 그리고 페라라 공작: 운명에 맞서는 그들의 자유의지

로페의 『복수 없는 처벌』을 통해서 우리는 거역할 수 없는 운명 또는 보이지 않는 무형의 어떤 힘에 대항하는 주인공들과, 어쩔 수 없이 이에 굴복할 수밖에 없는 그들의 인간적인 나약함을 목도하게 된다. 자신의 마음에 끌리는 여자가 곧 아버지와 결혼할 여자라는 사실을 안 후 이러한 비극적 상황에서 벗어나 보려고 발버둥치는 페데리코와, 그와의 비참한 파국을 예감한 카산드라의 내면적 저항은, 이미 이들의 근친상간을 통해 예고된 피비린내 나는 미래가 갖는 움직일 수 없는 절대적인 운명의 힘 앞에서 한없이 부질없는 것으로 보일 뿐이다. 이들에게 운명의 굴레는 마치 헤어 나오려 하면 할수록 더욱 깊숙이 빠져들고 마는 음습한 늪과도 같은 존재인 것이다. 다음과 같은 페데리코의 대사가 이를 상징적으로 나타내고 있다.

> 나의 절망은 내가 호소할 길이라곤 오직 죽음밖에 없다는 사실에 이르고야 말았구나. 그런데 내가 만일 죽는다면 수천 번이라도 다시 살아날 수 있기를 바랄 것인데, 그렇다면 정말로 죽기 위해 나는 몇 번이나 다시 죽었다가 살아나야 할까. 산다는 것은 다시 죽어야 함을 의미하는 것을 안 이상, 나는 이제 감히 살 수도 죽을 수도 없는 처지에 있노라. (1200행-1211행)

여기서 페데리코에게 죽음이란, 모든 게 폭로되기 전에 양어머니 카산드라와의 불륜을 정리하거나 아니면 비참한 최후를 맞거나 양자택일을 하는 것이고, 삶이란 이러한 불행한 일이 일어나기 이전 카산드라와의 행복했던 만남을 의미한다는 사실을 우리는 어렵지 않게 짐작할 수 있다.[44] 또한 이 연극을 분석한 에베렛 헤세(Everett Hesse)는, 다음과 같은 그의 설명에서 보듯, 이 연극에서 갖는 카산드라의 유혹적 역할을 통해서도 이 두 남녀의 결코 빠져나올 수 없는 절대적 운명을 감지하고 있다.

---

44 이미 앞에서 살펴보았듯이, 페데리코는 카산드라를 처음 알게 되었을 때 "당신은 영혼 없이 살던 저를 새롭게 다시 창조했습니다."(516행-517행) 라고 고백한 바 있다.

> 단순히 이 극의 낭만적 열기에 우리는 감동하는 것으로 그칠 수도 있다. 하지만 카산드라의 무분별하고 멈출 줄 모르는 열정을 통해서 페데리코와 그녀 자신을 필연적인 비극적 결말로 이끄는 그녀의 유혹적 역할도 우리는 목격할 수 있는 것이다. (1977, 13)

페라라 공작도 마찬가지이다. 앞에서 살펴보았듯이, 그는 아들에 대한 사랑과 분노, 그리고 훼손된 명예의 복원과 기독교적 용서 사이에서 갈등하고 번뇌하나, 결국 끝에 가서 그가 깨달은 것은 이미 예정되었던 운명, 즉 자신의 방탕했던 과거에 대한 형벌이 아들의 죽음을 통해 실현되었다는 것뿐이었다. 결국 예정된 비극적 결말 앞에서 그가 할 수 있었던 것은 아무 것도 없었다. 공작과 페데리코 그리고 카산드라는 그들이 원하든 원하지 않든 예정된 파국을 향하여 운명에 의해 끌려갔을 뿐이다. 그리고 『오이디푸스왕』에서 오이디푸스에게 예정된 비극적 운명이 최종적으로 실현되게 한 것이 아이러니하게도 다름 아닌 그의 자유의지였듯이,[45] 로페의 이 작품의 주인공들이 맞게 되는

45 이에 대해 김상봉 교수는 다음과 같이 설명하고 있다.

> 그가 델포이의 신전에 가서 자기의 부모가 누구인지를 신에게 물었을 때, 델포이의 신은 묻는 말에는 대답을 하지 않고 그가 자기의 친아버지를 죽이고 친어머니와 결혼할 운명을 타고 태어났다는 말을 하지요. 그 말을 들었을 때 오이디푸스는 어떻게 했던가요? 그는 운명에 저항하기 시작합니다. 만약 그가 신들에 의해 결정된 자신의 운명을 어쩔 수 없는 일이라 받아들이기로 하고 다시 부모의 집으로 돌아갔더라면, 도리어 그는 자기에게 내려진 저주스런 운명을 피할 수 있었을 것입니다. 그가 자기의 부모라고 알고 있었던 사람들은 사실은 자기의 친부모가 아니었기 때문입니다. 그러나 오이디푸스는 긍지 높은 자유인이었습니다. 〔…〕 그리하여 그는 부당한 운명에 저항하여 집을 떠나는데 그의 모든 불행은 이처럼 그가 운명에 능동적으로 저항할 때부터 예비된 일이었던 것입니다. (2003, 109)

비극적 종말을 가능케 했던 것도 역시 이들 주인공들이 갖고 있는 자유의지였다. 즉, 예감된 비참한 최후로부터 벗어나려고 몸부림치는 와중에도 페데리코와 카산드라가 끝까지 포기할 수 없었던 서로에 대한 사랑과 욕망이 결국은 그들의 비참한 최후를 야기하고 말았던 것이다. 2막의 마지막 부분에서 이 두 남녀는 서로를 갈라놓을 수 있는 것은 죽음밖에 없다는 사실을 깨달으며 다음과 같이 절규한다. 그리고 우리는 여기서 비극적 종말이라는 움직일 수 없는 운명에 처절하게 대항하는, 보잘 것 없지만 흔들리지 않는 인간의 굳은 자유의지를 엿보게 된다.

페데리코 : 카산드라, 당신은 인어였소. 당신은 나를 유인하여 바다에 빠뜨려 죽이기 위해 노래를 했던 거요.

카산드라 : 나는 이성을 잃을 것만 같아요. 명예여, 멈추어라. 명성이여, 저항하라.

페데리코 : 전 이제 거의 걸을 수조차 없군요.

카산드라 : 난 영혼과 감각들을 잃어버렸어요.

페데리코 : 오, 이 얼마나 어처구니없는 불화란 말인가!

카산드라 : 당신으로 인해 나는 점점 죽어가고 있어요.

페데리코 : 저는 아닙니다. 전 이미 죽은 몸입니다.

카산드라 : 백작, 당신은 저의 죽음입니다.

페데리코 : 하지만 저는, 비록 죽음으로써 당신과 헤어진다할지라도, 이를 통해 제 영혼이 불멸의 존재가 되어 당신을 영원히 사랑할 수 있게 될 것 같아 기쁩니다. (2016행-2030행)

한 편, 페라라 공작 쪽에서는 아들에 대한 분노와 사랑, 그리고 기독교적 가르침 사이에서 갈등하다가 내린 결단, 즉 자신의 손에 피를 묻히지 않고 이들을 처벌을 하겠다는 생각이 바로 비극적 결말을 생산한 가장 직접적인 요소라 할 수 있다. 그런데 여기서 우리가 주목해야 할 점은 페라라 공작이 이러한 결심을 하게 된 구체적인 동기이다. 전쟁에서 돌아온 후 페라라 공작은 페데리코와 카산드라간의 불륜을 암시하는 편지를 받고 "이는 나딴이 다윗에게 했던 저주로다. 똑같은 고통을 나에게 주는구나. 페데리코가 바로 그 압살롬이로다." (2508행-2511행)라고 말한다. 즉, 그는 자신과 페데리코가 처한 상황에서 성서의 인물인 다윗 왕과 그의 아들 압살롬의 운명을 엿본 것이다. 다시 말해 페라라 공작은, 부하인 우리아(Urías)의 아내 밧세바(Bersabé)를 취하고 우리아를 죽게 만든 다윗이 후에 하느님의 벌을 받아 그의 아들 압살롬이 다윗에게 반역을 하고 그를 살해하려 했던 성서의 에피소드가 자신의 처지와 너무 흡사함을 깨닫고 두려움에 떨기 시작한 것이다. 그러나 그는 다음과 같이 말하며 이를 애써 부인하려 한다.

> 그러나 하늘이시여, 저를 이런 식으로 벌하려 하신다면, 다윗이 누린 여자들은 단지 그의 친구들이었지만 카산드라는 저의 아내임을 아셔야 합니다. 나는 비록 밧세바를 능욕하고 우리아를 죽게 만든 다윗이 아니지만, 방탕했던 내 과거가 이 형벌과 고통의 나날을 야기했구나. (2512행-2521행)

따라서 페라라 공작은 성서에서 다윗에게 실현된 것과 유사한 신의 형벌을 피하기 위해 다윗이 했던 행동과 반대방향으로 나아가기로 결심한다. 즉, 성서에서 다윗은 이미 예언된 신의 처벌을 겸허히 받아드려 아들 압살롬이 자신에 대해 반역과 살인을 기도한다는 사실을 알면서도 이를 능동적으로 막지 않았으나, 페라라 공작은 페데리코가 이와 유사한 일을 자신에게 저지르는 것을 미리 막기 위해 다윗과 달리 아들 페데리코를 사전에 벌하기로 결심한 것이다. 이와 관련하여 그는 다음과 같이 말한다.

> 사랑이여, 아버지의 명예를 짓밟으며 신성한 법을 어긴 자를 벌하도록 나를 그냥 내버려둬라. 왜냐하면 그가 오늘 내 명예를 더럽혔다면 내일은 나의 생명을 노릴 것임이 분명하기 때문이다. (2886행-2891행)

여기서 우리는 오늘 자신의 명예를 더럽히고 내일 자신의 목숨을 노린다는 말이 아버지 다윗에 대한 반역을 시도한 압살롬을 염두에 두고 한 것임을 어렵지 않게 알 수 있다. 그리고 물론 이에 대한 결심을 하기까지 페라라 공작이 아들에 대한 사랑과 증오, 그리고 기독교적 가르침 사이에서 처절한 갈등을 겪었음은 이미 앞에서 살펴본 바와 같다.

페라라 공작은 아들을 벌함으로써 그가 자신의 목숨을 빼앗으면서까지 카산드라와의 관계를 유지하려 할지도 모른다는 우려로부터는 벗어날 수 있었으나, "정의에 의해 내려진 형벌은 복수로써 이루어지는 것이 아닌 것을." (3013행-3014행)이라는 그의 고백에서도 알 수 있듯이, 마지막에 가서 그가 결국 깨달은 것은 아들의 죽음이 자신의 방탕했던 과거에 대한 신의 형벌에 지나지 않았으며 이 예정된 운명에서 결국은 벗어나지 못하였다는 사실이다. 즉, '복수 없는 처벌'로써 자신의 명예를 더럽힌 아들과 아내에게 '복수'하려 했던 페라라 공작은 이 모든 것이 결국 자신을 벌하려는 신의 섭리였음을 깨닫는 동시에 이 섭리로부터 결코 벗어나지 못하는 자신의 나약한 모습을 발견했던 것이다. 다윗에게 내려진 하느님의 형벌은 결론적으로 아들 압살롬의 그에 대한 반역이 아니었다. 아들을 줄곧 용서해주면서까지 그를 살리려는 다윗의 의지와 상관없이 결국 남의 손에 죽어야만 했던 그 아들의 운명이 바로 하느님에 의해 예정되어진 다윗에 대한 형벌이었던 것이다. 이를 미처 깨닫지 못한, 아니 이것이 자신의 운명도 될 수 있다는 사실을 애써 부인하려 했던 페라라 공작이 모든 일이 이루어진 후에야 비로소 이를 깨닫게 되었다는 사실에서 우리는 다시 한 번 운명 앞에서 나약할 수밖에 없는 인간의 모습을 느낄 수 있는 것이다. 자신의 아내와 아들이 불륜을 저질렀다는 사실을 알았을 때 페라라 공작은 "인간의 나약함이 그 어느 죄악을 야기하지 못할까" (2504행-2505행) 라는 독백으로 그들에 대한 증오를 나타낸다. 그러나 극의 결말에서 공작의 이 말은 결국 부메랑이 되어 자기 자신에게 돌아온 것이다.

3.4. 맺는 말

그렇다면 『복수 없는 처벌』의 주인공들이 보여준 이상과 같은 비극성을 통하여 우리가 말할 수 있는 것은 무엇일까? 그것은 아마도 운명과 한계상황에 맞서 대항하며 이를 극복하려는 인간정신의 숭고함일 것이다. 물론 절대적 운명 앞에서 이들은 나약할 수밖에 없었지만, 그럼에도 이에 굴종할 수 없다는 이들의 자유의지만은 운명조차도 바꿔놓을 수가 없었던 것이다. 이 비극의 중심문제는 따라서 페데리코와 카산드라가 옳았는지 나빴는지, 그리고 페라라 공작이 이들에 대한 처벌을 위해 최후로 선택한 방법이 적절했는지의 여부에 있는 것이 아니라, 각 주인공들에게 부여된 운명과 이에 맞서 대항하는 이들의 투쟁과 자유의지에 있다고 할 수 있는 것이다. 그리고 주인공들의 이러한 투쟁이 결국은 비극으로 결말지어졌기에 이들이 가졌던 정신의 숭고함이 더욱 빛을 발하게 되는 것이다.

이들은 자율을 성취하고자 필사적인 노력을 기울이는 한 편, 운명과의 타협은 거부하였다. 이들의 운명은 다른 사람의 것이 아닌 바로 자신들의 것이었다. 결론적으로, 『복수 없는 처벌』은 이런 의미에서 자신의 자유의지와 운명 사이에서 타협을 거부하며 투쟁을 전개하는 인간의 숭고한 정신을 묘사하고 있는 로페의 탁월한 비극 작품이라고 할 수 있는 것이다.

4. 로페의 희비극 『올메도의 기사』: '시적 정의' vs. 비극적 운명의 희생물

4.1. 『올메도의 기사』 소개

로페의 『올메도의 기사 *El Caballero de Olmedo*』는 그동안 여러 비평가들에 의해 이 위대한 극작가의 가장 대표적인 극작품들 중의 하나로 간주되어져 왔다. 이 작품은 훌륭하고 완벽한 기사의 자격을 고루 갖춘 돈 알론소(Don Alonso)라는 올메도의 한 젊은이가 도냐 이네스(Doña Inés)라는 메디나(Medina)의 아름다운 한 처녀를 사랑하면서 겪게 되는 슬프고도 비극적인 운명을 그린 일종의 희비극으로서, 당시의 바로크적 세계관을 작가 특유의 방식대로 나타낸, 로페 연극만이 가지는 고유한 가치가 유감없이 발휘된 수작이다.

여기에서는 이 극작품에 대해 기존의 여러 학자들이 시도한 '시적 정의'(justicia poética)를 통한 인과응보적 · 권선징악적 해석들을 우선 살펴보고, 이러한 '시적 정의'에 입각한 관점들이 이 작품을 해석하는

데 있어서 가질 수 있는 문제점을 제시해 보도록 하겠다. 그리고 이 문제 제기를 통해 주인공을 비극적 운명의 희생물로 바라보는 새로운 관점을 설정해 보고, 이를 통해 이 연극에 대한 보다 온전한 이해를 실현해 보도록 하겠다.

4.2. '시적 정의' 또는 권선징악적 해석

페드라사 히메네스(Pedraza Jiménez)와 로드리게스 카세레스(Rodríguez Cáceres)가 그들의 저서에서도 지적하였듯이,(1980, 139) 이 작품은 그동안 많은 학자들에 의해 '시적 정의' 또는 권선징악적 시각으로만 해석되어져 온 것이 사실이다. 악마적 주술행위를 사건에 연루시킨 주인공 돈 알론소의 비극적 최후라든지, 자신의 목적을 위해서라면 수단 방법을 가리지 않고 살인마저도 서슴지 않고 저지른 돈 로드리고(Don Rodrigo)에 대한 왕의 응징 등은 이러한 해석에 대한 부인할 수 없는 근거가 되고 있다. 따라서 이러한 해석과 관련된 두 인물인 돈 로드리고와 돈 알론소를 중심으로 우선 본 장에서 논의되고 있는 '시적 정의' 또는 권선징악이라는 가치가 어떻게 실현되고 있는지 좀 더 구체적으로 살펴보기로 한다.

4.2.1. 돈 로드리고에 대한 응징

이 연극을 권선징악적 시각으로 해석하는 것에 대해 가장 명료한 근거가 되고 있는 점은, 여자주인공인 도냐 이네스를 사이에 두고 남자주인공 알론소를 향한 시기와 질투에 눈이 멀어 비겁한 방법으로 그를 살해한 돈 로드리고와 이에 협조한 그의 친구 돈 페르난도(Don

Fernando)에 대한 사형집행이 극의 말미에서 전격적으로 왕의 명령에 의해 이루진다는 사실일 것이다. 실제로 우리는 귀족이라는 신분에 어울리지 않게 시기와 질투심으로 가득차고 비신사적이며 배은망덕한 심성을 지닌 로드리고의 면면을 이 연극의 곳곳에서 쉽게 목격할 수 있다. 예를 들어, 메디나의 축제에서 열린 투우 경기에서 로드리고는 실수를 연발해 관중의 웃음거리가 된 반면, 그의 연적 알론소는 훌륭한 경기를 보여주며 온갖 찬사를 한 몸에 받는다. 그러자 알론소에 대한 시기와 질투심으로 이성을 잃은 로드리고는 그의 친구 페르난도와 다음과 같이 말하며 애꿎은 메디나의 관중과 그들에게 환호를 받는 올메도 출신의 이방인 알론소에 대한 속 좁은 속내를 드러낸다.

로드리고 : 이토록 불행한 사람이 잘 할 리가 없지. 그런데 운명은 저 올메도의 녀석을 위해선 행운을 보관해두고 있군.
페르난도 : 녀석은 단 한 번도 실수하지 않았어.
로드리고 : 녀석은 언젠가 뜨거운 맛을 보게 될 거야.
페르난도 : 로드리고, 운 좋은 놈은 모든 게 잘 되게 마련이라고.
로드리고 : 페르난도, 사랑이 녀석에겐 문을 열어주었지만 나에게는 잊으라고 하네. 낯선 놈이 여기서 사람들의 환심을 사고 있다니.
페르난도 : 자네가 화를 내는 것도 무리가 아냐. 녀석이 훌륭한 기사라지만, 그렇다고 여기 메디나의 남자들을 초라하게 만들 수는 없지.
로드리고 : 내 고향이 나를 화나게 만드는군. 동향 사람을 이렇게 무시해버리고 오히려 이방인한테 열광을 하다니, 꼭 계집아이 같아. (1820행-1839행)

이러한 로드리고는 이후의 투우 경기에서 자신의 서툰 솜씨로 인해 위험한 상황에 빠지며 배은망덕과 비겁함이라는 그의 도덕적 결함을 결정적으로 드러내고 만다. 즉, 투우 경기도중 실수로 넘어져 투우에게 공격당할 위기에 놓인 로드리고를 알론소가 용감하게 뛰어들어 그를 위험으로부터 멋지게 구해내었는데, 다음의 대사에서 보듯, 문제는 이 모든 일이 로드리고가 목숨만큼이나 사랑하는 이네스와 때마침 메디나의 축제를 구경하기 위해 투우장에 들른 돈 후안 국왕이 보는 앞에서 벌어진 것이다.

> **로드리고** : 내가 넘어지다니. 참으로 불행하도다. 내가 질투하고 죽기를 바라는 자에게 내 목숨을 빚지다니.
> **페르난도** : 왕의 면전에서, 그리고 이네스가 보는 앞에서 저 복에 겨운 녀석이 자네를 구하려고 투우를 쓰러뜨렸단 말이네!
> **로드리고** : 미칠 노릇이로다. 페르난도, 나처럼 이렇게 극단적으로 운이 없는 사람이 또 있을까. (2032행-2043행)

이어서 로드리고는 다음과 같이 절규하며, 이네스와 왕 앞에서 당한 망신으로 인해 자신의 생명의 은인인 알론소를 처단할 것을 다짐한다.

> 그리고 이네스는 내가 운명으로부터 버려진 채 알론소에 대한 부러움과 함께 그의 발아래 쓰러지는 것을 바라보며 그 즐거움을 붉은 입술을 통해 나타내었지. 그러나 맹세하건데, 메디나에서 올메도로 가는 길에 알론소 녀석을 발견하게 되면 날이 밝기 전까지 저 미소를 눈물로 바꾸어 주리라! (2061행-2072행)

로드리고의 이러한 배은망덕함은 투우 경기 후 자신의 고향인 올메도로 향하는 알론소를 공격할 때의 비겁함으로 이어진다. 즉, 올메도로 가는 길목에서 알론소를 기다리며 로드리고 일행이 나눈 다음의 대화에서 알 수 있듯이, 로드리고는 실추된 자신의 명예를 회복하기 위해 친구 페르난도를 비롯한 자기 사람들과 함께 총기를 사용하여 알론소를 습격할 음모를 꾸민 것이다.

멘도 : 나리, 누군가가 말을 타고 오는 듯 한 소리가 들립니다요.
로드리고 : 누군가 동행하는 자가 있다면 필시 겁을 집어먹었다는 뜻이야.
페르난도 : 무슨 소리. 녀석은 두려움이란 걸 전혀 모르는 자야.
로드리고 : 모두들 조용히 숨어 있어라. 너, 멘도는 필요할 테니 총을 가지고 나무 뒤에 숨어 있도록 해라.
페르난도 : 알론소의 행복도 오래 가지 않게 생겼군! 오늘 왕이 보는 앞에서 모든 사람들의 찬사를 받으며 눈부시게 광장으로 나섰던 자가 지금은 잔혹한 죽음에 직면하게 되었구나! (2332행-2343행)

이 상황에 대해 이 작품의 편집자인 마린 마르티네스(Marín Martínez)는 자신이 편집한 작품의 1991년판에서 다음과 같이 해석하고 있다.

만일 로드리고가 알론소와 일대일 결투를 벌였다면 로드리고의 행위는 덜 비겁했을 것이다. 즉, 밤의 어두움, 매복, 여러 명의 공격 가담자, 검이 아닌 총기의 사용 등은 그의 행위가 갖는 비열함을 더욱 가중시키고 있는 것이다. (1991, 158, 각주 54)

당시나 지금이나 비무장의 사람을 어둠 속에서 갑자기 습격하여 총을 들이대는 것은 비난받아 마땅한 비겁한 행위일 것이다. 알론소는 어둠 속에서 매복하고 있던 로드리고 일당에 그대로 걸려들었고, 다음에서 보듯이, 로드리고는 알론소에게 자신의 파렴치한 인간성을 숨기지 않고 드러내 보이며 그를 죽음으로 몰아넣는다.

> **로드리고** : 나는 너와 결투를 하러 온 것이 아니라, 너를 죽이러 온 것이다. 너를 완전히 죽여주마. 이놈을 쏴라.
> *안에서 알론소에게 총을 쏜다.*
> **알론소** : 총 없이는 나를 절대로 죽이지 못할 한심하고 비겁한 놈! 으윽!
> (2458행-2464행)

이상과 같은 로드리고의 알론소에 대한 비열하고도 부당한 복수는 “자유의지 안에서 악인을 벌하고 선인을 칭송하기 위해 하늘이 내린 정의의 지팡이”(2642행-2646행)를 통해 극의 말미에서 왕에 의해 철저하게 응징되어진다. 즉, 알론소의 부하 테이요에 의해 로드리고와 페르난도가 저지른 만행이 왕을 비롯한 모든 사람들에게 직접 알려지고, 왕은 “그들을 체포하여 내일 처형대에서 그들의 파렴치한 목을 자를 것”(2728행-2730행)을 명령함으로써, 관객들의 머릿속에 이 극이 갖는 권선징악적 메시지를 선명하게 각인시키고 있는 것이다.

그러나 로드리고를 처단함으로써 악을 징벌했다면, 모든 이들에게 “메디나의 별이자 올메도의 꽃”(886행-887행)이라는 찬사를 온 몸에 받을 정도로 모범적이며 완벽한 기사인데다가, 로드리고가 자신의 연적임에도 불구하고 그를 위험한 상황에서 기꺼이 구출해줄 정도로 선량한 심성을 가진 알론소의 비참한 최후는 어떻게 설명될 수 있을까?

4.2.2. 돈 알론소에 대한 징벌

앞에서 간략하게 언급하였듯이, 여러 비평가들은 이에 대한 해답으로 알론소 역시 신에 의한 인과응보적 징벌의 대상이었다고 주장한다. 즉, 알론소는 이네스와의 사랑을 위하여 마녀 파비아(Fabia)를 끌어들이는 반(反)기독교적 행위를 시도함으로써 신의 가르침을 위반하였고, 이로 인한 신의 심판으로서 비참한 죽음을 맞을 수밖에 없었다는 것이다. 다음의 대화에서 보듯, 실제로 알론소는 이네스의 마음을 얻기 위해 하느님에게 매달리듯 악마적이고 주술적인 파비아의 능력에 전적으로 의존하고 있음을 알 수 있다.

알론소 : 무엇을 느낄 수 있는가?

파비아 : 알론소님이 지금 아주 위험한 상황에 놓여 있는 걸 느낄 수 있군요.

테이요 : 파비아, 일부러 이렇게 겁을 준 다음에 나중에 수고비를 더 챙길 생각이 아니라면, 왜 그런지 말해 봐요.

파비아 : 이봐, 테이요, 내가 돈을 많이 받아야만 잘 해주는 것으로 알고 있나본데, 난 아무런 이해관계 없이 비록 목숨이 위태해질지라도 알론소님의 손에 똑같은 효력을 지닌 부적을 쥐어드릴 거야. 우선 주문을 적을 종이를 보여줘 봐.

알론소 : 파비아, 자네의 그 성스러운 손으로 만든, 내가 기다려온 그 생명과 영혼에 대해 무엇으로 보답해야 하는가?

테이요 : 성스러운 손이라고요?

알론소 : 기적을 이룬다는데, 그럼 아니란 말인가?

테이요 : 악마의 손이겠죠. (183행-201행)

이미 알론소는 이네스와 열정적으로 사랑에 빠져, 판단력과 이성을 잃어버린 상태이다. 알론소는 그의 하인 테이요에게 다음과 같이 말하며 이네스를 향한 그의 심정을 고백하고 있는데, 이는 그가 얼마나 그녀에게 온전히 빠져있는지를 짐작하게 하는 대목이다.

> 이네스는 나를 사랑하지만 나는 그녀를 숭배하며, 나는 그녀의 존재 안에서 살고 있네. 나는 이네스가 아닌 것은 멸시하고 증오하며 아는 바가 없다네. 이네스는 나의 행복이며 나는 그녀의 노예이지. 이네스 없이 나는 존재하지 않으며, 이네스는 내가 살고 죽는 것을 결정할 나의 주인이므로 나는 올메도에서 메디나를 오고 갈 뿐이야. (988행-997행)

기독교적 입장에서 본다면 이러한 알론소의 태도는 진정한 자신의 주인인 하느님을 배반하는 다소 이교도적인 것이라 할 수 있는데, 이는 저 유명한 『라 셀레스티나』에서 멜리베아(Melibea)와 사랑에 빠져 하느님을 부정하는 것도 서슴지 않던 칼리스토(Calisto)의 광기를 연상케 한다.[46] 실제로, 프란시스코 리코(Francisco Rico)가 다음과 같이 지

---

46 『라 셀레스티나』에서 칼리스토가 자신의 하인 셈프로니오와 나눈 다음의 대화를 살펴보면 알론소가 지금 테이요에게 한 고백과 매우 유사함을 알 수 있다.

> 셈프로니오 : 하느님은 절대 그런 걸 원하지 않으시며, 나리께서 방금 하셨던 말씀은 일종의 사교(邪敎)적인 것이라고 말하고 있는 겁니다.
> 칼리스토 : 어째서 그런가?
> 셈프로니오 : 지금 나리께서는 기독교에 반하는 말씀을 하고 계시기 때문입니다.
> 칼리스토 : 내가?
> 셈프로니오 : 나리께선 기독교를 믿지 않으십니까?
> 칼리스토 : 나? 나는 남자 멜리베아이며, 멜리베아를 숭배한다. 나는 메리베아교도이며, 메리베아만을 사랑한다. (1993, 103)

적하였듯이, 로페의 『올메도의 기사』는 『라 셀레스티나』의 직접적인 영향을 받은 작품이라 할 수 있다.

> 테이요와 파비아의 출현부터 작품은 『라 셀레스티나』를 추억하는 즐거움과 함께 진행된다. 여기에는 작가 로하스(Rojas)의 희극적 재능에 대한 로페의 의식적인 경의가 표현되어 있고, 이 경의의 표시는 다소 공개적이기도 하다.[47] (1983, 350)

위와 같은 알론소의 행위를 더더욱 기독교적 윤리에 거스르게 만드는 것은, 다음의 그의 대사에서 보듯, 그가 파비아의 미신적 행위가 옳지 않다는 것을 알고 있으면서도 그녀를 자신의 애정문제에 끌어들였다는 것이다.

> 나에 반(反)하는 운명은 나에게 경쟁자를 안겨 주었고, 그 경쟁자는 이네스에게 한눈에 반해 그녀와 결혼하려 하고 있네. 그럼, 자네가 보듯 이렇게 질투심과 절망에 겨워하는 나는 앞으로 뭘 어떻게 할 수 있겠

---

47 여기서 공개적이라 함은, 『올메도의 기사』 안에서 로페가 다음과 같이 『라 셀레스티나』적 상황을 직접적으로 묘사하였음을 의미한다.

> **알론소** : 지금이다. 집안의 사람을 불러라.
> **테이요** : 네, 갑니다.
> **아나** : 누구세요?
> **테이요** : 빨리도 나오네. 나야. 멜리베아 아가씨는 집에 계신가? 여기 지금 칼리스토 도련님이 오셨네.
> **아나** : 조금만 기다려요. 셈프로니오.
> **테이요** : 그러지. 내 말장난에 장단을 잘도 맞추는군. (1001행-1006행)

> 나? 난 주술 따윈 믿지 않네. 모두 다 부질없는 짓일 뿐이지. 서로 마음이 통하는 게 훌륭한 일이고 오래 지속되는 거라네.(978행-987행)

그리고 알론소의 기독교적 교리에 거스르는 이러한 행위는 알론소 개인의 문제로 그치는 것이 아니었다. 이는 파비아를 통해 테이요에게, 그리고 이네스와 그의 여동생 레오노르(Leonor)를 거치면서 그들이 아버지 돈 페드로를 상대로 별 생각 없는 거짓과 장난과 음모를 꾸미게 되었고, 이를 통해 고귀하고 명예스러운 한 귀족의 집안이 악마적이고 미신적인 주술행위로 크게 오염되고 마는 결과를 초래하게 된 것이다. 또한 사회적으로는 용인되지 않는 비정상적인 방법에 의존한 알론소와 이에 동조한 이네스로 인해 문란해진 질서가 이전으로 회복되기 위해 결과적으로 세 명의 젊은이가 잔인하게 살해되거나 참수형에 처해지는 값비싼 대가를 치르게 된 것이다. 이에 대해 비평가 후아레스(Juárez)는 다음과 같이 설명하고 있다.

> 또한 『올메도의 기사』에서는 로드리고와 페르난도에 의해 저질러진 범죄 행위를 통하여 질서회복을 위해 결과적으로 거쳐야 할 불의와 잔혹함이 부각되어지고 있으며, 이와 동시에 테이요, 파비아, 이네스 그리고 레오노르에 의해 저질러진 외형상 악의가 없는 장난을 통해 가부장적 권위를 전복시키려는 실제적인 가능성이 제기되고 있는 것이다. (2001, 262-263)

요컨대, 동기야 어떻든지, 알론소가 저지른 반기독교적 행위는 이네스와의 결혼성사를 위하여 파비아라는 미신적 엉터리 주술행위를 일삼는 늙은 마녀의 도움을 받으려 했다는 것인데, 다시 말해 알론소와 이네스는 그들의 열정이 향하는 대로 그냥 몸을 맡겼던 것이고, 이를 통해 그들은 명예스러운 결혼을 성취하기 위해 불명예스러운 방법을 끌어들이고 말았던 것이다. 비평가 파커(Paker)는 이러한 행위가 어떻게 '시적 정의'라는 심판으로 이어지는지 다음과 같이 설명하고 있다.

> 우리는 주인공의 죽음이 '시적 정의'의 한 예라고 확신할 수 있지만, 그 이유를 주인공을 죽음으로 몰고 간 직접적인 행위에서 찾으려 한다면 이에 대한 충분한 증거를 발견할 수는 없을 것이다. [⋯] 알론소와 이네스는 열정적으로, 그러나 귀족으로서의 품위는 유지하면서 서로 사랑하였다. 따라서 그들의 행위는 윤리적 규범에 저촉되는 것이 결코 아니었다. [⋯] 따라서 '시적 정의'에 대한 근거는 비극적 행위가 나타나는 곳이 아니라 극의 앞부분에서 전개되는 희극적 분위기 안에서 찾아야 할 것이다. [⋯] 알론소는 이네스와의 사랑을 위해 파비아([⋯])의 중개를 이용하려 한다. 그리고 파비아를 이용하여 이네스로 하여금 자상하고 존경스러우며 한없이 어진 그녀의 아버지를 감쪽같이 속이도록 유도한다. 명예로운 결말과 어울리지 않는, 또한 모든 이의 명예를 훼손시킬 수 있는 이러한 그의 행위는 그가 맞게 되는 비극적 최후를 피해갈 수 없는 인과응보적 결과로 만들고 있으며, 이렇게 드러난 그의 도덕적 결함은 극적 관점에서의 비극적 결말을 정당화시키는 윤리적 차원을 형성하고 있는 것이다. (1976, 339-340)

즉, 비겁하고 사악한 로드리고에 대한 신의 응징이 극의 말미에서 왕의 중개를 통하여 이루어졌다면, 기독교적 윤리를 저버린 주인공 알론소에 대한 신의 처벌은 아이러니하게도 로드리고를 통하여 이루어진 것이라고 말할 수 있는 것이다. 알론소는 로드리고 일당이 쏜 총에 맞아 죽어가며 다음과 같이 마지막으로 절규한다.

> 아, 내가 하늘의 경고를 너무 무심히 넘겼구나! 내 자신의 가치에 내가 너무 도취되었었다. 시기와 질투로 인해 내가 죽게 되는구나. 아, 처량한 내 신세! 이 벌판에서 나 홀로 어떻게 하리?(2465행-2470행)

이렇듯 알론소는 비참한 최후를 맞게 되면서 비로소 사신의 비극적 운명이 하늘의 뜻임을 깨닫게 되지만, 이미 그에 대한 신의 징벌은 이루어진 후였다.

이렇게 알론소의 비극적 최후를 신의 징벌로서 파비아의 미신적인 주술행위와 집중적으로 연관시켜 살펴볼 수밖에 없는 이유는, 그만큼 '올메도의 기사' 알론소의 됨됨이와 행동이 털끝만큼의 결점도 찾아볼 수 없을 정도로 완벽하기 때문일 것이다. 다시 말해, 마린 마르티네스의 다음과 같은 설명에서 보듯, 잠시 이네스와의 사랑에 눈이 멀어 그녀와 함께 마녀 파비아의 미신적 행위에 의존하는 비이성적인 실수를 저지른 것이 이 극작품 전체를 통해 발견할 수 있는 그의 유일한 과오인 것이다.

> 그럼에도 불구하고, '시적 정의'가 묘사하는 원칙에 따르면, 알론소의 결혼 실패와 그의 죽음은 그의 행실에 벌을 받을 만한 무엇인가가 존재한다는 것을 뜻한다. 왜냐하면 그는 자신이 가지고 있는 훌륭한 미덕에 대한 그 어떤 보상도 받지 않았기 때문이다. (1991, 37)
>
> 이 극의 의미를 이해하기 위해 독자는, 결혼을 염두에 둔 두 젊은 남녀의 애정문제에 마녀를 개입시킨 것은 분명 경솔한 행동이라는 사실에

주목해야 한다. 이러한 사실 외에는 이들의 행실에서 비극적 결말을 정화시킬만한 그 어떤 과오도 발견되지 않는다. (1991, 60-61, 각주 4)

그러나 이렇듯 모든 면에서 완벽한 인물인 알론소가 단지 파비아의 악마적 주술행위에 잠시 연루되었다는 것만으로 비참한 죽음이라는 신의 징벌이 그에게 가해졌다면, 신은 인간에게 너무 가혹한 것이 아닌가?

4.3. 비극적 운명의 희생물로서의 주인공

4.3.1. 권선징악적 해석에 대한 문제제기

'시적 정의'라는 잣대에서 벗어나 이 연극에 대해 또 다른 해석을 시도하기 위해서는 우선 지금까지 살펴본 권선징악과 인과응보적 시각만으로 이 연극 전체를 바라볼 만큼 작품의 전반적인 색채가 그렇게 어둡고 무겁지만은 않다는 사실에 주목해야 한다. 사실 이 극의 말미에서 비극적 상황이 벌어지기 전까지 작품의 분위기는 유머와 생동감이 넘치고 유쾌하며 희극적이기까지도 하다. 참혹한 결말을 예상하게 하는 어떤 심각한 전조가 쉽게 감지되지도 않는다. 다시 말해, 로드리고와 페르난도 그리고 알론소와 이네스가 극의 말미에 이르러 맞게 되는 비극적 결말을 '시적 정의'에 따른 인과응보적 관점으로 해석하는 것에는 지금까지 보아왔듯이 나름대로의 논리가 있겠지만, '시적 정의'라는 시각이 이 작품 전체를 관통하는 유일한 해석적 척도라고 하기엔 다소 무리가 있어 보인다는 것이다. 또한, 페드라사 히메네스와 로드리게스 카세레스의 다음과 같은 주장에서 보듯, 이 연극에 등장하는 인물들 중 로드리고를 제외하면 사실 그 어느 누구에게서도 도덕적 측면의 심각한 문제점을 발견할 수 없다.

> 이 연극의 어떤 부분에서도 이네스와 알론소의 도덕적 순결은 훼손되지 않았다. 또한 그 밖의 등장인물들 역시 사악함과는 거리가 먼 사람들이다. 행실이 나쁘고 비난받을 만한 이유들로 비극을 야기한 로드리고만 예외라고 할 수 있는데, 그 비난받을 만한 이유들이라는 것도 사실은 질투와 억울함이라는 지극히 인간적이고 자연스러운 감정들이다. 페르난도는 이러한 그의 감정에 의리를 지키기 위해 동참하였을 뿐이다. (1980, 139-140)

위의 주장에 따르면, 알론소는 물론이고, 로드리고 역시 용서받지 못할 짓을 저지른 것은 사실이지만 인간적인 측면에서 이해 못할 일만은 아니라는 것이다. 이와 같이 윤리적으로 대단한 문제가 있는 등장인물을 찾아보기 힘든 상황에서 극의 결말에 이르러 '시적 정의'를 통한 엄청난 심판 -결과적으로 세 명의 젊은 목숨이 사라지고, 명망 있는 한 귀족의 집안은 쑥대밭이 되었으며, 죄 없는 여주인공은 세상을 등지고 수도원에서 은둔생활을 하게 되는- 이 이루어졌다는 것은 다소 무리가 있는 해석일 수도 있다는 것이다.

그리고 무엇보다도 '시적 정의'의 관점에서 가장 많은 주목을 받고 있는 알론소의 반(反)기독교적 행위에 따른 신의 징벌 또한 관점을 달리해서 바라본다면 다소간의 문제점을 발견할 수 있다. 우선 '시적 정의'의 관점을 위해 반기독교의 상징으로 여겨지고 있는 마녀 파비아의 면면을 자세히 관찰해 보면, 과연 이 연극에서 작가 로페에 의해 주어진 파비아의 역할이 기독교의 교리에 반하는 악마적 세력을 상징하는 것으로만 한정되어 있을까, 하는 의구심이 들 정도로 작품의 1막과 2막에서 보여준 그녀의 분위기는 매우 희극적이다. 그리고 악마적 상징이라고 하기에 파비아는 때때로 지나치게 친절하고 자상하기까지도 하다. 이러한 파비아의 성향은 페드라사 히메네스와 로드리게스 카세레스의 다음의 설명에서도 확인할 수 있다.

> 우리들이 보기엔 파비아가 차지하는 극중 중요성은 생각보다 훨씬 덜하다. 그녀의 역할은 몇몇 재치 있는 대사와 희극적 상황을 창출하면서 극의 진행에 생동감을 불어 넣어주는 것이다 (예를 들어, 테이요가 그녀와 함께 시체의 어금니를 뽑으러 갈 때 두려워하던 장면). 아무튼 그녀는 다른 사람의 의지를 현혹시키려 하지 않는 지극히 친절한 마녀의 모습을 한 노파일 뿐이다. (1980, 139)

게다가 기독교의 교리를 좀 더 철저하게 이 극에 적용시킨다면 알론소의 비참한 최후가 하느님의 징벌의 결과라는 사실에 대해서도 의구심을 가질 수밖에 없게 된다. 즉, 기독교에서는 선과 악에 대한 진정한 심판은 사실 이 세상에 속한 것이 아니라 사후(死後) 하느님의 나라에서 이루어지는 것이라고 믿는다.[48] 따라서 기독교적 입장에서 본다면, 알론소의 죽음을 굳이 하느님을 배반한 죄에 대한 대가로서만 바라볼 필요는 없다는 것이다. 그렇다면, 알론소의 죽음을 좀 더 온전하게 이

48 이는 페드라사 히메네스와 로드리게스 카세레스가 알론소의 죽음을 설명하면서 "가톨릭에서 잠정적인 선 또는 악은 의무적으로 하느님의 보상과 징벌의 대상이 되는 것이 아니다. 이에 대한 심판은 오로지 사후의 세계에서 이루어진다." (1980, 140)라고 피력한 견해에 따른 것이다.

해하기 위해서는 기존의 '시적 정의' 또는 권선징악적 관점을 초월하는 또 다른 새로운 시각이 요구되어질 수밖에 없다.

4.3.2. 돈 알론소: 비극적 운명의 희생물

알론소와 이네스는 이 연극의 모티브가 되고 있는 『라 셀레스티나』의 남녀주인공 칼리스토와 멜리베아와 종종 비교되곤 한다. 그러나 알론소와 칼리스토 사이에는 하나의 근본적인 차이가 존재하는데, 불장난과도 같은 강렬하고 순간적인 사랑을 추구했던 칼리스토와 달리, 알론소는 자신의 연인 이네스와의 사랑의 궁극적 목적을 그녀와의 결혼에 두고 있다는 것이다. 다음에서 보듯, 알론소의 이러한 마음을 엿볼 수 있는 장면들이 작품 곳곳에서 발견된다.

알론소 : 내 사랑을 제대로 맞추었소. 그녀가 바로 나를 불태우고 있소.
파비아 : 크게 데셨군요.
알론소 : 그녀와의 명예로운 결합을 원함이지.(69행-73행)
알론소 : 〔…〕 난 그녀들을 따라 소성당으로 들어가 이네스와의 결혼식을 상상하였소. 사랑하는 사람이 그토록 상상하는 그 결혼식을!(152행-154행)
알론소 : 나의 이네스여! 운명이 나로 하여금 나의 부모님께 대를 이을 자식을 안겨드리게 해준다면 얼마나 좋겠소!(1892행-1895행)
알론소 : 주님, 자비를 베푸소서! 저는 죽어가고 있습니다! 저의 사랑이 이네스와의 결혼을 목적으로 하였다는 걸 당신은 아시지 않습니까.(2476행-2478행)

이처럼, 칼리스토의 육적이고 불륜적인 사랑이 아닌, 신의 축복 속에서 이네스와의 명예로운 결합을 갈망했던 알론소에게 잠시 파비아와 접촉을 했다는 이유만으로 잔인한 죽음을 맞게 할 만큼 신은 그렇게 몰인정하지는 않을 것이다. 따라서 알론소는 신의 징벌의 대상으로서가 아니라, 예정된 비극적 운명의 희생물로서 바라보는 것이 더 옳을 것이다. 비극적 운명의 희생물이라고 하면 가장 먼저 떠오르는 것이 바로 아리스토텔레스가 말하는 비극의 개념이다.

4.3.2.1. 비극적 운명에 대한 저항

앞의 『복수 없는 처벌』에서 구체적으로 살펴본 바와 같이, 아리스토텔레스가 말하는 비극은 소포클레스의 『오이디푸스 왕』의 경우처럼 예정된 운명에 저항하지만 주인공은 결과적으로 그 거대한 운명의 힘 앞에 어쩔 수 없이 굴복하게 되는 것을 말한다. 『올메도의 기사』에서 알론소의 비극적 운명은 이미 작품의 1막부터 예정된 것이었다. 1막이 끝나는 부분에서 파비아의 대사를 통해 당시 카스티야 지방에서 널리 불렸던 민요가 다음과 같이 삽입된다.

> 돈 알론소 님은 이네스 아가씨의 남편이 될 겁니다. 저는 카스티야 지방에서 '메디나의 별이며 올메도의 꽃' 으로 알려진 알론소 님과 함께 아가씨가 행복해지길 바랍니다.(883행-887행)

여기서 '메디나의 별이며 올메도의 꽃(la gala de Medina, la flor de Olmedo)' 은 실제 당시 카스티야 지방에서 유행했던 민요의 일부인데, 이 민요 전체의 모습은 극의 말미에서 메디나에서 올메도로 향하던 알론소가 로드리고 일행과 만나기 직전 들판에서 한 농부를 만나는데,

그가 "밤에 그들이 메디나의 별이며 올메도의 꽃인 그 기사를 죽였다네.(Que de noche le mataron al caballero, la gala de Medina, la flor de Olmedo.)" (2374행-2377행)라고 부르는 노랫말을 통해 알 수 있다. 편집자 마린 마르티네스의 설명에 의하면,(1991, 34) 1521년 11월 6일 올메도의 시의원이자 산티아고 기사단(la Orden de Santiago) 소속의 돈 후안 데 비베로(Don Juan de Vivero)라는 명성 높은 한 인물이 메디나에서 올메도로 오던 중 이전에 그에게 심한 모욕을 당한 바 있는 같은 올메도 출신의 미겔 루이스(Miguel Ruiz)라는 사람과 그 일행들에 의해 잔인하게 살해당한 사건이 실제로 있었는데, 이 비극적 사건을 계기로 카스티야 지방 일대에서 위와 같은 민요가 구전으로 전해 내려왔다는 것이다. 그렇다면 1막의 말미에 파비아에 의해 부분적으로 이 민요가 인용되어졌다는 사실은 이 민요의 배경이 된 사건의 성격 상 이를 통해 알론소의 비극적 최후가 독자나 관객들에게 은연중에 암시되고 있다고 봐야 할 것이다.

이렇게 당시의 대중 사이에서 널리 알려진 노래를 통해서 앞으로 다가올 알론소의 잔혹한 죽음이 예시되는 대목은 2막에서 한 번 더 나타난다. 이번에는 하인 테이요를 통해 다음과 같은 노래가 읊어진다.

> 나는 웃으며 이네스를 골짜기에 놓아두었네. 안드레스, 그대가 그녀를 보게 되면 그녀로 인해 무엇이 나를 죽게 만들고 있는지 말해주게나.(En el valle a Inés la dejé riendo; si la ves, Andrés, dile cuál me ves por ella muriendo)(1104행-1108행)

이 노래 역시, 그 가사가 의미하듯, 올메도로 향하는 길에 어이없게 비참한 죽음을 맞게 되는 알론소의 비극적 운명을 암시적으로 빗대기 위해 작가 로페가 의도적으로 삽입한 것이라 할 수 있는데, 마르티네스에 의하면,(1991, 104-105, 각주 28) 이는 1578년 이후 스페인에서 실제로 불려왔던 노래라고 한다.

여기서 주목해야할 것은, 독자나 관객들뿐만 아니라, 알론소 자신도 역시 다른 방식으로 그의 비극적 운명을 어렴풋이 감지하고 있다는 것이다. 예를 들어, 2막에서 알론소는 테이요에게 간밤에 꾼 불길한 꿈의 내용에 대해 다음과 같이 말하고 있다.

> 초록빛 금작화 위에 한 분홍 방울새가 앉더군. 꽃같이 노랗게 빛나는 날개로 초록의 나뭇가지들을 장식하는 듯 했지. 그 분홍 방울새가 허공을 향해 조그만 목소리로 사랑의 슬픔을 노래하고 있는데, 매 한 마리가 편도나무에 숨어 있다가 튀어 나왔어. 분홍 방울새는 매의 상대가 될 수 없었고, 따라서 꽃들은 피로 물들었고, 깃털은 수없이 공중으로 흩어지고 말았지. 테이요, 산들바람의 가느다란 메아리만이 그 분홍 방울새의 비참한 신음소리에 대답할 뿐이었고, 거기서 그리 멀지 않은 곳에서 그 분홍 방울새의 아내가 자스민에 숨어서 자기 남편의 비참한 운명을 애달파하며 죽어가는 그를 지켜보고 있었지. 난 이 꿈이 말하는 의미를 헤아리며 불안해하지 않을 수가 없다네. 희망과 살아갈 의지가 사라지는 것 같았어.(1763행-1790행)

왠지 모를 미래에 대한 불안감과 자신에게 닥칠 것만 같은 비극적 최후를 생각하며 몸서리치고 있는 알론소의 심정이 그대로 느껴지는 대목이라 할 수 있다. 그리고 이러한 그의 불길한 느낌은 올메도로 떠나기 전 이네스에게 "이네스, 나는 요즘 슬픔과 기쁨이 교차하며 불길한 상상 속에서 헤어나지 못하고 있소. 곧 당신을 잃을 것이라는 너무나도 강렬한 상상을 피할 수가 없군요." (288행-2194행) 라고 한 말에서도 그대로 반영되고 있다.

투우에서 훌륭한 모습을 보여준 알론소는 메디나의 투우경기에 참가하는 자신 때문에 고향인 올메도에서 가슴 졸이며 걱정하고 계실 부모님을 생각하며 이네스를 뒤로 하고 올메도로 돌아가기로 결심한다.[49] 그러나 이미 그때는 앙심을 품은 로드리고가 그를 살해하기 위해 올메도로 가는 길목에서 그를 기다리고 있는 중이었다. 이제 관객들은 민요의 노래가사가 말하는 내용이 점점 현실화되어 가고 있음을 느끼기 시작한다. 그런데 흥미롭게도 알론소도 역시 올메도로 향하는 길에서 자신을 기다리고 있는 비극적 운명을 점점 분명하게 감지하고 있는 것이다. 길을 떠나기 전 알론소는 이네스에게 다음과 같이 말하며 자신의 비극적 운명이 실행되는 것이 멀지 않았음을 암시하고 있다.

> 당신의 사랑을 한 몸에 받고 있는 내가 이렇게 슬픈 감정을 느낀다면 참 이상한 게 당연하지요. 난 지금 죽으러 떠난다오. 이네스, 당신에게 내 죽음을 알리는 편지를 쓰겠소. 내가 떠나면 난 죽은 목숨이기에, 내가 돌아오면 죽어서 돌아올 거요. (2210행-2217행)

이 대목에서 우리는 예견된 운명의 거대한 힘에 저항하는 비극적 주

49 알론소는 테이요에게 갑자기 올메도로 떠나야 하는 이유를 다음과 같이 설명하고 있다.

> 내가 오늘밤 올메도에 돌아가지 않으면 부모님은 내가 죽었다고 생각하실 거야. 부모님을 뵙지 못해서 그분들께 그런 슬픔을 안겨드리는 건 도리가 아니지. 오늘밤 안심하고 주무시게 해드려야 하지 않겠나. (1906행-1911행)

인공 알론소의 고뇌를 느낄 수 있는 것이다. 즉, 명예롭고 의로운 기사로서 불길한 예감을 탓하며 고향에서 자신을 걱정하고 계실 노부모님을 모른 채 할 수는 없는 노릇인 것이다. 따라서 어쩔 수 없이 올메도로 향하는 것은 알론소의 운명일 수밖에 없다. 알론소는 이 운명을 피하지 않고 직접 온몸으로 부딪히기 위해 길을 떠나는 것이다. 그리고 불길한 예감이 드는 자기 자신과 끊임없이 투쟁한다. 다음에서 보듯, 이러한 알론소의 모습을 가장 단적으로 보여주는 좋은 예가 바로 올메도로 떠나면서 자신의 그림자와 만나는 장면이다.

> **알론소** : 누구냐? 내 말을 들은 채도 않는군. 대답해라. 웬 녀석이 나를 겁주는 건가! 로드리고인가? 누군지 말하지 않겠느냐?
> **그림자** : 돈 알론소요.
> **알론소** : 뭐라고?
> **그림자** : 나는 돈 알론소요.
> **알론소** : 그럴 리가. 내가 바로 돈 알론소 만리케다. 허튼 수작이라면 칼을 잡아라! 칼이 뒤집혔다. 아니, 나랑 저자가 똑같은 동작을 하다니. 아, 무시무시한 상상이여! 내 그림자였던 것 같구나... 하지만 내 눈에 분명히 보이는 형상이었고, 분명히 자기가 돈 알론소라고 하지 않았는가. 이 모든 게 슬픈 공상의 힘이 꾸며낸 짓이다. (2257행-2275행)

이제 알론소도 그림자를 통해 자신의 비극적 운명을 좀 더 실감 있게 느끼기 시작한다. 그렇다면 알론소는 무슨 핑계를 대서라도 길 떠나는 것을 그만두어야 하지 않을까? 그러나 그는 올메도로 가는 길에서 끊임없이 밀려드는 불길한 예감과 싸우며 "이미 절반을 왔는데, 내가 다시 돌아가면 사람들이 뭐라고 할 것인가?"(2425행-2426행)라고 말한다. 불안함을 느낀다는 것은 운명의 거대한 힘 앞에 자신이 한낱 초라한 존재일 수 있다는 것을 직감적으로 느낀다는 것이다. 그러나 그는 그 운명에 온몸으로 맞서며 올메도를 향해 계속 앞으로 나아가기로 한다. 이는 곧 천병희 교수가 다음과 같이 설명하는 고대 그리스 비극의 아리스토텔레스적 주인공들을 연상케 하는 대목이며, 동시에 비극적 주인공인 알론소 자신에 대한 설명이기도 하다.

> 신들이 오이디푸스에게 내린 운명이 더없이 가혹하고 그런 운명과 싸운다는 것은 처음부터 가망 없는 일로 보이지만 그럼에도 불구하고 오이디푸스는 조금도 동요함이 없이 적극적으로 능동적으로 자신의 운명과 끝까지 대결하고 또 그것을 자신의 의지 속에 받아들임으로써 극복한다. 바로 여기에 오이디푸스뿐만 아니라 아이아스, 안티고네, 엘렉트라같은 소포클레스적 인간들의 위대함이 있는 것이다. 순응하고 회피하고 다가오는 무서운 진실 앞에서 마지막 순간까지 눈을 감으려는 이오카스테, 테크멧사, 이스메네, 크뤼소테미스 등과는 달리 이들은 마지막 순간에 지금까지 들춰 낸 진실을 외면하기만 해도 파국을 면할 수 있음에도 불구하고 결연히 생존보다는 명예를, 외면적 가치보다는 내면적 가치를, 그리고 정신적 죽음보다는 육체적 죽음을 택했다. (2002, 473)

그리고 소포클레스 비극의 주인공들이 그러했듯이, 알론소 역시 비록 육체는 로드리고에 의해 비참한 죽음을 당했지만 결코 사라지지 않는 그의 영혼은 메디나의 이네스와 영원히 함께 하고 있는 것이다. 이네스와 마지막 이별을 하며 알론소는 그녀에게 "안타깝지만 나는 올메도로 떠나야 합니다. 하지만 내 영혼은 메디나에 두고 갑니다." (2178행-2179행) 라는 말을 남기고 죽음이 예정된 길을 떠났다. 그가 던진 이 말 한마디가 이를 온전하게 확인해주고 있다.

4.3.2.2. 돈 알론소의 비극적 운명과 바로크적 세계관

그렇다면 『올메도의 기사』를 아리스토텔레스의 비극의 범주에 온전히 포함시킬 수 있는 것일까? 다음과 같은 헤세(Hesse)의 언급에서 보듯, 이 작품뿐만 아니라 비극적 요소를 지닌 스페인 바로크 시대의 많은 극작품들이 가지고 있는 장르에 대한 문제는 사실 그리 간단치가 않다.

> 모비(Morby)는 로페가 《비극》 또는 《희비극》이라고 명명한 42편의 극작품 명단을 작성하였다. 일반적으로 《비극》으로 불리는 그 밖의 로페의 여러 극작품들이 그 명단에서 제외되었는데, 로페가 무슨 이유에서인지 그 작품들을 비극으로 분류하는 것을 원치 않았기 때문이다.
> 종종 카테고리들은 작가가 말하고자 했던 바를 정확하게 명명하기에 부적절할 때가 있다. 비평가들 사이에는 비극이 형성하는 것에 대해 일치되는 의견이 별로 없다. 어떤 연극을 희극 또는 비극으로 정의하려는 시도는 거의 무의미할 수도 있다. 왜냐하면 기존의 정의들을 가지고 살펴볼 때 희극도 비극도 아닌 경우가 비일비재하기 때문이다. (1977, 161)

앞서도 잠시 언급이 되었지만, 이 작품은 순수 비극이라고 하기엔 1막과 2막에서 나타나는 분위기가 지나치게 희극적이다. 특히 2막의 경우가 그러한데, 예를 들어 테이요가 시체의 어금니를 뽑으러 파비아와 함께 무덤에 가서 겪은 일을 알론소에게 설명하는 다음의 장면은 당시의 관객들에게 많은 웃음을 유발했을 법하다.

(안 갔으면 좋았으련만) 파비아와 함께 교수형으로 죽은 자의 어금니를 뽑으러 갔었지요. 어릿광대인형처럼 사다리를 제가 한 쪽에 놓았죠. 파비아는 올라갔고, 저는 혼자 남아 서 있는데, 그 시체가 저한테 "테이요, 두려워말고 올라오게. 아니면 내가 내려가지."라고 말하는 겁니다. 성 바로오님 맙소사! 전 정신을 잃고 땅바닥으로 떨어져버렸지요. 제가 다시 제정신으로 돌아온 건 하늘의 기적이라니까요. 그놈이 내려왔고, 전 두려워하며 깨어났는데, 절 근심스럽게 바라보는 것이었어요. 왜냐하면 비도 오지 않았는데 제 바지가 다 젖었거든요. (960행-975행)

그리고 이 작품이 갖는 희극적 분위기의 백미는 같은 2막에서 파비아와 테이요가 이네스의 조언자와 라틴어 가정교사가 되기 위해 각각 고행수도원의 수녀와 라틴어를 가르치는 유식한 학생으로 변장하고 그녀의 집에 들어가 그녀의 아버지 페드로로부터 허락을 받아내는 부분이다. 특히, 다음에서 보듯, 어울리지 않게 몸에 고행대(苦行帶)를 찬 파비아의 모습에서 극작가 로페 특유의 유머적 감각이 십분 발휘되고 있다.

페드로 : 이네스야, 이 분이야말로 네가 필요로 하는 분인 것 같구나.
이네스 : 이 수녀님이 바로 지금 제가 필요로 하는 분 맞네요. 수녀님, 안아주세요.
파비아 : 아이쿠, 잠깐만. 고행대 때문에 포옹할 수가 없네. (1439행-1443행)

이러한 희극적 분위기와 앞서 살펴본 비극적 분위기와의 혼합과 교차를 온전하게 이해하기 위해서는 로페의 『신극작술』에 나와 있는 희비극과 관련된 설명에 주목해야 한다. Ⅲ장의 2.2.1.에서 살펴보았듯이, 로페에 따르면 비극적인 것과 희극적인 것을 혼합하는 것은 시인 테렌시우스와 철학자 세네카를 한데 섞는 것과도 같고, 또한 이러한 혼합은 파시파에가 낳은 미노타우로스와도 같이 보일지도 모르나, 이는 어디까지나 자연의 다양성이 갖는 아름다움을 표현하려는 것일 뿐이고, 따라서 로사스(Rozas)의 표현을 빌면, 이러한 비극적 요소와 희극적 요소 간의 혼합이야말로 "희비극(tragicomedia)이라는 장르의 온전한 개념을 의미하며, 명백한 바로크적 성향을 나타내는 연극은 이 개념으로부터 생성되어진다" (1976, 74)는 것이다. 그리고 여기서 언급되어지고 있는 바로크적 성향이란 일원적 가치가 아닌 이원적 심오함, 즉 비극과 희극이라는 서로 대칭되는 상이한 두 요소의 끊임없는 대립과 교차를 한 작품 안에서 추구하는 바로크 특유의 미학적 성향을 의미한다고 할 수 있다.

한 편 지금 언급되고 있는 이중적 심오함, 즉 두 가지 대칭적 요소들의 혼합(mixto)으로서의 바로크적 미학에 대해서는 좀 더 자세하게 살펴볼 필요가 있다. 스페인 바로크 미학의 대가 마라발(Maravall)은 지금 논의되고 있는 대립적 개념들의 혼합에 대해 다음과 같이 설명하고 있다.

> 만일 세상이 나쁘고 사악한 것이라면, 그 세상은 훌륭하고 바람직한 면도 역시 가지고 있을 수 있다. 이것은 한 쪽에 하나의 사물이 있고 다른 쪽에 그 반대되는 것이 있다는 식의 개념이 아니고, 하나의 동일한 성질에서 서로 다른 효과들을 추출해낼 수 있다는 것을 의미한다. 어떤 면들은 비관적이고 또 다른 면들은 낙관적인 것이 아니다. 이보다는 오히려 비관적인 면들을 적절하게 잘 맞추어서 바람직한 결과를 얻을 수 있다

고 말하는 게 더 옳을 것이다.

이러한 《혼합》의 내면적 조건들의 결과로서 불안정성, 불안감이 파생되는데, 이러한 것을 가지고 인간은 항상 세상과 관계를 맺고 있는 것이다. 인간에게서 이러한 사실은, 세상은 그 밀접한 구조에 있어서 안정적이고 완성된 존재가 아니라 -〔…〕- 역동적이고 변화무쌍하고 모순적인 견고성을 지니고 있는 것임을 전제로 한다. 세상은 서로 대립되는 것들의 투쟁의 장이다. 즉, 세상이란 서로 대립되는 요소들로 이루어진 가장 복잡한 망이 만들어지는 장소인 것이다. (1990b, 324-325)

이 설명은 『올메도의 기사』에 그대로 적용될 수 있다. 즉, 이 작품이 가지고 있는 희극적 · 비극적 분위기의 혼재는 희극적 분위기와 비극적 분위기를 각각 다른 데에서 가지고 와 한 데 뒤섞어서 『올메도의 기사』라는 작품을 완성한 게 아니라는 것이다. 이렇게 외부에서 서로 다른 요소들을 끌어들인 게 아니라, 『올메도의 기사』라는 세상 안에는 서로 대립되는 두 요소가 이미 내재하고 있는 것이다. 이를 사람에 비유하면, 한 사람의 성향 안에 선한 면과 악한 면이 동시에 존재한다고 해서 그 사람을 선한 사람과 악한 사람이라는 서로 다른 두 사람으로 쪼갤 수 없는 것과 같은 이치다. 이는 바로크적 세계관을 이해하는 데 매우 중요한 개념으로서, 위에서 마라발이 지적했듯이, 바로크적 관점에서 세상은 그 내면에서 서로 모순되고 대립되는 요소들이 끊임없이 투쟁하고 맞서는 곳이라는 것이다.

『올메도의 기사』에는 희극적 · 비극적 분위기뿐만 아니라 그 외에도 여러 다른 대립적 요소들의 대칭들이 자주 발견된다. 예를 들어, 알론소와 로드리고가 이네스를 향한 자신들의 뜨거운 사랑을 표현할 때면 늘 '삶(vida)'과 '죽음(muerte)'이라는 개념들이 서로 대립되어 나타난다. 그들에게 '이네스와 함께'는 삶을 의미하는 것이고, '이네스 없이'는 곧 죽음인 것이다. 알론소의 다음과 같은 독백이 좋은 예이다.

> 아, 나의 적 부재(不在)여, 너는 영혼을 조각내어 내 삶을 버릴 수 있다! 그 잘난 효과로 인해 나는 너를 살아있는 죽음이라 부르리라. 왜냐하면 넌 내가 그녀를 보고 싶어 하게 해서 나에게 삶을 부여하는가 하면, 또 그녀를 못 보게 해서 나를 죽음으로 몰아낼 수도 있기 때문이다. (1610행-1617행)

또한 프란시스코 리코(Rico)의 다음과 같은 설명에 의하면, 로페에게 이 작품의 직접적인 영감을 주었던 카스티야 지방의 민요도 역시 '빛'과 '그림자'의 대비라는 하나의 대칭적 구도로 이루어져 있다는 것이다.

> 대립과 엄격한 상응이라는 구성적으로 시적인 유희 안에서 올메도 기사의 전설이 1620년대의 일반적인 스페인사람들에게 빛('별', '꽃')과 그림자('밤', '그 기사를 죽였다네')의 대립을 나타내는 하나의 노래가 되었다는 사실은 예삿일이 아니다. (1983, 348)

이밖에도 이 연극에는 우스꽝스러운 하인 테이요와 고뇌하는 영혼의 소유자 알론소가 서로 간의 상이한 성격으로 인해 작품 내내 좋은 대칭을 형성하고 있으며, 파비아를 축으로 하는 기독교와 악마 간의 대립도 이 연극 전체를 관통하는 하나의 커다란 대칭적 요소라 할 수 있을 것이다. 그렇다면 이러한 상이한 요소들의 끊임없는 대립을 통해 궁극적으로 바로크적 세계관에서는 무엇을 나타내고자 하는 것일까?

이에 대한 해답의 실마리는 다음과 같은 마라발의 설명들에서 발견할 수 있을 것이다.

> 모든 곳에서 어두운 그림자의 존재가 관찰되었다. 사람들이 죽어가고, 폐허가 늘었으며, 농장과 작업장 등등이 파괴되거나 버려졌다. 1600년대는 비극적 시기였다. 〔…〕 바로크는 불행과 고통에 대한 인식에서 출발하고 그 불행과 고통을 표현한다. (1990b, 310)

> 전쟁과 죽음, 속임수와 잔인함, 그리고 비참함과 고통 위에서 바로크적 정신은 서로 모순되는 요소들의 마지막 조화를 긍정한다. 이는 바로크가 위와 같은 해악들을 모두 제거하기 때문이 아니라, 인간이 이러한 해악들에 순응해 가듯이, 이 해악들을 서로서로 잘 조정해주기 때문이다. (1990b, 325)

희극과 비극이 서로 교차하며 부딪히는 인간의 삶은 결국 어느 정도 익숙해진 고통으로 귀결된다. 알론소의 비극적 운명은 바로크가 나타내는 이러한 생의 고통스럽고 불행한 측면이 빚어낸 불행한 결과라고 할 수 있을 것이다. 즉, 마라발이 지적하였듯이, 이 작품이 갖는 상이한 요소들의 대립과 이를 통한 내면적 투쟁은 고통과 불행으로 귀결되는 인간의 삶의 모습 그 자체인 것이며, 주인공의 비참한 최후라는 값비싼 대가를 치루면서 이러한 고통과 불행을 또한 조금씩 조정해가면서 이에 적응해 나가는 인간 사회의 모습이 이 연극 안에 투영되고 있는 것이다.

4.4. 맺는 말

지금까지 로페의 극 『올메도의 기사』에 대한 '시적 정의' 또는 인과응보적 관점이라는 기존의 해석과 함께 이 기존의 해석을 초월하여 주인공의 죽음을 비극적 운명의 희생물로 바라보는 새로운 관점을 살펴보았다. 주인공 알론소를 비극적 운명의 희생물로 간주한다는 것은, 인간은 거역할 수 없는 예정된 운명에 자유의지를 가지고 저항하나 이러한 거대한 운명의 힘 앞에 결과적으로 굴복할 수밖에 없는 초라한 존재라는 아리스토텔레스적 비극의 관점이 반영된 것이라 할 수 있다. 그리고 로페는 자신의 방식대로 '희비극'으로서 이 작품이 나타내는 고유한 의미를 이러한 아리스토텔레스의 비극적 관점 위에 덧입히고 있는 것이다. 즉, 로페는 희극적 분위기와 비극적 분위기가 한데 절묘하게 조화를 이루고 있는 이 작품처럼 인간의 삶도 역시 마찬가지로 희극과 비극의 반복되는 교차와도 같다는 사실을 주인공 알론소의 운명을 통해 관객들에게 암시하고 있는 것이다. 이러한 관점이야 말로 인생에 대한 근거 없는 환상으로부터 깨어나려는 당시의 바로크 특유의 가치관을 의미한다고 할 수 있다. 따라서 알론소가 비극적 운명의 희생물이라고 하는 것 자체는 맞겠지만, 그는 예정된 비극적 운명이라는 한 점만을 향하여 처음부터 거침없이 치닫는 아리스토텔레스 특유의 희생제물이라기 보단, 불행과 고통, 그리고 수많은 부조리들로 점철된 이 세상에 사회구성원들이 조금씩 적응해가고 어느 정도 그 혼란이 수습되기 위해서 불가피하게 필요로 했던 비극적 대가라고 보는 것이 더 옳은 것 같다. 아니면, 좀 더 시적인 의미로 바라본다면, 그는 희극과 비극이 계속해서 교차하는 인생이라는 길 위에서 어쩌다 비극이라는 수레바퀴에 치어버린, 바로크의 비관적 세계관이 잉태한 불행한 희생물이라고도 할 수 있을 것이다. 결국 로페는 이 작품을 통하여 희비극이 반복되는 인간의 삶을 있는 그대로 나타내려 하였던 것이고, 관객들에게는 이를 관찰하기 위한 도구로서 '바로크'라는 색안경을 제공하려 했던 것이 아닐까 싶다.

5. 로페의 연극과 아리스토텔레스주의

앞장에서 살펴보았듯이, 『신극작술』의 곳곳에서 로페는 아리스토텔레스적인 고전적 규범을 지양하는 입장을 보인 바 있는데, 그럼에도 불구하고 극작에 대한 로페의 가장 기본적인 미학적 바탕이 아리스토텔레스주의에서 발견되고 있음은 결코 부인할 수 없는 사실이다. 한편 로페 연극의 미학적 기반이 이와 같이 아리스토텔레스주의에 입각하고 있다고는 하지만, 이것이 아리스토텔레스주의에 대한 맹목적인 추종을 의미한다는 것은 결코 아니라는 점도 역시 간과해서는 안 될 것이다. 오히려 그는 시대와 장소에 맞지 않는 극 형식에 대한 아리스토텔레스적 이론은 과감하게 배제하고, 당시 스페인이 처한 시대적 상황을 충분히 염두에 두면서 아리스토텔레스주의를 그의 연극세계에 접목시켰던 것이다. 당시의 스페인은 모든 미학적 가치가 바로크라는 새로운 문화 · 예술적 흐름으로 변화되는 과도기적 시기였다. 따라서 로페는 문학과 예술에 관한 이러한 시대적 흐름을 제대로 간파하여, 아리스토텔레스에 대한 맹목적 추구를 지양하고 새로운 시대적 동향인 '바로크' 라는 방식으로써 아리스토텔레스주의를 받아드렸던 것이다.

이상과 같은 관점 하에서, 우선 형식이 아닌 내용적인 측면에서 로페가 아리스토텔레스주의를 바탕으로 극에 관한 그의 이론을 전개시켰다는 사실을 입증해보도록 하고, 본격적인 단계로 로페가 극작을 위하여 구체적으로 어떤 방식을 통해 아리스토텔레스주의를 그의 극작품에 반영하고 있는지를 고찰하고자 한다. 다시 말해, 로페가 그의 연극 세계에서 아리스토텔레스주의를 실현시키는 데 사용되었던 바로크적 방식이라는 것이 구체적으로 어떠한 방식을 의미하는지를 밝혀보도록 한다.

5.1. 로페의 극이론에 반영된 아리스토텔레스주의

5.1.1. 주인공의 성격

아리스토텔레스는 그의 『시학』에서 등장인물들의 성격에 관해 네 가지를 설명하고 있는데, 이중 첫 번째를 제외한 나머지 세 가지 사항들을 특별히 주목해볼 필요가 있다. 그 세 가지 사항들은 다음과 같다.

> 〔…〕. 둘째는 성격이 적합해야 한다는 것이다. 예컨대 여자도 용감할 수가 있다. 그러나 용감하거나 똑똑한 것은 여자의 성격으로 적합하지 않다. 셋째는 작품 속에 나오는 성격이 전래의 스토리에 나오는 그 원형(原型)과 유사해야 한다는 것이다. 이것은 방금 규정한 바 있는, 성격이 선량하고 적합해야 한다는 것과는 전혀 별개의 것이다. 넷째는 성격이 일관성이 있어야 한다는 것이다. 모방의 대상이 되는 인물이 일관성이 없고, 그러한 성격을 나타내는 경우라 하더라도 그는 일관하여 일관성이 없어야 한다. (『시학』 15장)

그리고 아리스토텔레스는 이러한 주인공의 성격과 플롯과의 관계에 대해서 다음과 같이 설명하고 있다.

> 성격에 있어서도 사건의 구성에 있어서와 마찬가지로 언제나 필연적인 것 혹은 개연적인 것을 추구하지 않으면 안 된다. 그러므로 이러이러한 사람이 이러이러한 것을 말하거나 행할 때는, 그것은 그의 성격의 필연적 혹은 개연적 결과라야 하며, 두 사건이 이어서 일어날 때는, 후자는 전자의 필연적 혹은 개연적 결과라야 한다. (『시학』 15장)

즉, 주인공의 상에 적합한 성격이 극의 전반을 통해 전형적이고 일관성 있게 표출되어야 한다는 사실은 등장인물의 성격이 나중에 살펴볼 극적 사건들의 유기적 결합과 이를 통한 필연적인 결말에 모순되어서는 안 된다는 것을 뜻한다. 그리고 앞장의 2.2.4.에서 이미 구체적으로 살펴보았듯이, 로페는 『신극작술』의 269행-279행, 그리고 284행-290행에서 등장인물의 성격에 대한 아리스토텔레스의 이러한 주장을 여과 없이 그대로 수용하고 있는데, 여기서 로페에 의해 설정된 주인공들의 전형적인 상들은 마치 방금 살펴본 아리스토텔레스의 주장들에 대한 구체적인 예들을 보는 듯하다.

5.1.2. 플롯

그러나 아리스토텔레스에게 정작 중요한 것은 주인공의 성격이라기보다 플롯이다. 다음의 설명에서 보듯, 아리스토텔레스는 그의 『시학』에서 비극의 가장 중요한 요소를 사건의 결합, 즉 플롯으로 보았다.

> 비극의 목적도 일종의 행동이지 성질은 아니다. 인간의 성질은 성격에 의하여 결정되지만, 행 · 불행은 행동에 의해 결정된다. 그러므로 드라마에 있어서의 행동은 성격을 묘사하기 위한 것이 아니라, 오히려 성격

이 행동을 위하여 드라마에 포함되는 것이다. 따라서 사건의 결합, 즉 플롯이 비극의 목적이며, 목적은 모든 것 중에서 가장 중요한 것이다. 또 행동 없는 비극은 불가능하겠지만, 성격 없는 비극은 가능할 것이다. (『시학』 6장)

다시 말해, 아리스토텔레스의 비극이라 함은 인과관계가 명확한 일련의 사건들이 비극적 결말을 위해 서로 유기적으로 결합되어 있는 것을 말한다. 그러므로 셰익스피어의 『햄릿』 등과 같은 비극과는 달리,[50] 아리스토텔레스적 비극의 주인공이 갖는 성격은 행동, 즉 플롯을 드러내기 위한 하나의 수단에 지나지 않는다. 『시학』 6장에 나와 있는 아리스토텔레스의 표현을 빌자면, "비극의 생명과 영혼은 플롯이고, 성격은 제 2위"인 것이다. 그리고 이러한 일련의 극적 사건들이 맺는 유기적 결합에 대해서 이 그리스 철학자는 다음과 같이 좀 더 쉽게 부연 설명을 하고 있다.

그러므로 다른 모방 예술에 있어서도 하나의 모방은 한 가지 사물의 모방이듯, 시에 있어서도 스토리는 행동의 모방이므로 하나의 전체적 행동의 모방이어야 하며, 사건의 여러 부분은 그중 한 부분을 다른 데로 옮겨 놓거나 빼버리게 되면 전체가 뒤죽박죽이 되게끔 구성되어야 한

50 주인공의 성격에 초점을 맞춘 셰익스피어의 비극에서 생성되는 비극적 운명은 사건들의 유기적 결합에 의해 불가피하게 형성되는 것이 아니다. 셰익스피어의 비극에서 그러한 운명을 좌우하는 것은 바로 주인공의 성격인 것이다. 즉, 재난과 파국을 초래하는 비극적 행동들의 주된 원천은 주인공의 성격이며, 따라서 셰익스피어의 비극으로부터 창출된 '성격이 운명이다' (character is destiny)라는 그 유명한 공식은 이러한 의미로 이해되어야 할 것이다.

다. 왜냐하면 있으나마나 두드러지게 차이가 나지 않는 것은 전체의 부분이 아니기 때문이다. (『시학』 8장)

이에 반해, 셰익스피어의 연극에서 나타나는 비극적 운명이란 주인공의 의지에 따라 얼마든지 피하거나 바꿀 수도 있는 상대적인 것이며, 따라서 셰익스피어에게 사건들의 유기적 결합을 통해 형성되는 '절대적 운명'이란 존재하지 않는다. 이러한 점으로 비추어 볼 때, 아리스토텔레스가 말하는 '사건들의 유기적 결합'이야말로 극작술적 측면에서 여타 비극들로부터 '아리스토텔레스적 비극'을 구별하여주는 가장 핵심적인 변별적 요소라고 할 수 있는 것이다. 그런데, 앞에서 살펴보았듯이, 등장인물의 성격과 함께 로페는 바로 이 '사건들의 유기적 결합'이라는 개념도 역시 자신의 『신극작술』에서 그대로 받아드리고 있음을 알 수 있다. 앞장의 1.2.2.2.에서 살펴본 『신극작술』의 181행-195행의 설명을 보면 방금 본 플롯에 대한 아리스토텔레스의 설명과 너무나도 흡사함을 알 수 있다. 또한 이 부분은 후세 아리스토텔레스의 추종자들이 말하는 소위 '삼단일성' 중 행동의 단일성(unidad de acción)을 의미한다고 할 수 있는데, 흥미로운 점은, 로페의 『신극작술』에 대한 저명한 전문가인 후안 마누엘 로사스(Rozas)에 의하면 (1976, 86), 이 부분에 대해 로페가 워낙 전적으로 아리스토텔레스의 견해에 동감하고 있기 때문에 '시간'에 대한 이후의 장황하고 긴 설명과 달리, 비교적 간략하게 언급하고 넘어갔다는 것이다.

요컨대, 로페 역시 플롯에 대해 '사건들의 유기적인 결합'이라는 아리스토텔레스와 매우 유사한 개념을 갖고 있다고 할 수 있으며, 따라서 로페의 연극에서도 아리스토텔레스적 비극과 마찬가지로 테마를 전개하는 원동력이 사건의 유기적 결합, 즉 다름 아닌 '플롯'임을 알아야 한다.

5.2. 로페의 바로크적 아리스토텔레스주의

5.2.1. '급전'과 '발견' : 플롯을 위한 두 가지 요소

아리스토텔레스는 플롯을 이루는 부분을 크게 세 가지로 나누어 설명하고 있는데, '급전(peripecia)', '발견(anagnórisis)' 그리고 '파토스(acontecimiento patético)'가 바로 그것이다. 이 중 '급전'과 '발견'은 아리스토텔레스에 의해 비극의 플롯을 형성하는데 가장 핵심적인 요소로 간주되어지는데, 이 그리스 철학자가 말하는 '급전'이란 주인공의 운명이 일련의 개연적 또는 필연적 경로를 거쳐 불행에서 행복으로 또는 행복에서 불행으로 바뀌는 것처럼(『시학』 7장), 갑자기 사태의 흐름이 반대의 방향으로 변화되는 것을 의미한다. 그리고 '발견'이란 그 말 자체가 의미하듯이 몰랐던 사실을 알게 되는 것을 뜻하는데, 이때 등장인물들이 행운에의 숙명을 지녔느냐 불행에의 숙명을 지녔느냐에 따라 바람직한 관계로 변하기도 하고, 또는 비극적 관계로 돌아서기도 한다(『시학』 11장). 그런데 중요한 것은 '급전'과 '발견'이라는 이 두 요소가 플롯의 전개상 서로 별개의 것이 아니라는 점이다. 즉, 이 둘은 상호간에 영향을 주고받으며 그 양상이 전개된다는 것인데, 예를 들어, 플롯 상의 필연성 때문에 불가피하게 엄청난 '발견'이 이루어지고, 이 발견으로 인하여 사태가 '급전'함으로써 극은 비로소 그 비극적 결말을 향해 치닫는다는 것이다. 요컨대, 앞에서 살펴보았듯이, 극이론에 관련한 아리스토텔레스주의란 플롯 중심의 비극을 의미하는 것이고, 이 플롯을 이해하는데 가장 핵심적인 개념이 바로 '급전'과 '발견'인 것이다. 따라서 아리스토텔레스적 비극에 대한 올바른 접근은 아리스토텔레스가 말하는 이 '급전'과 '발견'에 대한 온전한 이해로부터 시작된다고 해도 과언이 아닐 것이다.

그렇다면 17세기 스페인 바로크 연극의 태동기에 있었던 로페는 자신의 연극에서 이러한 아리스토텔레스의 '급전'과 '발견'을 구체적으로 어떤 식으로 소화하였고, 또 어떤 모습으로 당시의 관객들에게 나타내었는가? 로페는 아리스토텔레스주의로 대변되는 엄격한 고전적 형식에서 탈피하고, 아리스토텔레스가 말하는 '급전'과 '발견'의 개념을 나름대로의 방식으로 작품 내에 반영하려 노력했다. 즉, 로페 자신이 고백하였듯이, 그는 그리스나 라틴의 전통적 방식을 맹목적으로 추구하는 것에서 탈피하여 '스페인 스타일로'(al estilo español) 극작품을 창작하려 했던 것이다. 지금부터는 로페의 실제 극작품들을 통하여 이 문제에 대해 좀 더 구체적으로 살펴보도록 하겠으며, 이를 위하여 이미 앞에서 살펴본 바 있는 로페의 극작품들인 『분수를 아는 시골사람』, 『과수원지기의 개』, 『복수 없는 처벌』, 그리고 『올메도의 기사』를 그 대상으로 삼도록 한다.

5.2.2. 로페의 희극적 '급전'과 '발견'

앞서 살펴보았듯이, '급전'과 '발견'은 원래 아리스토텔레스가 비극적 결말을 얻기 위해 사용한 극작술상의 장치였다. 그런데 로페는 그의 순수 희극작품들을 통해 아리스토텔레스가 비극의 플롯에 대한 설명을 위해 언급한 바로 이 '급전'과 '발견'이라는 개념을 희극적 카테고리로까지 확대・전이시키고 있는 것이다. 앞에서 언급하였듯이, 아리스토텔레스가 말하는 '급전'은 주인공의 운명이 행복에서 불행으로뿐만 아니라 반대로 불행에서 행복으로 바뀌는 것을 의미할 수도 있다. 물론 전자는 비극의 경우이고 후자는 희극의 경우이다. '발견'도 마찬가지다. 즉, '발견' 역시 적대적 관계를 야기할 수도, 우호적 관계를 만들어 낼 수도 있는 것이다. 문제는 아리스토텔레스가 이 두 가지의 경우를 모두 언급했지만, 주지하다시피 희극의 경우는 나중에 다시 언급하기로 한다는 설명만 있을 뿐, 그의 『시학』에서는 더 이상 희극에 대한 설명을 찾아볼 수가 없다는 것이다. 더군다나 『시학』 2장과 5장에서 아리스토텔레스는 희극을 폄하하면서 희극을 "실제 이하의 악인을 모방"하는 것이라고까지 언급한 바가 있다. 요컨대, 아리스토텔레스는 '급전'과 '발견'의 개념을 비극의 카테고리로만 국한시켜 설명하였다고 볼 수 있는 것이다. 우리는 이러한 아리스토텔레스의 한계를 로페가 어떻게 극복하며 희극적 '급전'과 '발견'을 자신의 연극세계에서 전개시키고 있는지 주목할 필요가 있다.

우선 우리는 로페의 희극 『분수를 아는 시골사람』에서 주인공의 운명이 불행에서 행복으로 '급전'하는 '발견'을 목격할 수 있다. 이를 위해, 이미 앞에서 살펴본 『분수를 아는 시골사람』의 줄거리를 다시 한 번 짚고 넘어가볼 필요가 있다. 이 극의 주인공 후안은 자신만의 세계에서 풍요로운 부와 자유를 만끽하며 사는 '부유한 농민'이다. 후안이 느끼는 행복감은 그의 아들 펠리시아노에게 한 다음의 말에서 어렵지 않게 짐작할 수 있다.

> 거의 모든 걸 다 가진 나 같은 시골사람이 왕 따위를 만나봐서 뭐하겠느냐? (466행-468행)

> 펠리시아노야, 나는 나만의 이 작은 세계에서 지금껏 왕 노릇을 하며 살아 왔단다. (475행-476행)

그러나 얼마 지나지 않아 이러한 그의 행복은 그의 유유자적한 삶에 질투를 느낀 왕의 심술로 풍비박산 나고 만다. 앞서 살펴보았듯이, 후안이 누리는 절대적 행복을 직접 자신의 눈으로 확인하기 위해 성지기 디오니스로 변장하고 혼자 후안의 집을 방문한 왕은 후안이 사는 모습을 실제 목격한 후 더더욱 그의 평화로운 삶을 시샘하게 되고, 더 나아가 자신은 결코 가져본 적이 없는 그의 고유한 가치관, 즉 소박한 것에서도 무한한 행복을 발견할 줄 아는 그의 멋진 인생철학을 흠모하기까지에 이르게 된다. 결국 왕은 후안을 시험해보고자, 왕에 대한 무한한 그의 충성심을 이용하여 그에게 처음에는 돈을, 다음에는 그의 사랑하는 자식들을 요구한다. 그러자 후안은 왕의 명령에 복종은 해야 하지만, 자신이 그동안 누려온 행복은 이제 여기서 종말을 고하게 되었다고 생각한다. 그러나 후안의 불행은 여기서 끝난 것이 아니었다. 왕은 그를 강제로라도 궁궐로 오도록 명령을 한 것이다. 왕 앞에 불려간 후안은 왕의 얼굴을 보고 소스라치게 놀라고 만다. 그는 얼마 전 자신의 집에서 신세를 진 바 있는 바로 성지기 디오니스였던 것이다. 여기서 비로소 이 극의 희극적 '발견'이 이루어지게 되는데, 이 '발견'은 후안과 관객이라는 서로 다른 두 가지의 측면에서 이해되어야 할 것이다. 우선 후안은, 다음에서 보듯, 그가 왕인 줄도 모르고 지난 날 그를 무례하게 대했으니 자신은 이제 죽은 목숨이라고 생각한다.

> 전하, 저는 제 잘못을 알고 있습니다. 전 죽어 마땅합니다. 저 양고기의 목에 꽂힌 칼을 뽑으셔서 부디 저의 목을 쳐 주십시오. (2854행-2857행)

한 편 이 부분은 관객 측면에서는 그동안 베일에 가려졌던 후안에 대한 왕의 진정한 의도가 비로소 드러나는 대목이기도 하다. 다음에 나오는 왕의 대사에서 알 수 있듯이, 왕은 심술궂은 마음으로 후안을 벌함으로써 그의 행복을 망치려 한 것이 아니라, 그를 자신의 영원한 친구로 삼기에 알맞은지를 시험했던 것이고, 후안을 점점 더 좋아하게 된 왕은 그를 자신의 친구로서 초대한 것이다.

> **왕** : 자네가 내 곁에 있으니까 내 기분이 아주 좋군.
> **후안** : 전하, 너무나 황공하여 제 얼굴이 화끈거리기까지 하옵니다.
> **왕** : 난 자네가 아주 맘에 드네. 오늘부터 자네가 부디 나의 친구가 되어 주게나. (2812행-2815행)

이렇게 이루어진 희극적 '발견'은 곧 주인공의 운명을 불행에서 행복으로 '급전'시키게 된다. 즉, 시골 한 구석의 비천한 농부였던 후안과 그의 자식들이 극의 말미에서 하루아침에 왕의 측근으로 신분이 수직 상승되는 커다란 영광을 누리게 된 것이다.

로페의 연극에서 나타나는 이러한 희극적 '급전'과 '발견'은 『과수원지기의 개』에서 좀 더 절묘하고 희극적인 방식으로 나타나게 된다. 앞서 살펴보았듯이, 이 작품은 당시 실제 스페인 사회에서는 금기시되었던 고귀한 신분의 여성과 비천한 남자하인 사이의 불가능한 사랑을 다루고 있는데, 당시의 현실과 달리 이 극에서 두 남녀주인공은 결국 결혼에 성공하게 되고, 극은 해피엔딩으로 끝난다. 그리고 아리스토텔레스의 비극에서 '발견'과 '급전'이 극의 결말을 비극적으로 이끌었듯이, 로페의 희극 『과수원지기의 개』의 행복한 결말을 가능케 한 결정적 요소도 역시 '발견'과 '급전'이었다. 그러나 비극과 희극이 서로 다르듯이, 비극적 결말을 형성하는 '발견'과 '급전'과, 해피엔딩을 위한 '발견'과 '급전'은 같을 수가 없다. 『과수원지기의 개』에서 이루어진 '발견'은 벨플로르의 디아나 백작의 비서이자 그녀의 연인인 남자주인공 테오도로가 원래 비천한 하인의 신분이 아니라 사실은 오래전 어린 외아들을 해적에게 납치당한 뒤 아내까지 잃고 지금껏 상속자가 없어서 근심스런 나날을 보내고 있는 루도비코라는 한 늙은 백작의 잃었던 그 아들이라는 사실이 극적으로 알려지면서 이루어진다. 그러나 플롯의 희극적 전개를 위해 이 '발견'은 감추어졌던 사실에 대한 단순한 발견이 아니라 테오도로의 몸종인 트리스탄이 자신의 주인이 디아나 백작과의 불가능한 사랑으로 인해 겪고 있는 고통을 해결해주기 위해 꾸민 계략을 통하여 이루어진다. 루도비코 백작의 잃어버린 외아들의 이름과 자기 주인의 이름이 우연히 모두 '테오도로'임을 이용하여 자기 주인을 하루아침에 루도비코의 잃었던 아들로 만들어버린 것이다. 즉, 이 연극에서 나타나는 '발견'은 다름 아닌 '조작된 발견'(falsa anagnórisis)이었던 것이다.

주지하는 바와 같이, 트리스탄에 의해 계획된 이 '조작된 발견'을 위한 사전 단계로서, 루도비코 백작이 자신의 상속자문제로 무척 근심을 하게 되고 이를 보다 못한 그의 하인 카밀로(Camilo)가 그에게 무리한 재혼을 충고하기에 이르지만 그는 결혼이 상속자 문제의 해결을 완전히 보장해 주는 건 아니라고 하며 재혼에 반대하는 장면이 의도적으로 전개된다. 이렇게 설정된 극적 상황으로 '조작된 발견'을 위한 분위기는 완전히 무르익게 되고, 이 무르익은 분위기 안에서 트리스탄이 다음과 같이 우스꽝스러운 모습으로 그의 동료 푸리오(Furio)와 함께 등장하다.

한 시동(侍童) 등장.

시동 : 한 그리스 상인이 나리를 찾습니다.

우스꽝스럽게 터번을 두른 아르메니아 풍의 옷차림을 한 트리스탄과 푸리오 등장.

루도비코 : 들어오라고 하여라.

트리스탄 : 손을 저에게 주십시오. 그러면 위대하신 하느님께서 그 전능하신 힘으로 나리께서 바라시는 모든 위로를 선사하실 겁니다. (2753행-2758행)

그리고 다음에서 보듯, 트리스탄의 거침없는 입담에 속아 넘어간 루도비코 백작은 자신의 잃었던 아들에 대해 트리스탄이 뭔가를 알고 있다는 사실에 흥분하기 시작한다.

트리스탄 : 나리, 저의 아버님은 그리스에서 상인이었습니다. 그 분의 주 업무는 노예를 사고파는 것이었는데, 한번은 아스테클리아스 시장에서 하늘이 땅에 내려준 너무나도 아름다운 한 남자어린애를 믿을 만한 사람을 통해 샀답니다. 그 어린애는, 차팔로니아에서 붙잡혀서 한 문무고관에 속한 터키인들이 운항하는 말타의 죄수 선에 옮겨 탄 아주 풍채가 좋은 사람들 사이에서 터키인들에 의해 매매가 되고 있었답니다.

루도비코 : 카밀로, 난 지금 이 말을 듣고 흥분되지 않을 수가 없네.

트리스탄 : 제 아버지는 어린애를 무척 좋아하셔서, 그 애를 사가지고 아르메니아로 데려갔습니다. 그리고 거기서 저와 또 다른 여자형제와 함께 그 애는 성장했죠.

루도비코 : 여보게, 잠깐 기다리게. 지금 자네는 내 마음속을 온통 휘저어 놓고 있네.

트리스탄 : 네, 잘 휘젓고 있습니다! (2777행-2797행)

그리고 이 흥분은 다음과 같이 트리스탄으로부터 그 아이의 이름을 들은 후 확신으로 변하기 시작한다.

루도비코 : 그 애가 자기 이름이 무엇이라고 말했는가?
트리스탄 : 테오도로라고 했습니다.
루도비코 : 세상에! 진실이 이토록 강한 힘이 있다니! 자네의 말을 들으니, 이 백발에 물을 주듯 눈물이 흐르네. (2798행-2801행)

계속해서 트리스탄은 소설과 같은 이야기를 지어내며, 자신의 아버지가 데려온 그 아이와 자신의 여동생이 서로 눈이 맞아 사랑하게 되었고, 결국 자신의 여동생이 임신을 하는 바람에 테오도로는 아버지로부터 쫓겨나게 되었다고 설명한다. 그리고 자신이 이곳까지 와서 우연히 테오도로의 소식을 알게 되고 그를 만나게 된 경위를 다음과 같이 밝힌다.

트리스탄 : 저는 이곳 나폴리의 여러 가지 풍물을 보면서 테오도로를 입증할 수 있는 표시가 담긴 편지 하나를 꺼내었습니다. 그리고 이에 대해 사람들에게 물어보았는데, 제 방에서 제 시중을 들던 어느 그리스 노예가 말하기를, "그 청년은 루도비코 백작님의 아들이지요?" 라는 겁니다. 저는 무척 흥분되었습니다. 그래서 저는 나리를 만나보기로 결심을 했고, 나리의 집에 오기 전, 사람들이 말한 대로, 벨플로르의 디아나 백작님의 집으로 들어가서 처음 마주친 사람에게 물어보았는데...
루도비코 : 아, 이제 정말로 내 영혼이 흥분하고 있다.
트리스탄 : 테오도로를 보았습니다.
루도비코 : 테오도로를! (2828행-2845행)

이제 루도비코 백작의 흥분은 절정에 달하게 되고, 그의 다음과 같은 대사로써 트리스탄에 의해 '조작된 발견'은 비로소 완전한 성공을 거두게 된다.

> **루도비코** : 자네의 손을 천 번이라도 잡겠네. 자네의 이야기가 참말이라고 이 영혼이 느끼고 있네. 아, 내 사랑하는 아들이여! 오랜 세월의 부재 끝에 나의 행복을 위해 결국 발견이 되었구나. (2872행-2878행)

이렇게 이루어진 '조작된 발견'을 통하여 이 극의 희극성은 그 정점에 이르게 되고, 이는 곧 엄청난 '급전'을 야기하게 되는데, 다음에서 보듯, 테오도로와 디아나 백작의 금지된 사랑이 단 한 순간 만에 머지않아 이루어질 현실로 바뀐 것이 바로 그것이다. 바로 아리스토텔레스가 말하는 '발견'을 동반한 '급전'인 것이다.

> **디아나** : 당신은 이제 꼭 다른 사람 같아요.
> **테오도로** : 당신은 이제 욕망이 줄어들었을 것이오. 당신은 내가 당신과 높이가 같아져서 좀 서운할 것이오. 당신은 내가 당신의 하인이기에 더욱 나를 사랑한 것일 거요. 왜냐하면 상대방이 자신보다 더 낮기를 바라는 것은 사랑의 속성이니까.
> **디아나** : 당신은 속임을 당했던 거예요. 이제 당신은 저의 것이고, 오늘 밤 전 당신과 결혼할겁니다.
> **테오도로** : 나는 이제 받기만 하겠군요. 행운이여, 여기서 멈추어라.
> **디아나** : 저는 세상에서 가장 행복한 여자예요. 가서 옷을 갈아입도록 하세요. (3168행-3181행)

이와 같은 희극적 '발견'과 '급전'을 통해 실현된 절정의 희극성은 다음과 같은 두 가지의 기술적 측면으로 바라보아야 하는데, 그 첫째가 바로 '비사실적 효과'이다. 퍼거슨(Fergusson)에 의하면 희극에서 말하는 '비사실적 효과'란 다음과 같다.

> 우리가 어떤 전형적인 희극적 상황을 이해할 때에 우리는 모든 것을 다 아는 신과 같은 입장에서 그 극을 보게 된다. 즉, 우리는 꼭두각시가 어떻게 움직이는지 알기 때문에 움직이는 꼭두각시를 사실적으로 받아드리지 않게 되고, 한 대 얻어맞은 어릿광대를 볼 때, 우리는 어릿광대가 맞은 매를 느끼지는 못하지만 그가 한 대 맞았다는 생각에 웃을 수 있는 것이다. 만일 그 맞은 매가 너무 사실적이라거나 생각의 경쾌한 리듬이 깨져버린다면 웃음은 사라질 것이고 코미디는 더 이상 코미디가 아닐 것이다. 그러므로 지금까지 희극은 현대 연극에서 비사실적 형태의 전개에 대한 중요한 단서를 제공해 왔다고 할 수 있을 것이다. (1972, 178-179)

우리는 이 이론을 『과수원지기의 개』의 상황에도 적용해볼 수 있을 것이다. 즉, 앞서 살펴보았듯이 트리스탄은 그의 동료 푸리오와 함께 사실적이 아닌 우스꽝스러운 차림으로 변장을 한 채 등장하였다. 그리고 언어상의 차이로 인하여 그 의미를 살릴 수 없어서 여기에서는 다루지 않았지만, 트리스탄과 푸리오는 루도비코 백작 앞에서 서로 대화하며 그리스어를 엉터리로 코믹하게 흉내 내기도 한다(2895행-2897행). 만일 트리스탄과 푸리오가 지나치게 사실적이고 완벽하게 그리스 상인으로 변장하였다면, 그리고 루도비코 백작 앞에서 엉터리가 아닌 훌륭한 그리스어를 구사하였다면, 아마 이 극이 갖는 희극성은 상당히 감소되었을 것이다.

또한 우리는 루도비코 백작의 태도에도 주목해볼 필요가 있다. 트리스탄의 어설픈 변장과 엉터리 그리스어에도 감쪽같이 속아 넘어간 그의 어리석음도 이 작품의 희극성에 일조하고 있음을 부인할 수는 없지만, 단순히 그의 이러한 아둔함만으로 희극성이 유발되었다는 점은 설득력이 다소 부족하다. 자식과 부인을 잃고 외로운 말년을 고통스럽게 보내면서 트리스탄에게 사기까지 당하는 늙은 그에게 연민의 정을 느끼는 게 오히려 더 자연스럽지 않을까? 그러나 루도비코는 당시 대부분의 관객들이 그가 겪는 고통에 심적으로 동참하기에는 사회적으로 너무나도 선택된 자였다. 즉 그는 부유하고 고귀한 신분의 귀족이었던 것이다. 따라서 그가 겪는 고통은 당시 대부분의 관객인 서민들에겐 낯선 것일 뿐이고, 오히려 감정적 동질감을 느끼지 못하는 그에게서 발견된 어리석음과 아둔함은 관객들에겐 웃음거리에 다름 아닌 것이다. 이것이 바로 다음에서 보는 올슨(Olson)의 '다름의 효과'(el efecto de lo *diferente*)이다.[51]

> 여기 우리에게 서로 상반되는 생각과 감정에 대한 흐름이 있다. 잘못된 것이라고 알지라도 상대방의 고통에 동감하면 그의 관점에도 동감하게 된다. 반대로 그가 당하는 고통이 사실이라는 것을 알지라도 그의 관점에 동의하지 않으면 그의 고통도 동감하지 않게 된다. 이런 차이로 인해 우리는 다름의 세계를 경험하게 되고 그 차이가 뚜렷해지면 타인의 고통이 자신에게는 즐거움이 되기도 한다. 따라서 웃음의 기초는 바로 '다름' 에 있다. (1978, 31-32)

51 본 장의 1.2.1. 참조.

5.2.3. 로페 희극의 환상적 분위기

앞에서 살펴보았듯이, 아리스토텔레스의 비극이 말하는 '급전'과 '발견'은 주인공의 운명이 일련의 개연적 또는 필연적 경로를 거쳐 발생하는 것이다. 다시 말해 아리스토텔레스의 '발견'과 '급전'은 운명적 성격이 강하다고 할 수 있다. 이에 반해 로페는 이러한 운명적 성격뿐만 아니라 극의 분위기에 신비스럽고 환상적인 요소도 가미하였다. 실제로, 로페의 연극에서 발생하는 '급전'과 '발견'의 경우 어떤 불가항력적인 운명의 힘에 의한 것만 있는 게 아니라 주인공들이 극 중에서 처한 기이하고 환상적인 분위기로 인한 것들도 많다. 스페인 바로크문화 연구의 대가 마라발(Maravall)의 다음과 같은 설명에서 보듯, 당시 형성되고 있었던 바로크적 미학의 경향이 논리적이고 이성적인 것에서 벗어나 기이하고 신비스러우며 인간의 논리로는 이해하기 힘든 환상적인 측면을 추구하였다는 점을 고려해 본다면, 로페의 이러한 시도는 당시의 문학・예술의 시대적 흐름을 제대로 반영한 것이라고 볼 수 있을 것이다.

> 비이성적인, 비현실적인, 환상적인, 복잡한, 어두운, 표현이 다양한, 과장된, 풍부한, 광적인, 동적인, 변화무쌍한, 등등의 형용사들은 고전적 성향을 나타내는 논리적인, 신중한, 사실적인, 분명한, 고요한, 안정된, 등등의 형용사들에 반대되는 개념으로서, 바로크 문화를 표방하는 성격들을 규정할 때에 빈번히 사용되는 것들이다. (1990b, 421-422)

이러한 환상적인 분위기를 위하여 로페는 두 가지 방법을 사용한다. 하나는 '신분적 차이'를 이용한 환상적 분위기의 창출이다. 앞서 살펴본 로페의 두 희극 중 『분수를 아는 시골사람』에서는 왕과 그의 친위대장 오톤이 주인공으로 등장하고, 극의 해피엔딩이 이루지는 곳도 그들이 사는 왕궁이다. 당시의 관객 대부분을 차지했던 서민들은 평생 왕의 얼굴조차도 보지 못하는 것이 다반사였을 것이다. 따라서 그들에게 있어서 왕과 그의 측근들, 그리고 그들이 생활하는 왕궁은 평생 접해보지도 못할 신비로운 것일 수밖에 없다. 너무나도 커다란 왕과 서민 사이의 이러한 신분상의 차이 때문에 자칫 관객들이 오히려 실감이 나지 않을 것을 우려해, 감히 근접조차 할 수 없는 왕이 갖는 신분적 위대함을 로페는 왕 자신의 입을 통해 다음과 같이 관객들에게 환기시키고 있다.

> 후안이여, 짐을 쳐다 보거라. 세상에는 아무리 작은 곳이라도 태양의 빛이 도달하지 못하는 곳은 없다. 짐이 곧 태양이니라. (2906행-2909행)

『과수원지기의 개』에 나타나는 신분적 차이는 더더욱 분명하다. 이 작품에 등장하는 모든 인물들은 단 한 명의 예외도 없이 귀족들이거나 그 귀족들에 속한 하인들뿐이다. 즉, 당시 관객들과 달리 이들은 모두 일반인들과 떨어져서 궁 안에서만 생활하는 특별한 사람들이었던 것이다. 따라서 평소 궁 안의 생활을 접해보지 못하는 관객들에게 이 작품에서 전개되는 궁전의 화려하고 신비로운 생활은 그들에게 환상적인 인상을 심어주기에 충분하였을 것이다. 환상적인 분위기를 위한 또 하나의 방법은 '지리적 차이'이다. 로페가 설정한 『분수를 아는 시골사람』의 공간적 배경은 프랑스 파리의 왕궁과 파리 근교에 있는 미라플로르라는 가상의 작은 시골마을이고, 『과수원지기의 개』는 이탈리아의 나폴리에 있는 벨플로르라는 가상의 백작령에 위치한 디아나 백작의 궁전이다. 이 경우 지금으로부터 줄잡아 400년 전의 스페인 서민들에게 눈높이를 맞추어 보면, 그들에게 프랑스나 이탈리아의 이름 모를 왕궁, 높은 신분의 귀족들이 사는 궁전 등등은 충분히 환상적인 분위기를 창출하는데 부족함이 없었을 것이라는 추측이 가능할 것이다.

이상과 같은 환상적 분위기들은 앞서 살펴본 희극적 '발견'과 '급전'의 전제가 되고는 있지만, 그 자체가 아리스토텔레스의 '발견'과 '급전'을 이끈 불가항력적인 운명의 역할을 한 것은 아니다. 이 환상적 분위기들의 임무는 '발견'과 '급전'을 희극적으로 이끄는 것에 있다. 『과수원지기의 개』에서 트리스탄이 자신의 주인을 루도비코 백작의 아들로 만드는 장면과 『분수를 아는 시골사람』에서 후안이 왕과 대면하는 장면에서 어떤 희극성이 느껴졌다면, 그것은 극의 전반에 걸쳐 설정된 위와 같은 환상적 분위기에 힘입은 바 크다. 만일 동일한 사건이 당시의 관객들이 속한 실제의 일상생활에서 벌어졌다면 그 희극성은 아마 담보되기 힘들었을 것이다.

5.2.4. 로페 연극의 이원적 · 대칭적 구조

로페의 연극에는 다양한 유형의 대칭이 설정되어 있다. 사실 아리스토텔레스의 비극은 기본적으로 일원적인 구조를 지니고 있다고 봐야 한다. 예를 들어, 아리스토텔레스에 의하면 비극의 주인공은 절대로 천한 신분의 인물이어서는 안 되고 모두 일률적으로 고귀한 혈통을 지닌 귀족이어야 한다. 또한 앞에서 살펴본 바에 의하면 스토리 역시 행동의 모방이므로 하나의 전체적 행동을 모방하는 것이어야 한다. 즉, 아리스토텔레스의 비극에서는 전체 이야기의 틀에서 벗어난 그 어떤 부차적인 요소도 극의 흐름 중에 삽입되어선 안 된다는 것이다. 아리스토텔레스의 표현을 빌면, "있으나마나 두드러지게 차이가 나지 않는 것은 전체를 형성하는 부분이 아니기 때문"(『시학』 8장)이다. 이에 반해 로페의 연극은 이와 같은 일원적인 구조를 지닌 경우가 별로 없고, 오히려 독립적인 두 가지 유형의 극적 흐름이 한 연극 안에서 끊임없이 대립·대칭되는 이원적인 구조가 빈번하게 추구된다. 다음에서 보듯, 로사스(Rozas) 역시 로페 연극 성향에 대해 언급하면서 이와 유사한 주장을 하고 있다.

> 오늘날 로페의 극작품들에서 발견되는 로페의 가장 흥미로운 재능이 바로 행위의 이중성이라는 사실을 알아야 한다. 〔…〕. 행위는 일원적이다. 그러나 그것은 이중적이고 복합적 형태라는 바로크적 방식으로 표현된 것이다. 이는 마치 거울 앞에 서면 하나의 사물이 둘로 보이는 것과도 같다. 모든 면에서 나타나는 특정한 것과 일반적인 것, 실제적인 것과 이론적인 것, 극화할 수 있는 역사물과 그렇지 못한 역사물, 역사 안에서 이루어졌던 실제 삶과 역사 자체 등 양면의 얼굴을 가진 행위가 바로 그것이다. (1976, 92-93)

즉, 로페의 이원적 구조란 단순히 아리스토텔레스적인 독립된 일원적 구조가 두 개 모여 이루어진 것이 아니고, 그 일원적 구조가 자체 안에서 서로 대립·대칭되는 두 가지의 요소로 나뉜다는 것이다. 요컨대, 로페의 극에 나오는 이원적 구조는 서로 분리되면 더 이상 아무 의미가 없게 되어버리는 것이며, 이들이 서로 어울려서 대립·대칭의 구조를 이룰 때 비로소 그 본연의 온전한 의미를 갖게 된다는 것이다.

예를 들어, 로페의 연극에서 가장 전형적 유형의 등장인물들이라 할 수 있는 고귀한 신분의 남자주인공인 '갈란'과 그의 하인 '익살꾼'은 마치 『돈키호테』의 돈키호테와 그의 종자 산초와도 같이 극의 시작부터 끝까지 줄곧 상호보완과 대칭의 관계를 유지해 나간다. 이들 둘은 극 중 역할 상으로는 주연과 조연이지만, '익살꾼' 없는 '갈란'과 '갈란' 없는 '익살꾼'은 로페의 극에서는 상상 조차도 할 수 없을 만큼 극중에서 차지하는 이들 둘의 위상은 서로 상호보완적이고 동시에 대칭적이다. 앞서 살펴본 『과수원지기의 개』에서의 테오도로와 트리스탄이 바로 그 좋은 예일 것이다. 테오도로는 젊고 잘 생겼고 학식도 있으나 비천한 신분과 함께 결단력이 부족한 것이 그의 유일한 결점이다.[52] 앞에서 구체적으로 살펴보았듯이 이 결점을 트리스탄은 훌륭하게 메워주며 우유부단한 테오도로를 졸지에 루도비코 백작의 상속자로 만들어준 것이다. 그리고 '갈란'과 '익살꾼'의 이러한 대칭적 · 상호보완적 관계는 비극작품에서도 발견된다. 앞서 살펴본 로페 희비극 『올메도의 기사』의 '갈란' 알론소는 메디나 출신의 아름다운 여인 이네스와 광적인 사랑에 빠지자 고귀한 신분의 젊은이답지 않게 이성을 잃고 혼란스러운 태도를 보인다. 그러자 그의 하인이자 '익살꾼'인 테이요는 다음과 같이 충고하며 사랑에 들뜬 주인의 경솔함을 가라앉히려 한다.

> 나리, 이렇게 행동하시다가 나리의 비밀스런 사랑이 다 알려질까 두렵습니다요. 아가씨를 뵙고 싶은 마음에 올메도에서 메디나로 이렇게 자주 왔다 갔다 하시면 아마 양쪽에서 다 말들이 많아질 겁니다요. (890행-895행)

52 마르셀라와 디아나 사이에서 갈피를 잡지 못하는 테오도로의 우유부단함에 대해 트리스탄은 "테오도로님은 변덕 많은 계집애 같아."(1489행-1491행)라고 비아냥거린다.

게다가 테이요는 알폰소가 사랑의 성취를 위해 주술사 노파 파비아에게 의존하는 등, 줄곧 이네스를 향해 바람직하지 못한 태도를 보이자, 알폰소에게 다음과 같이 진심어린 충고를 하기도 한다.

> 저는 나리와 이네스 아가씨의 사랑이 저 수많은 미신적 주술과 함께 시작되었다는 사실에 걱정이 많이 됩니다요. 나리께서 진실한 마음으로 사랑을 구하신다면 숨어서 하는 맹세 따윈 필요 없을 거 아닙니까. (954행-959행)

이러한 테이요의 행위에 대해 이 작품의 편집자 마린 마르티네스(Marín Martínez)는 다음과 같이 설명하며 테이요가 당시의 연극에서 나타나는 '익살꾼'의 전형적인 역할을 수행하고 있다고 주장하고 있다.

> 황금세기 연극에서 남자하인은 종종 지금 테이요가 맡고 있는 신중한 조언자의 역할을 수행하는 경향이 있음을 알아야 한다. 그는 위험과 장애에도 괘념치 않으며 자신의 이상과 목적의 실현에만 매달리는 주인에게 결핍되기 마련인 현실감각과 상식을 말해주며 그에게 실질적으로 그리고 정신적으로 가장 적절한 것을 조언해 준다. (1991, 95, 편집자 각주 23)

극의 흐름도 마찬가지다. 아리스토텔레스적 비극과는 달리 로페의 극에서는 극의 주된 흐름과는 무관한 에피소드들이 곳곳에 삽입되어진다. 그리고 이는 극의 분위기를 심각한 것에서 가벼운 것으로 또는 그 반대의 방향으로 끊임없이 교차시키는 역할을 하고 있다. 즉, 로페가 자신의 『신극작술』에서 설명하였듯이, 희극적인 요소와 비극적인 요소의 혼합과 교차야말로 이상적인 연극의 형태라는 것이 바로 로페의 믿음이었던 것이다. 따라서 로페의 연극에서는 심지어 비극에서조차도 종종 희극적인 요소가 부수적으로 나타나곤 한다. 『올메도의 기사』야말로 이에 대한 좋은 예가 될 것이다. 이 연극은 연인 이네스와의 사랑을 뒤로 하고 올메도로 향하는 인적 없는 어두운 벌판에서 자신의 연적이 쏜 총에 맞아 홀로 억울한 죽음을 맞게 되는 주인공과, 이러한 그의 피할 수 없는 비참한 운명을 묘사한, 아리스토텔레스의 비극적 요소가 돋보이는 작품임에는 틀림없다. 그러나 앞서 살펴보았듯이, 테이요가 파비아와 함께 무덤에 가서 시체로부터 어금니를 뽑다가 겪은 일을 알론소에게 얘기해주는 2막의 장면처럼, 이 작품에는 주된 흐름과는 무관한 희극적 요소가 '익살꾼'인 테이요와 마녀 파비아에 의해 연극의 곳곳에서 나타나고 있다

로페 연극에서 보이는 희극성과 비극성의 이러한 교차야말로 아리스토텔레스의 일원적 구조에서는 찾아보기 힘든 이원적 구조의 좋은 예라 할 수 있으며, 궁극적으로 이상과 같은 로페 극의 이원적 · 대칭적 구조에서 우리는 당시의 바로크적 경향에서 추구되었던 전형적인 미학적 전술, 다시 말해, '이중적 심오함의 미학'을 발견할 수 있는 것이다.

5.2.5. 로페 연극에 나타나는 메시지의 이중성

앞에서 아리스토텔레스 비극의 일원적 구조와 로페 극의 이원적 구조를 언급한 바 있는데, 극적 구조의 이러한 이원성 외에도 로페의 극에서는 '발견'과 '급전'에 의해 야기되는 극적 파급효과와 메시지도

역시 이중적으로 될 수 있다. 예컨대, '발견'과 '급전'으로 인한 최후의 결과가 과연 주인공에게 득이 되는지 또는 해가 되는지 판단하기 애매한 경우가 있는데, 『분수를 아는 시골사람』의 경우가 바로 이에 해당한다. 앞서 살펴보았듯이 이 연극은 외형상 해피엔딩을 지니고 있다. 농부 후안이 왕의 처벌을 받지 않고 오히려 그의 '영원한 친구'로 임명되었기 때문이다. 그러나 후안은 시종일관 왕의 근처에 가고 싶지도 않아했고, 더군다나 왕과 친분을 나누는 것은 꿈에서도 생각하고 싶지 않아했다. 그리고 왕을 만나기 전까지만 해도 그는 자신만의 세계를 가꾸며 소박하고 행복하게 생활했던 '부유한 농민'이었다. 즉, 작품 초기에 그가 지향했던 소박한 행복과 평생을 답답한 왕궁 안에서 왕의 명령을 받고 왕의 시중을 들며 왕의 친구가 되어주어야 한다는 현실 사이에는 많은 차이가 존재하는 것이다. 후안의 운명과 관련하여 이 연극에서 취해진 이러한 결말에 대해 워드로퍼(Wardropper)는 다음에서 보듯 매우 가혹한 평가를 내린다.

> 왕은 후안에게서 그의 본원적인 순수함, 소박한 행복, 정당한 소망, 인생에서의 본질적인 모든 것을 영원히 박탈해 버렸다. (…). 후안은 불현듯 생겨난 왕의 일시적인 욕망 때문에 인생이 끝날 때까지 매일 그리고 하루 종일 왕의 얼굴을 대하며 그토록 자신이 혐오했던 궁궐에서 억지로 생활하도록 되어버린 것이다. (1971, 768)

요컨대, 이 작품의 결론은 초점을 왕에게 두느냐, 아니면 '인간' 후안에게 두느냐에 따라 그 색깔이 달라질 수 있다는 것이다.

또한 『분수를 아는 시골사람』의 주된 테마는 서로 전혀 다른 두 가지의 모습으로 나타나고 있다. 즉, 이 연극에서는 지금까지 살펴본

'부유한 농부' 후안과 왕에 대한 이야기 외에도 독립적인 별개의 이야기가 평행선을 그으며 전개되고 있는데, 후안의 아름다운 외동딸인 리사르다와 왕의 친위대장인 오톤의 신분의 벽을 초월한 사랑 이야기가 바로 그것이다. 이들 두 남녀를 중심으로 전개되는 이야기는 후안의 이야기와는 전혀 별개의 것으로, 어느 한 쪽이 다른 쪽에 부속되지 않는 완전히 독립적인 이야기이며, 그 주제 또한 당시 스페인 사회의 화두였던 '신분이 다른 남녀 간의 사랑'(amor desigual)이라는, '부유한 농민'과는 전혀 다른 별개의 문제를 다루고 있다. 물론 이 이야기는 이 두 남녀의 행복한 결합으로 결론이 나는데, 한 마디로 말해서, 이 작품에는 두 개의 독립적인 메시지를 가진 연극이 동일한 무대에서 동시에 전개되고 있는 셈인 것이다.

한 편, 피비린내 나는 비극적 복수의 결말 이면에 그 복수와 관련된 가해자와 피해자 간의 보이지 않는 이중적 메시지가 숨어있는 경우도 있다. 앞에서 살펴보았듯이, 로페의 『복수 없는 처벌』은 근친상간과 존속살해라는 인간의 내면에 내재된 끔찍한 단면을 드러내는 또 다른 비극인데, 이 비극에서 페라라 공작은 자신의 아내이자 아들 페데리코의 의붓어머니인 카산드라와 그녀의 의붓아들인 페데리코 간에 벌어진 근친상간으로 인해 고통을 받다가 이 두 남녀를 모두 교묘한 방법으로 비참하게 살해하고 마는 비운의 주인공이다. 그는 이들의 반인륜적인 행위에 대한 분노와 이들에 대한 사랑, 그리고 기독교적 가르침과 당시 스페인 사회에 존재했던 목숨에 우선하는 '명예'라는 코드 사이에서 극도의 갈등을 느끼다가 결국 복수를 결심하고 자신의 손에 직접 피를 묻히지 않고 이들을 죽일 계획을 세운 뒤 이를 실행에 옮긴다. 그러나 이러한 복수가 이 극이 말하고자 하는 바의 전부였다면 결코 이 연극은 온전한 비극이라고 할 수 없을 것이다. 왜냐하면 페데리코와 카산드라의 비참한 죽음은 애석하고 비극적인 결과가 아닌, 그들이 저지른 죄에 대해 응당 받아야 할 대가라고 볼 수 있기 때문이다. 따라서 우리는 페데리코와 카산드라의 불륜을 눈치 챈 후 "내 젊은 시절의 방탄했던 삶 때문에 내가 이렇게 벌을 받는 것이며, 나의 번뇌의 시간들이 이렇게 야기되었구나."(2516행-2519행)라고 절규하는 공작의 말에 주목할 필요가 있다. 즉, 공작의 관점에서 보면 그들의 죽음은 문란했던 과거를 지닌 자신에게 내려진 하나의 형벌이었던 것이다. 게다가, 앞서 살펴보았듯이, 공작은 카산드라와의 결혼 후에도 그의 문란한 사생활을 완전히 청산하지 못하는 바람에 그녀로부터 끊임없는 원성을 샀던 것이다. 요컨대, 과거 젊은 시절부터 이어져온 공작의 방탕함으로 인해 위에서 살펴본 비극적인 결말은 어쩌면 이미 예견된 것이었다고 할 수 있는 것이다. 즉, 페라라 공작 자신의 방탕하고 문란했던 젊은 시절의 죄에 대한 대가가 아이러니하게도 공작 자신이 자신의 아들과 아내를 죽게 함으로써 실행되었던 것이다. 페라라 공작은 애초 자신의 의도대로 아들과 아내를 제거하는 데 자신의 손을 쓰지 않음으로써 '존속살해'라는 기독교적 교리에 반하는 행위를 외형적으로나마 피하면서 그들을 처벌할 수 있었고, 자신의 아들과 아내가 서로 불륜을 저질렀다는 사실이 알려지기 전에 행동을 취함으로써 자신의 목숨보다도 더 소중한 '명예'를 지킬 수도 있었다. 그러나 이 사건의 내면을 좀 더 자세히 들여다보면, 공작은 바로 자신의 계획을 통해 자신이 사랑하는 아들과 아내를 없애야만 했고, 따라서 자신과 이들의 비극적 운명이 실현되는 것을 자신의 눈으로 직접 지켜봐야하는 고통을 당함으로써 과거 자신의 죄에 대한 대가를 치를 수밖에 없었다는 사실을 알 수 있다. 이런 관점으로 보면 죽임을 당한 페데리코와 카산드라는 이와 같은 고통스러운 사실을 모른 채 죽었으므로 페라라 공작보다는 덜 불행하다고도 할 수 있을 것이다. 어쩌면 페라라 공작이야말로 이 작품의 비극적 결말에 대한 가장 직접적인 당사자일 수도 있는 것이다.

이상 살펴본 바와 같이, 로페의 극에서 종종 나타나는 이중적인 결과는 아마도 세상과 인생에 대한 '환멸'(desengaño)을 담고 있는 바로크 미학의 메시지와도 연결될 수 있을 것이다. 즉, 세상은 안정적이고 평온하다는 이전의 관점으로부터 깨어남으로써 이 세상에 존재하는 불안정성과 불안감을 감지한 것이 바로 바로크적 관점이라고 할 때, 로페의 극에서 종종 보이는 모호하고 이중적인 결론은 바로 이러한 불안정성에 대한 인식이라고도 볼 수 있는 것이다.

5.3. 맺는 말

지금까지 살펴본 바들을 통해 주인공들의 성격과 극적 사건들의 유기적 결합인 플롯 등을 전개하는 데 있어서만큼은 로페가 기본적으로 아리스토텔레스의 개념들에 그 기반을 두고 있음을 알 수 있었다. 그러나 구체적인 그의 작품들을 살펴보면서, 이러한 주인공들의 성격과 극의 플롯을 전개하기 위한 '급전'과 '발견'이라는 구체저인 방식이 실현되기 위해서는 희극적 카테고리로의 확대, 환상적 분위기의 창출, 이원적 · 대칭적 구조의 추구, 메시지의 이중성 등, 아리스토텔레스적 비극에서는 찾아볼 수 없는 로페 고유의 방식들이 작용하고 있음을 또한 발견할 수 있었던 것이다. 결론적으로 말해서, 로페의 연극에서 나타나는 '급전'과 '발견'은 비극에서만 국한되는 아리스토텔레스적 방식이 아닌, 로페 시대의 커다란 미학적 흐름이라 할 수 있는 '바로크'라는 방식을 통해 한층 더 다원적으로 구현되었던 것이다.

참고문헌

- 김상봉(2003), 『그리스 비극에 대한 편지』, 경기: 한길사.
- 미겔 데 세르반테스(1991), 『돈 끼호떼』(김현창 역), 서울; 범우사.
- ______(1992), 『속 돈 끼호떼』(김현창 역), 서울: 범우사.
- ______(2004), 『돈키호테』(박철 역), 서울: 시공사.
- 민병욱(1991), 『희곡문학론』, 서울: 민지사.
- 박철(1992), 『서반아 문학사 상』, 서울: 송산출판사.
- 소포클레스(1998), 『소포클레스 비극』(천병희 역), 서울: 단국대학교출판부
- 아리스토텔레스, 호라티우스, 플라톤(1997), 『시학』(천병희 역), 서울: 문예출판사.
- 이경식(2005), 『셰익스피어 연구』, 서울: 서울대학교 출판부
- 천병희(2002), 「소포클레스 비극의 이해」, 소포클레스, 『소포클레스 비극』(천병희 역), 서울: 단국대학교출판부, 443-501.
- Alborg, Juan Luis(1974), *Historia de la literatura española t.* II, Madrid: Editorial Gredos.
- Arellano, Ignacio(1988), "Convenciones y rasgos genéricos en la comedia de capa y espada", *Cuadernos de Teatro Clásico*, 1, 27-49.
- ______(1995), *Historia del teatro español del siglo XVII*, Madrid:

Ediciones Cátedra.
• ______(2001), "Grandes temas de los dramas de Calderón y su pervivencia", Ignacio Arellano y Germán Vega García-Luengos ed., *Calderón Innovación y legado(Actas selectasdel IX congreso de la Asociación Internacional de Teatro Español y Novohispano de los Siglos de Oro)*, New York: Peter Lang Publishing, 3-16.
• Domínguez Ortiz, Antonio(1983), "La sociedad española en el Siglo XVII", Bruce W. Wardropper dir., *Historia y crítica de la literatura española III Siglos de Oro: Barroco*, Barcelona: Editorial Crítica, 53-59.
• Feibleman, James K.(1939), *In praise of Comedy. A study in its Theory and Practice*, New York: Macmillan Company.
• Fergusson, Francis(1972), *The Idea of a Theater*, Princeton: Princeton University Press.
• Froldi, Rinaldo(1973), *Lope de Vega y la formación de la comedia*, Salamanca: Anaya.
• Frye, Northrop(1971), Anatomy of Criticism, Princeton: Princeton University Press.
• Hesse, Everett W.(1972), *La comedia y sus intérpretes,* Madrid: Editorial Castalia,
• ______(1977), *Interpretando la comedia*, Madrid: Porrúa.
• Huerta Calvo, Javier, Peral Vega, Emilio, Urzáiz Tortajada, Héctor(2005), *Teatro español de la A a la Z*, Madrid: Editorial Espasa Calpe.
• Isasi Angulo, Amando Carlos(1973), "Carácter conservador del

teatro de Lope de Vega", *Nueva Revista de Filología Hispánica*, 22(2), 265–279.

- Juárez, Encarnación(2001), "El discuso sartorial y el conflicto amoroso social en *El caballero de Olmedo*", *Bulletin of the Comediantes*, 53(2), 247–266.
- Langer, Susanne K.(1967), *Sentimiento y forma*, Ciudad Universitaria(México): Universidad Nacional Autónoma de México.
- López Pinciano, Alonso(1998), *Philosophía Antigua Poética*, Madird: Biblioteca Castro.
- Maravall, José Antonio, Alberto Blecua y Noël Salomon(1983), "Del rey al villano: ideología, sociedad y doctrina literaria", Bruce W. Wardropper dir., *Historia y Crítica de la literatura española III Siglos de Oro: Barroco*, Barcelona: Editorial Crítica, 265–275.
- Maravall, José Antonio(1990a), *Teatro y literatura en la sociedad barroca*, Barcelona: Editorial Crítica.
- ______(1990b), *La cultura del Barroco*, Barcelona: Ariel.
- Molina, Tirso de(1987), *El vergonzoso en palacio*, Madrid: Taurus Ediciones.
- Morby, Edwin S.(1943), "Some observations on *tragedia* and *tragicomedia* in Lope", *Hispanic Review*, 11, 185–209.
- Olson, Elder(1978), *Teoría de la comedia*, Barcelona: Editorial Ariel.
- Orozco Díaz, Emilio(1978), *¿Qué es el ≪Arte nuevo≫ de Lope de Vega?*, Salamanca: Ediciones Universidad Salamanca.
- Paker, A. A.(1976), "Aproximación al drama español del Siglo de Oro", Manuel Durán y Roberto González, *Calderón y la crítica: Historia y Antología*, Madrid: Gredos, 338–340.

- Pedraza Jiménez, Felipe B. y Rodríguez Cáceres, Milagros(1980), *Manual de literatura española IV. Barroco: teatro*, Pamplona: Cénit Ediciones.
- Rico, Francisco(1983), "La poesía dramática de *El caballero de Olmedo*", Bruce W. Wardropper dir., *Historia y crítica de la literatura española III Siglos de Oro: Barroco*, Barcelona: Editorial Crítica, 347-351.
- Rojas, Fernando de(1993), *Celestina*, Madrid: Espasa Calpe.
- Rozas, Juan Manuel((1976), *Significado y doctrina del Arte Nuevo de Lope de Vega*, Madrid: Sociedad General Española de Librería.
- Ruiz Ramón, Francisco(1983), *Historia del teatro español (Desde sus orígenes hasta 1900)*, Madrid: Ediciones Cátedra.
- Salomon, Noël(1985), *Lo villano en el teatro del Siglo de Oro*, Madrid: Editorial Castalia.
- Stern, Charlotte(1982), "Lope de Vega, propagandist?", *Bulletin of the Comediantes*, 34(1), 1-36.
- Varey, J. E.(1973), "Towards an interpretation of Lope de Vega's *El villano en su rincón*", R. O. Jones, *Studies in Spanish literature of the Golden Age*, London: Tamesis Books, 315-337.
- Vega, Lope de(1970), *El perro del hortelano / El castigo sin venganza*, Madrid: Editorial Castalia.
- ______(1970), *El villano en su rincón / Las bizarrías de Belisa*, Madrid: Editorial Espasa-Calpe.
- ______(1991), *El Caballero de Olmedo*, Madrid: Editorial Castalia.
- ______(1997), *El perro del hortelano*, Madrid: Ediciones Cátedra.
- ______(2003), *Los locos de Valencia*, Madrid: Editorial Castalia.

- Vitse, Marc y Serralta, Frédéric(1983), "El teatro en el siglo XVII", José María Díez Borque dir., *Historia del teatro en España I (Edad Media. Siglo XVI. Siglo XVII.)*, Madrid: Taurus Ediciones, 473-706.
- Wade, Gerald E.(1976), "A philosophic basis for drama, including the *Comedia*", *Bulletin of the Comediantes*, 28(2), 59-88.
- Wardropper, Bruce W.(1971), "La venganza de Maquiavelo: *El villano en su rincón*", A. David Kossoff y José Amor Vázquez ed., *Homenaje a William L. Fichter*, Madrid: Editorial Castalia, 765-772.
- _______(1978), "La comedia española del Siglo de Oro" (Apéndice de *Teoría de la comedia* de Elder Olson), Barcelona: Editorial Ariel.
- _______(1983), "El horror en los distintos géneros dramáticos del Siglo de Oro", *Criticón*, 23, 223-235.
- Yoon, Yong-wook(2001), "*El perro del hortelano*: arquetipo de comedia", Ignacio Arellano y Germán Vega García-Luengos ed., *Calderón innovación y Legado (Actas selectas del IX Congreso de la Asociación Internacional de Teatro Español y Novohispano de los Siglos de Oro)*, New York: Peter Lang Publishing, 411-424.

찾아보기

ㄱ

ㅁ

ㅂ

ㅅ

ㅇ

ㅈ

ㅊ

ㅋ

ㅌ

ㅍ

ㅎ

로페 데 베가의 삶과 문학

초판 1쇄 발행 2009년 4월 30일
초판 2쇄 발행 2009년 7월 30일
지은이 윤 용 욱
펴낸이 박 철
펴낸곳 한국외국어대학교 출판부
130-791 서울특별시 동대문구 이문동 270
전화 : 02-2173-2495~6
팩스 : 02-2173-3363
홈페이지 : http://press.hufs.ac.kr
전자우편 : press@hufs.ac.kr
출판등록 제6-6호(1969. 4. 30)
편집 · 디자인 (주)이환디앤비 02)2254-4301
인쇄 (주)동화인쇄공사 02)719-7181

ISBN 978-89-7464-534-2 93870 정가 13,000원

※ 잘못된 책은 교환하여 드립니다.
